西方新闻传播学名著导读丛书

西方媒介学
名著导读

胡翼青◎主编

Classics of Mediology:
A Reader's Guide

北京大学出版社
PEKING UNIVERSITY PRESS

图书在版编目(CIP)数据

西方媒介学名著导读/胡翼青主编. —北京:北京大学出版社,2023.8
ISBN 978-7-301-34286-2

Ⅰ.①西⋯　Ⅱ.①胡⋯　Ⅲ.①传播媒介 - 研究 - 西方国家
Ⅳ.①G219.1

中国国家版本馆 CIP 数据核字(2023)第 147768 号

书　　　　名	西方媒介学名著导读	
	XIFANG MEIJIEXUE MINGZHU DAODU	
著作责任者	胡翼青　主　编	
责 任 编 辑	梁　路	
标 准 书 号	ISBN 978-7-301-34286-2	
出 版 发 行	北京大学出版社	
地　　　　址	北京市海淀区成府路 205 号　100871	
网　　　　址	http://www.pup.cn	
新 浪 微 博	@北京大学出版社　@未名社科-北大图书	
微信公众号	北京大学出版社　北大出版社社科图书	
电 子 邮 箱	编辑部 ss@pup.cn　总编室 zpup@pup.cn	
电　　　　话	邮购部 010-62752015　发行部 010-62750672	
	编辑部 010-62765016	
印 刷 者	三河市博文印刷有限公司	
经 销 者	新华书店	
	965 毫米×1300 毫米　16 开本　18.5 印张　292 千字	
	2023 年 8 月第 1 版　2023 年 12 月第 2 次印刷	
定　　　　价	69.00 元	

编 委 会

总　序

为这套丛书写总序时，距离我们策划这套书已经过去了整整十年。这不禁让我们感慨：想法不少，但实施得实在是不尽如人意。不过，好在我们一直在将各种想法付诸实施。

2013年3月，丛书主编之一胡翼青应香港浸会大学传理学院马成龙教授的邀请，前往浸会大学讲学；与此同时，丛书的另一位主编刘海龙也受邀到香港城市大学访学。那时，香港大街小巷的洋紫荆已经绽放，一派春天的美好气象。浸会大学与城市大学相隔不远，因此我们这两个原本分别身处南京和北京的年轻人有了更多讨论学问的时间。在那之前，我们就曾经讨论过编写这套丛书的话题。我们都感觉到，进入21世纪后的短短十年时间，国内就涌现出一批质量上乘的新闻传播学译著，可以说让人目不暇接，应该出版一些读本帮助年轻学人消化这些经典的"新知"。我们目之所及的少量已经出版的新闻传播学名著导读，已经跟不上形势发展的需要。与新闻传播学形成对照的是，其他学科的导读出版工作正在如火如荼地开展。其中最有代表性的是江西人民出版社从1998年开始陆续出版的21个学科的名著提要，这一工程持续了15年，涉及社会学、文学、法学、经济学、心理学、人类学、政治学、历史学、管理学等多个学科。当我们开始关注这套书时，有些学科的名著提要已经出到了第三版。然而，这21个学科不包括新闻传播学。这从一个侧面反映出新闻传播学各个领域的经典成果整理与导读出版工作已经远远落后于相邻学科。从某种意义上讲，新闻传播学在人文社会科学中一直是学习和借鉴其他学科的"追赶者"，而在名著导读这个环节，我们又不得不继续"补课"。

念及此，不知道哪儿来的干劲，仅仅一天，我们就闷在房间里将导读的书目开列出来。刘海龙的日记里是这么记录当天的工作的："3 月 15 号周五，与（路）鹏程去吴多泰博士楼找翼青、贾敏讨论 20 世纪传播学名著导读一书的选题，至晚 11 点方归。"在热烈的讨论中，我们达成了共识。这些名著应当包括两种类型：一类是公认的经典，比如《人民的选择：选民如何在总统选战中做决定》《舆论》《理解媒介：论人的延伸》《做新闻》等；还有一类则是有一定的引领性和争鸣性的新作，有成为经典的潜质，比如克劳斯·布鲁恩·延森（Klaus Bruhn Jensen）的《媒介融合：网络传播、大众传播和人际传播的三重维度》。

现在想来，我们的冲动有着非常明显的知识社会学背景，这首先与我们对传播学科状况的相似认知有很大的关联。自 1982 年第一次全国传播学研讨会以来，建立中国传播学的自主知识体系就一直是这个学科的发展方向，而对于几乎是零起点的中国传播学而言，解读西方传播理论的思想谱系和经典研究就显得非常重要。正如王怡红在《从历史到现实："16 字方针"的意义阐释》一文中所说："1982 年传播学研究刚刚创立，学术自主性的问题就在以'系统了解、分析研究、批判吸收、自主创造'为内容的'16 字方针'中明确提出来了。……然而，长期以来，我们并未在意把这个从开始就存在的问题进一步问题化，对其'本土化的形式主义命题'似乎也缺乏足够的反思。"其实，单是"系统了解"这个起点，就不是"由零开始"的中国学界能够简单应付的。所以，王怡红进一步指出，在这种局面下，"'系统了解'不得不长时间被简化和理解为对西方传播学著作的大量引进或拿来就用，不必加以深入思考。由于将'系统了解'变换成易于得到的引进，与西方传播学的关系也就转而变成一种带有工具理性色彩的依附关系"。当时，我们两个以各种方式参与了中国社会科学院新闻与传播研究所关于回顾中国传播学三十年的课题，对王怡红的判断是高度认同的。一直以来，中国学界对理论的使用是高度工具性的，研究者只是使用理论而不与理论发生纠缠，用海德格尔的话来说，就是研究者并不存在于他们所使用的理论和概念之中。然而，不与理论发生纠缠怎么可能生成自主性的研究问题和理论创新呢？其后果一定只是将理论作为一种概念工具，通过形式化而非内涵化的处理方式，拿来生搬硬套用以解释自己的对象物。而且，我们都认为，不仅仅是解读存在着工具理性的问题，在具体研究实践中，对西方传播理论的引进在相当长一段时间内能不能被称为"大量"都是一个问题。那些认为中国传播学在 20 世纪 90 年代已经可以自主创造的学者，可能根本就没有读过几篇传播学的经典文献。我们都是在 20 世纪 90 年代中期开始接触传播理论的，作为那个时代新闻传播学的本科生，我们觉得最不幸的事就是在图书馆和新华书店找不到几本可以阅读的本学科的经典著作。这种情况到我们读博士时才略有缓解。70 后学者的一个共同特点就是强烈的读书饥饿感伴随着他们的学生时代。所以，刘海龙干脆在《重访灰色地带：传播研究史的书写与记忆》一书中明确表达了这样的观点："自 1978 年传播学作为学科被正式引进中国内地后，'系统了解'一直是中国学者的主要研究课题，成果不可谓不多。可在如何了解方面，却一直不得其法。"刘海龙在 2008 年出版了教材《大众传播理论：范式与流派》，其重要的写作动因之一就是感到当时新闻传播学的学生搞不清楚欧美各种传播理论间的关系。而胡翼青长期致力于推动传播学史的研究，其重要考量也是如何让中国的新闻传播学人能够了解西方传播理论的历史与脉络。我们都认为，建设自主知识体系首先要了解现有经典知识体系，才能创新；而年青一代没有深入和系统地了解西方的传播理论，政治正确和方向正确的"16 字方针"在很长一段时间里都没有实现的可能性。

新闻传播学译著的大量出版是刺激我们策划这套丛书的另一重要推手。在 20 世纪 90 年代以前，新闻传播学的译著非常稀少。1997 年第五次全国传播学研讨会以后，引进"量"的问题才得到了一定的缓解。当时参会的一批中青年学者如王怡红、刘卫东、李展、陆晔、芮必峰、胡正荣、段京肃、郭镇之、黄旦、曾建雄等认为传播学尽管在中国有所发展，但其边界和领域是什么样的，研究该怎么做，这些都很不明晰，需要出版一套高水准的新闻传播学译丛。正如潘忠党在华夏出版社的"传播·文化·社会译丛"的总序里所说的那样，大家对该译丛的设计充满了对经典的渴望："这想法是系统译介这么三类书：（1）理论名著，（2）实证研究经典，（3）全面勾勒学科领域的论著和论文集。这些书要既有学术水准，又有可读性；既可做专业教科书，又可成为高层次研修类读物。"这套译丛2003年问世，在10多年间将许多国外新闻传播研究领域的经典之作译介到了中国，其中有多部著作被选入本丛书。那段时间不只是华夏出版社在推进新闻传播学的译丛建设，还有多家出版社都在做这件事。产生了一定反响的译丛就包括：中国人民大学出版社的"当代世界学术名著·新闻与传播学译丛·大师经典系列"、南京大学出版社的"当代学术棱镜译丛·媒介文化系列"、商务印书馆的"文化和传播译丛"，以及新华出版社的"西方新闻传播学经典文库"，等等。根据周丽锦等人在《国内传播学译著的现状及其成因研究：基于2000—2019年数据的分析》一文中的统计数据可以发现，从2000年1月1日到2019年12月31日20年间国内出版的新闻传播学译著的数量达到376种（其中专著266种，教材90种），年均18.8种。这376部译著涉及116个完全不同的译丛。20年来，中国各出版社一共出版了新闻传播学译丛42种，新闻传播学译丛的选题几乎遍布主要的人文社科类出版社。在2013年商讨编写这套丛书时，我们显然是感受到了当时译著的极大丰盛，我们的阅读速度远远跟不上经典作品的涌入速度。我们都认为，对于文科生而言，大量阅读本学科经典著作很重要，因为只有这样，他们才能算是在这个学科的理论体系中存在过。这么多经典著作的同时出版，让年轻学子大量阅读经典成为可能。然而，"书非借不能读也"，在缺乏阅读饥饿感的时代有效引导年轻学子读书，这恐怕是亟待推进的重要工作。如果说，当初我们读书时因为资料匮乏差点"渴死"的话，那么今天的年轻学子则可能因为资料的过度丰盛而被"淹没"。所以，在文献资料理论爆炸和研究主体理论匮乏的张力之下，我们想到必须编写名著导读。

编写名著导读，可以实现两个层次的目标。常有前辈学者告诫读书人，读书需要经过两个阶段：第一个阶段是"将书读薄"，第二个阶段则是"将书读厚"。这种学术阅读经验不仅仅对人文学科是有效的，对社会科学同样如此。"将书读薄"指的是一边阅读一边对书籍的逻辑思路进行总结和概括，而"将书读厚"指的则是将自身的先在知识体系与阅读的书籍相结合，做到触类旁通。我们无意讨论二者的辩证关系，但在多数情况下，达到第二种境界难度更大。然而，即使是第一种境界，对刚接触学术阅读的本科生甚至是研究生来说也不是那么容易达到的，许多学术著作的阅读者经常呈现出来的状态是"过目即忘"：不要说复述著作的内在逻辑，就连刚看过的上个段落中的内容都未必能记得。而名著导读的任务就是迅速帮助初学者掌握一本在理解上有一定难度的学术著作大致在说什么，并通过成书背景的介绍告诉初学者当时作者面对的问题是什么，他为什么会以这样的方式回应问题，他的回应为什么能够突破其时代局限性等。同时，我们希望用语境化和去语境化的方式帮助初学者更好地理解著作的内涵和意义。此外，对名著的罗列还可以帮助初学者在潜意识中感受学科的边界与框架，虽然其中一定会掺杂进导读作者的主观想法。所以，导读通常是初学者走向学术道路最重要的扶梯之一。

当然，导读的目的显然不仅仅在于帮助初学者学会"将书读薄"，而且过分强调这一点很有可能走到导读编撰者初衷的反面。许多初学者会自作聪明地认为自己看了导读就不必再看原作本身，这一部分是因为他们认为自己将来不从事学术工作，不必读原典，而另一部分也确实是因为经典著作数量巨大且并不容易阅读。所以我们可以想象，这套丛书问世后，会有大量学生用它去应付各种考试，尤其是应付面试官提出的这样的问题："最近你读过哪一本学术书?"我们当然不能苛责这种功利主义的做法，因为人各有志，无可厚非。但是，对于有志于学术研究的初学者，这种功利主义的想法是致命的，因为原著中处处闪现的思想火花，经过导读多半荡然无存，甚至变成了教条式的叙述。导读只是一个路标，其任务永远都是指向原著。

我们编写这套导读的最终目的还是"劝学"，希望对学术有兴趣且有毅力的同学能够在导读的指引下走得更远，把书读厚，甚至是超越经典。因此，我们在每篇导读的最后部分讨论了学界从不同视角对著作的评价与反思。另外，除了参考文献外，我们还设置了拓展阅读。我们始终认为，像参考文献和拓展阅读这样符号性和物质性的痕迹是在以无言的方式诉说着最为重要的阅读方式。我们希望导读只是一个索引：它不仅应当引发立志学术研究的年轻学子阅读原著的兴趣，还要引导他们带着质疑去与原著对话；它不仅应当让学子们了解原著说了什么，还要尽量启发他们去发现原著没有说什么。我们希望在导读的指引下，当阅读者面对原著时，他们已经具备了对话和批判的能力，而不仅仅是死记硬背的态度。如果他们能完成阿尔都塞所说的那种在原著中发现空白并以此为起点找到研究问题的"症候式阅读"，那就善莫大焉。一言以蔽之，我们编这套丛书的理想就是：通过导读，学会读书。

事实上，理想永远是丰满的，现实则是骨感的。香港一别，两位主编便又各奔东西。总有急迫而不重要的事来干扰重要而不急迫的事，于是导读的写作工作以一种时断时续的方式进行着。导读的启动工作由南京大学和南京师范大学的中青年教师、优秀的博士生和硕士生承担，他们多是南大新传读书会的成员。此后，在郭小安和白红义的推动下，重庆和上海的师生也加入进来，这才大功告成。小安与红义凭借他们在各自研究领域的精深功底，极大地拓展了这项工程的深度与广度。在写作过程中，新闻传播学始终处于高速发展的状态，传播学研究的主导范式也在发生重大的分化，2013 年香港版的书目显然已经跟不上形势的发展。于是，我们干脆根据这种分化，扩充了新闻学和传播学的书目，加入了媒介学和舆论学的书目，四卷本的最终形式由此确定。

十年磨一剑。然而，当这四本导读即将问世的时候，我们比十年间的任何时刻更为忐忑不安。也许是互联网基础设施的发展实在太快，知识的更新和爆炸令本学科的学人目不暇接。所以，这四本导读能够经得起这个时代的检验吗？十年前我们在新闻传播学中常用的理论和概念，有很大一部分今天已经很少有人提及和使用；而今天涌现出来的概念，比如媒介本体论、媒介物、媒介性、物质性、具身性、基础设施媒介、界面……都是十年前无法想象的新名词。毫不夸张地说，今天任何一本新闻传播学教材问世的那一天，就是它过时的那一刻。不过，我们仍然有一定的底气，因为不管媒介技术的发展多么迅速，阅读经典仍然是新闻传播学科敢于面对这个世界的底气所在。

胡翼青　刘海龙
于 2023 年元旦

媒介学研究的进路
（代序）

哪怕仅仅是五年之前，传播学领域对于"媒介学"或"媒介理论"这些说法都是相当陌生的，大家并不明白为什么要在"五W"框架下的媒介研究之外，再单独开辟这样的研究领域。即使是对这一领域最敏感的学者，也只会将这个概念与陈卫星教授的团队所译介的法国学者雷吉斯·德布雷（Régis Debray）的"媒介学"联系在一起，顶多会模模糊糊地感觉到这一领域与北美的媒介环境学研究有一定的关联，更多人甚至会将其与媒介经营管理研究联系在一起，但绝对不会认真地将其看作一种传播学研究的新范式，更不会将其看作一个与新闻学和传播学并列的新的研究领域或新学科。不过，五年之后的今天，学界的观念正在发生潜移默化的改变，大家正在感受这一研究领域的独特性，无论是其特殊的本体论还是其特殊的认识论，因而逐渐开始将这一研究领域视为一种新的传播研究入射角，与实证主义的传播效果研究和马克思主义的传播批判研究并列。正如笔者在2022年初撰写的一篇题为《传播研究版图的三国演义》的卷首语中说的那样：

传播研究的第三范式——媒介技术范式开始登上学术史的舞

台。该范式发现了物质性尤其是媒介物的物质性对传播研究的重要性。这种物质性的先在结构，既为传播行为创造亦即限定了时间空间的边界，也为传播的意义汇聚创造并设定了场景。媒介物不再是结构中的"沉默者"，而是进程中的"行动者"。媒介物不再仅仅是构成物，它已经成为一种生成世界的力量。……那个貌似是背景的物质性舞台，其实是一种建构传播面貌的重要力量，连脚本的写作者也得尊重这一物质性体系的偏向，否则一切都不会发生。这一发现就像是打开了一扇大门，媒介化理论、行动者网络理论、可供性理论、媒介地理学、媒介考古学和媒介生态学如雨后春笋般汇集在一起，托起了传播研究的第三范式（胡翼青，2022）。

正因为如此，在编撰《西方传播学名著导读》分册时，我们逐渐感觉到有必要将其中与媒介理论研究有关的名著单独编撰成册。尽管我们认为，媒介学离一个独立的学科还很遥远，离一个严谨的研究范式也有相当的距离，甚至用"媒介学"这个概念都只是为了与其他三本分册在名称上保持统一，但它已经有别于传统的传播学理论。没有想到的是，具体操作非常顺利，分离出来的媒介学分册居然已经达到与传播学分册等量齐观的地步。蓦然回首，我们才发现，媒介理论这一研究领域已经具有了自己的历史与结构。

媒介学的起点

我们倾向于将媒介学的开端设定在 1964 年。在《奇云：媒介即存有》一书中，约翰·杜海姆·彼得斯（John Durham Peters）以"充满喜悦的 1964 年"为二级标题，讲述了 1964 年对于媒介学的意义。那一年，给人最大惊喜的当然是马歇尔·麦克卢汉（Marshall McLuhan）和他的《理解媒介：论人的延伸》，但同年出版的书还有安德烈·勒罗伊-古尔汉（André Leroi-Gourhan）的《手势与语言》、克劳德·列维-施特劳斯（Claude Lévi-Strauss）的《神话学：生食和熟食》、吉尔伯特·西蒙栋（Gilbert Simondon）的《个体及其生理—生物基因》、赫伯特·马尔库塞（Herbert Marcuse）的《单向度的人》以及诺伯特·维纳（Norbert Wiener）的《上帝与魔像公司》等。"1964 年是一个人类思考技术、文化和社会的好年头。麦克卢汉、勒罗伊-古尔汉、列维-施特劳斯、西蒙栋、勒姆和维纳尤其看到了生物演化和技术演化的融合，勒姆和维纳甚至还探讨了人类生命和计算机程序合作的神学意义。"（彼得斯，2020：19）

将媒介学的开端定在 1964 年，并不表示 1964 年之前就没有人研究媒介或媒介技术，相反，这样的研究并不少见。不过，在 1964 年，"从媒介的视角看世界"的认识论出现了，这是一场重大变革。毫无疑问，麦克卢汉领风气之先。"麦克卢汉并不满足于对于传播舞台上的表演者的前景描述，他就像一个没有学好阅读理解的中学生那样，指出舞台时空及其所坐落的方位本身是一种真正重要的力量，而表演者却不像想象的那么重要。这种观点暗合了存在主义的重要立场：真正重要的是存在本身而不是存在者，存在者注定无法真正地显化存在。"（胡翼青，2022）

在《理解媒介》一书中，麦克卢汉为媒介理论研究范式奠定了理论基调，而此后无论哪一种媒介理论问世，都必须建立在这些基调所划定的框架之内。也就是说，任何媒介理论的兴起都绕不过麦克卢汉这个起点。总结起来，麦克卢汉为媒介理论的发展奠定了三大基调：

其一，传播研究应以媒介技术或媒介形式而非媒介的内容作为主要研究对象。这一观点源于麦克卢汉对实证主义传播学的批判。麦克卢汉以"看门狗"这一隐喻，表达了实证主义传播学对传播问题理解的偏差："我们对所有媒介的传统反应是，如何使用媒介才至关重要。这就是技术白痴的麻木态度，因为媒介的'内容'好比是一片鲜美的肉，破门而入的窃贼用它来涣散思想看门狗的注意力。"（麦克卢汉，2000：46）当然，麦克卢汉的洞见远不止于此，他以电为例来说明媒介完全是可以没有内容的，借此表明媒介的在场比什么都重要。"电光是单纯的信息。它是一种不带讯息的媒介……这个传播媒介之所以未引起人们的注意，正是因为它没有'内容'。"（麦克卢汉，2000：34—35）应当说，电让人真正意识到了纯粹的媒介，并让人意识到一直以来在传播学领域讨论的不是媒介本身，而只是内容。麦克卢汉以这样一种方式来阐释他的名言"媒介即讯息"。所以格雷厄姆·哈曼（Graham Harman）评价说："麦克卢汉的名言是：'媒介即讯息。'麦克卢汉给这句话的定义是，任何媒介明确表达的内容都不如媒介本身的在场重要。和电视变革性的背景作用相比，电视节目质量的高低差异无关紧要……对麦克卢汉来说，媒介隐没于背景之后，默默地主导着我们的意识，甚至当我们被电视、电话、报纸或者电子书呈现的内容催眠时也是如此。"（哈曼，2018：219—220）

此后的媒介理论都高度认同这一前提，内容或表征在媒介理论那里几乎不受待见，就像媒介技术在实证研究和文化研究中同样不受待见一样。媒介环境学自不必说，它直接将媒介看作一种环境：媒介即环境。而北欧的媒介化理论也主张将媒介与内容分开，倾向于把媒介看作一种改造社会的力量。弗里德里希·基特勒（Friedrich Kittler）和西皮尔·克莱默尔（Sybille Krämer）也高度赞赏麦克卢汉这种将媒介形式与内容相分离的观点。在《留声机 电影 打字机》一书的前言里，基特勒就毫不掩饰他对麦克卢汉《理解媒介》的追随："重要的已不是信息，也不是在技术时代为所谓灵魂配备的信息或内容，而是（严格按照麦克卢汉的话来说）它们的电路，是感知的图示。"（基特勒，2017：前言3）克莱默尔指出："马歇尔·麦克卢汉在60年代就提出了'传媒就是信息'的命题，并因此而不断颠覆了传媒是无关紧要的观点。"（克莱默尔，2008：66）克莱默尔认为，这一点已经成为媒介研究的共识："目前对于媒介研究的各个方面都形成了一个共识：人们相信，传媒不仅服务于信息的传达，更重要的还在于传媒自身——以各种方式——必然地参与到信息的内容中。"（克莱默尔，2008：64）

其二，媒介并非仅仅是一种实体，它更是一种隐喻，而且不同的媒介在不同的意义框架里意味着不同的隐喻。在这一点上，麦克卢汉肯定多少受到了马丁·海德格尔（Martin Heidegger）《物的追问：康德关于先验原理的学说》一文的影响（这从麦克卢汉的阅读书单中可以得到证明），而这种隐喻式的表述方式肯定受到他在剑桥三一学院所受教育的影响。尽管不是所有媒介理论都喜欢麦克卢汉神谕式的语言风格，但如果不能从隐喻的角度看待媒介，那么媒介就跟不存在一样，后续的研究根本无法开展。因为如果像实证主义那样把媒介理解为实存的工具，媒介就等同于功能或有用性，媒介本身就消失了，只留下功能和效果，那所谓的媒介理论就确实没有存在的必要了。事实上，存在者越是实体化，其意义就越虚无。在实证主义的框架里，媒介就没有存在的必要，在传播者、受众和效果的三角关系中，它甚至被完全透明化了，而这恰恰是实证主义研究范式受到质疑的最重要原因。

几乎所有的媒介理论都强调用一种隐喻的视角来看待媒介。媒介环境学派的思想家将媒介直接隐喻为环境，从而成为媒介的环保主义者。在他们的启发之下，彼得斯干脆把人们的生态环境包括自然物像云和火等统统隐喻为媒介。媒介化社会理论则喜欢把媒介看作一种强大的力量、一种支配社会的权力，比如施蒂格·夏瓦（Stig Hjarvard）所说的媒介对其他社会场域的他律和尼克·库尔德利（Nick Couldry）将媒介看作一种元资本或者基础设施。而媒介技术哲学的研究者更愿意将媒介看作一种空间、时间、位阶或者装置。

其三，媒介是社会的组织者和行动者。媒介变量的发展变化（包括力量、速度、范围等要素的变革）会重新建构目前的各种关系，从社会关系到人的感官比例都会因为媒介框架的变革而发生变化。在媒介技术面前，人的主体性和能动性是被限定的。麦克卢汉想用"媒介是人的延伸"以及"地球村"等概念来说明，媒介变化所带来的人的周遭环境的变化会改变原有的社会结构、关系结构和感官结构。"每一种新技术都创造一种新环境"，"这一新环境对旧环境进行彻底的加工"（麦克卢汉，2000：27）。在麦克卢汉看来，新媒介技术及其创造的环境会立刻重组既有的结构与关系。当然，原有的结构和关系并不会完全消失，它们会在"新环境"中以一种新的方式重构，或者说会在"新环境"中被人们以另一种方式审视和理解。媒介在这里扮演着社会组织者的角色，任何技术变量的变化都会引起原有组织结构的变化。

而关于媒介是社会组织者和行动者这一观点也是所有媒介理论所高度认可的。媒介环境学通过"媒介偏向"这一概念来形容经由媒介环境形成的个体感官比例和社会形态。而媒介化理论更为强调媒介的主动性和形塑力。夏瓦所说的媒介化和中介化的差别就体现在这里。媒介化社会理论认为，以往讨论媒介的作用通常指的是媒介在意义传递中扮演的角色，即所谓的中介化。然而媒介对社会的影响远不仅仅停留在表征的层面，因为整个当下社会的运作或多或少要遵从媒介的逻辑。就像夏瓦指出的那样："由于'中介化'这一概念狭窄地聚焦在传播过程本身，我们需要另一个术语'媒介化'来表示媒介、文化和社会之间关系的长期、大范围的结构性变迁。"（夏瓦，2018：9）而媒介技术哲学干脆把媒介技术看作历史进程的推动力。在与米歇尔·福柯（Michel Foucault）的对话中，基特勒指出，历史的断裂并不是自然而然而是媒介技术变革的结果。基特勒把 18 世纪和 19 世纪之交人们的铭刻体系和表征方式称为"话语网络 1800"，把 19 世纪和 20 世纪之交的称为"话语网络 1900"。他认为话语网络 1800 之所以与话语网络 1900 有着深刻的差异，是因为"后者在 19 世纪下半叶伴随着新型模拟媒介技术来临"。电使得以留声机为代表的声音媒介、以电影为代表的视觉媒介和以打字机为代表的文字媒介，以相似的媒介逻辑限定了人们的思维方式、记忆方式和时间意识，重塑了人们的话语机制。这种媒介革命直接导致了信息与精神的分离："1880 年的媒体革命起到了奠基作用，之后的理论和实践都不再将信息和精神混为一谈。"（温斯洛普-扬，2019：18）

媒介理论之所以被看作媒介理论，不是因为其有统一的逻辑和相似的观点，而是因为其从不同侧面或赞成或反对麦克卢汉的媒介观。这些媒介理论，不管它们自身是否承认，都是从麦克卢汉这个起点出发来审视媒介的，只是有的强调，有的则一笔带过。所以，媒介理论始于麦克卢汉的媒介观。

媒介学的历史与结构

最早直接受到麦克卢汉学说影响的媒介理论就是缘起于纽约大学和多伦多大学、后在美国和加拿大产生广泛影响的媒介环境学。该学派的创始人尼尔·波兹曼（Neil Postman）在哥伦比亚大学师范学院读硕士时，就受到麦克卢汉讲座的直接影响。该学派的第二代学者也大多直接受到麦克卢汉的指导，很多代表人物是麦克卢汉的同事、追随者、学生，甚至是儿子。

林文刚认为，媒介环境学深受刘易斯·芒福德（Lewis Mumford）、哈罗德·英尼斯（Harold Innis，也常译作哈罗德·伊尼斯）和麦克卢汉的影响，这三位北美学者可以被看作媒介环境学的先驱，他们对波兹曼的理论影响都很深远。1968 年，在美国英语教师学会理事会的演讲中，波兹曼首次公开使用了"媒介环境学"这个概念。在这篇题为《改革后的英语课程设置》的演讲中，波兹曼将媒介环境学定义为："把媒介作为环境的研究。"（林文刚，2007：10）这一定义道出了媒介环境学关注的焦点问题：作为环境隐喻的媒介。1970 年，波兹曼在纽约大学开设了关于媒介环境学的博士研讨班。而波兹曼的两位博士生克里斯琴·尼斯特洛姆（Christine Nystrom）和特伦斯·莫兰（Terence Moran)在制度建设和日常管理上的付出，使这个学位点日益兴盛，为媒介环境学最终成为学派奠定了基石。

在林文刚看来，不管媒介环境学这个松散的学派有多么多元化，它总是遵循三个基本的理论假设：（1）传播媒介不是中性的、透明的和无价值标准的渠道。实际上，媒介固有的物质结构和符号形式发挥着规定性的作用，决定着什么信息被编码和传输，如何被编码和传输，又如何被解码。（2）每一种媒介独特的物质特征和符号特征都带有一套偏向。（3）媒介技术促成的各种心理的或感觉的、社会的、经济的、政治的、文化的结果，往往和媒介固有的偏向有关（林文刚，2007：30—31）。这三个假设确保了媒介环境学独特的学术视角，使其有别于传播学的功能学派。不仅如此，媒介环境学派对媒介技术的关切，影响和启发了其他形形色色的媒介理论，可以说是媒介理论中的第一个经典学派。

鉴于媒介环境学的重要贡献，本书选择了 12 部与这一学派有重要关联的著作，包括芒福德的《技术与文明》，英尼斯的《帝国与传播》和《传播的偏向》，麦克卢汉的《谷登堡星汉璀璨：印刷文明的诞生》和《理解媒介》，伊丽莎白·爱森斯坦（Elizabeth Eisenstein）的《作为变革动因的印刷机：早期近代欧洲的传播与文化变革》，沃尔特·翁（Walter Ong）的《口语文化与书面文化：语词的技术化》，波兹曼的

《童年的消逝》和《娱乐至死》，罗伯特·洛根（Robert Logan）的《字母表效应：拼音文字与西方文明》，约书亚·梅罗维茨（Joshua Meyrowitz）的《消失的地域：电子媒介对社会行为的影响》和保罗·莱文森（Paul Levinson）的《软利器：信息革命的自然历史与未来》。不过，从本书目录编排的情况，大家也可以看出，自 21 世纪以来，媒介环境学的学术生产显然处于比较低迷的状态，除了少数比较活跃的学者外，大多数学者的研究已经跟不上新媒介的发展态势，似乎他们没有真正从大众传播媒介的思维定式中走出来。

究其原因，媒介环境学派对媒介隐喻的认知存在偏差。这与他们在继承麦克卢汉思想的过程中出现的偏差有一定关联。麦克卢汉在《理解媒介》的上编把媒介看作一种整体性的隐喻，像"媒介是人的延伸"这样的观点使用的就是这种媒介隐喻，媒介在这里并不是"器"，而是"道"；而在下编，他又把每一种媒介的隐喻一一呈现出来，比如作为皮肤的服装和作为部落鼓的广播，仿佛认同每一种媒介都是一个个性化的隐喻。媒介环境学的后继者们没有坚持麦克卢汉整体性的媒介隐喻观念，最终只接受了作为物种的媒介。比如，波兹曼直接将媒介具体化印刷品和电视以及印刷思维和电视思维；梅罗维茨的"媒介情境论"讨论的媒介是电视场景；而莱文森更是几乎一年写一种媒介，最后干脆把媒介环境学变成了由不同媒介组成的具有竞合关系的生态系统。莱文森认为社会是围绕媒介形成的生态系统，而非由无所不在的媒介基础设施构成的环境。在这个生态系统里，媒介宛若物种一样，相互之间有了进化与竞争的关系，或和谐共存，或捉对厮杀，优胜劣汰是其遵循的原则："如果一种媒介符合前技术传播的某一方面或某一个模式，那么这种媒介就会存活下来，无论接踵而至的媒介是什么。"（莱文森，2007：35）一场物种进化、适者生存的"动物世界"式的媒介奇观展现在我们面前。至此，莱文森完美地回到了结构功能主义的媒介观。尽管媒介环境学者强调的仍然是单个媒介的隐喻，但缺乏了整体性的隐喻其实不过就是一个比喻。这样一来，媒介又成了大众文化或观念的渠道和载体，媒介又从无所不包、无处不在的存在变为各种具象的实体。

20 世纪六七十年代以后在欧洲尤其是德国逐渐兴起的媒介技术哲

学，是在海德格尔的存在论思想和技术哲学思想基础上对早期麦克卢汉媒介理论的再抽象。德国学者弗里德里希·基特勒是这个领域的一位旗手式的学者，而且在当代中国传播学界影响很大。而他的几位高足，被称为"基特勒青年"的克劳斯·皮亚斯（Claus Pias）、伯恩哈德·西格特（Bernhard Siegert）、沃尔夫冈·恩斯特（Wolfgang Ernst）在"控制论"（cybernetics）、"文化技术理论"（culture techniques theory）和"媒介考古学"（media archaeology）等领域的研究，全面拓展了媒介技术哲学研究领域的广度和深度。尽管他们对麦克卢汉的发现很有兴趣，但在具体的观点和立场上相差很大，可以说是对麦克卢汉的一种回应或与其展开的对话。

不过，媒介哲学并非只有基特勒这一系，这一领域在德国已经发酵了近半个世纪，许多德国哲学家都在这个领域发表过高见，因此其多元化的特征远超人们的想象。而且由于语言问题和英语学术霸权的客观存在，目前国内学界对这一研究领域的复杂性知之甚少。包括笔者在内的不少人长期以来将这一领域仅仅看作基特勒、克莱默尔、鲍里斯·格罗伊斯（Boris Groys）等少数学者研究的领域。但事实上，这一领域已经聚集了相当数量的优秀学者。尽管观点有差异，但这些学者讨论的核心问题大体在同样的范畴内，即从本体论的视角讨论什么是媒介以及媒介与存在的关系，从认识论的视角讨论媒介物的问题。他们中的大多数人都认为哲学研究将会迎来媒介转向，也有一部分人认为传播研究将迎来技术哲学转向。

关于什么是媒介以及媒介与存在的关系，学者们观点各异：有的认为，媒介之外别无他物，媒介生成和建构了世界；有的认为媒介本体并不存在，它处于不断的生成和运动中，物只有成其为媒介物时才会出现媒介物，所以媒介不存在；有的则认为媒介不会直接向人们的经验观察敞开，媒介与人是一种"揣测"或耦合的关系。这些观点都无法解释所有的媒介问题，总是在解释媒介某个方面的问题时具有强大的解释力，而在另一些方面则可能漏洞百出。这些观点随着理论旅行，开始在英语世界产生更大影响：曾在德国留学的美国学者唐·伊德（Don Ihde）自不必说，彼得斯的近作《奇云》就深受这些思想的影响。

当然，在现象学之外，还存在其他类型学的媒介技术哲学的声音。在 20 世纪 30 年代，瓦尔特·本雅明（Walter Benjamin）就从西方马克思主义的角度开启了马克思主义媒介技术哲学的先河。当然，这一思路本身就承袭了马克思本人在《资本论》中对技术问题的关切和批判。从《机械复制时代的艺术作品》开始，关注媒介技术背后的权力问题，成为马克思主义视角下媒介哲学研究的鲜明特点。此后，马尔库塞、汉斯·恩岑斯贝格（Hans Enzensberger）、居伊·德波（Guy Debord）、亨利·列斐伏尔（Henri Lefebvre）、让·鲍德里亚（Jean Baudrillard）、雅克·德里达（Jacques Derrida）和贝尔纳·斯蒂格勒（Bernard Stiegler）等学者前仆后继，使这条线索始终保持着它的生命力。不过，他们当中的很多人只是将媒介技术作为自己讨论的整体问题中不算太重要的组成部分，相关论述散见于他们成名著作的字里行间，因而我们只能看到只言片语中闪现的思想火花。

媒介技术哲学是一个方兴未艾的领域，许多著作是以论文集的方式呈现的，而且可以预见的是，其知识版图会在未来不断发生重大变化。本书没有能力穷尽这一领域的经典，只能罗列一些有影响力的著作，让读者对这一研究领域在讨论什么问题增添一些感性的认知。所以，我们选择了以下五部作品撰写导读，它们是：本雅明的《机械复制时代的艺术作品》、基特勒的《留声机 电影 打字机》、伊德的《技术与生活世界：从伊甸园到尘世》、斯蒂格勒的《技术与时间》以及彼得斯的《奇云》。

2000 年前后，媒介化理论开始引发人们的关注，这是一种基于社会学的媒介研究。许多媒介化理论领域的重要学者不约而同地将曼纽尔·卡斯特（Manuel Castells）在"信息时代三部曲"中提出的思想看作媒介化理论的开端。其实，卡斯特"信息时代三部曲"中最精华的部分和最重要的发现来自《网络社会的崛起》一书中一个著名的脚注。在这个脚注中，卡斯特说：

> 我要在"信息社会"与"信息化社会"之间提出分析性的区分，此区分也适用于"信息经济"与"信息化经济"。"信息社会"这个用词强调信息在社会中的角色。但是我认为，信息就其广义而

言，例如视之为"知识的传播"，乃是所有社会的关键……相反，"信息化"这个用词表明了社会组织之特殊形式的属性，在这种组织里，信息的生产、处理与传递成为生产力与权力的基本来源……信息化社会的关键特色之一，乃是其基本结构的网络化逻辑（卡斯特，2001：25）。

这个关于信息社会与信息化社会的经典界定直接启发了媒介化理论的研究视角。对此，夏瓦评价说："曼纽尔·卡斯特对于互联网和网络社会的探讨，是将媒介纳入社会学理论的尝试。同样，从媒介研究的角度出发，全球化研究已然引起了社会学和文化分析的关注。媒介化理论即是将这两门学科拉得更近的一种尝试。……媒介化应当被看作是与全球化、城市化和个体化同等重要的一个现代化过程。"（夏瓦，2018：9）

借助信息化这个概念来理解媒介化，确实可以统摄媒介化理论的共性，但媒介化理论内部仍然充满了争议。夏瓦用媒介化替代中介化是想描述媒介在社会和文化结构变迁中扮演的角色。然而，大多数涉足媒介化社会理论的研究者并不认为这很重要，他们依然执着于有关中介化的研究，其中不仅有强调媒介实践理论的索尼娅·利文斯通（Sonia Livingstone）和库尔德利等人，也包括法国媒介学的代表人物德布雷。

在德布雷那里，媒介被划分为组织化的材料（MO）和物质化的组织（OM）两个类型，前者包括书籍、雕像、建筑等承载信息的"工具"，后者包括学校、教会、出版商等制度化的组织机构。基于这样的媒介观，德布雷必然得出的结论是：一方面，思想观念不能离开物质化的传递装置独立存在，只有通过媒介才能成为实体，"在特定的物质和技术条件下，载体、关系和运输手段担保思想在每个时代的社会存在"（德布雷，2014：4）；另一方面，作为中介，媒介可以形塑观念的形态，而媒介学就是要考察观念实体化过程中媒介的作用。德布雷把这个过程称为媒介化："媒介学自认为是媒介化的学问，通过这些媒介化，一个观念成为物质力量。"（德布雷，2014：3）从这种表述来看，媒介学并不是一门独立的学科，它只是媒介社会学的一种视角，与媒介化理论实属近亲，都是麦克卢汉和皮埃尔·布尔迪厄（Pierre Bourdieu）的"精神子嗣"。不过，显而易见的是，德布雷的"媒介化"是媒介化学派笔下的"中介化"。

当夏瓦走向媒介化，他势必要从社会的制度视角和权力视角去寻求理论资源，需要将"媒介逻辑"看作一种力量，去观察媒介如何对社会的其他领域进行他律。用夏瓦的话来说就是："媒介在各场域不断增长的他律中扮演着至关重要的角色，并借此挑战了场域的自律。因此，媒介化的程度可以根据各自场域的自律在多大程度上被削减得以衡量。"（夏瓦，2018：41）所以，一般人都认为夏瓦所代表的是媒介化理论的制度学派。而以库尔德利、延森等为代表的一派就很怀疑有没有一种制度性的、统一无差别的媒介逻辑存在，他们对中介化中发生的一切的兴趣远远大于宏大叙事的媒介化。他们引入芝加哥学派的符号互动论思想、诺伯特·埃利亚斯（Norbert Elias）的型构理论、社会建构论乃至鲍德里亚的后现代文化理论，开辟了媒介化学派的第二个传统——互动学派。这一研究传统关注中介化对个体交往方式和交往行为的影响，特别是关注新媒体如何建构和拓展个体的交往。比如，丹麦学者克劳斯·布鲁恩·延森就欣喜地看到新媒介作为一种元技术，重新解放了身体和社区间的传播："在元技术的影响下，传播再次拥有了人际传播中的互动与多元化的交流模式特征。"（延森，2012：74）

作为媒介社会学当下最具创造力和最活跃的流派，欧洲的媒介化社会理论还处于不断发展的过程中。该学派的文献比较新，论文颇多，著述偏少。根据关注度，本书选择了四本与该学派相关的文献进行导读，包括德布雷的《普通媒介学教程》，卡斯特的《网络社会的崛起》，夏瓦的《文化与社会的媒介化》以及延森的《媒介融合》。

除了上述三大主要流派以外，从不同学科如艺术学、地理学、考古学、生态学等视角思考媒介的认识论视角不断涌现，如受基特勒影响颇深的欧洲的媒介考古学、从艺术史角度切入的关于媒介间性和界面的研究，以及从地理学角度出发的对媒介和传播的反思。这些研究视角虽然没有真正形成自己的理论体系，但已经为媒介理论带来了重要的启发。因此，本书也在这些领域选择了四本代表性的著作，它们分别是西格弗里德·齐林斯基（Siegfried Zielinski）的《媒体考古学：论技术视听的深层时间》、列夫·马诺维奇（Lev Manovich）的《新媒体的语言》、保罗·亚当斯（Paul Adams）的《媒介与传播地理学》和马修·福勒（Matthew Fuller）的《媒介生态学：艺术与技术文化中的物质能量》。

媒介学的兴起与传播研究的未来

对于中国传播学而言，媒介学好像是在一夜之间兴起的研究范式。而就整个世界而言，除媒介环境学外，多数媒介学的优秀研究成果也都是在互联网出现以后才问世的。所以，不得不回答的问题是：媒介学和媒介理论为什么兴起于当下？未来它将走向何方？

众所周知，大众传播媒介在 20 世纪深刻地影响人类，转变了人类的铭刻系统。也正是因为如此，在哈罗德·拉斯韦尔（Harold Lasswell）的"五 W"框架里也给媒介研究留了一席之地。然而，这对于媒介研究而言，却是一个悲剧。这是因为，拉斯韦尔和美国主流传播学只是将媒介看作一种信息渠道、一个承载信息的工具，并没有感受到媒介居间意味着什么，更没有意识到作为背景的媒介的作用。于是，他们打着媒介研究的旗号，对媒介却视而不见，满眼只剩下内容、受众和效果。所以，实证主义传播学也做了一些关于媒介的研究，但研究者关心的媒介是具体的媒体机构，关心的方向主要是媒介经营管理和控制研究，与媒介学和媒介理论风马牛不相及。那么，为什么在大众传播时代我们很难"发现"媒介并提出成熟的媒介理论，而在当下的数字媒介环境下，我们却能更深刻地感受到媒介的力量，并有一种创造媒介学和媒介理论的使命感和紧迫感呢？

媒介意味着居间，被征召而来的居间物即媒介物。大众传媒作为媒介物，并没有让人们发现媒介的居间性，反而导致了人们对媒介的错误理解："20 世纪，我们将媒介视为一种娱乐机器，用指头一点它，新闻和娱乐节目就如自来水一样持续稳定地哗哗流出。……这在人类历史上其实是一个例外，而不是常态。今天我们有了数字媒介，它将我们带回到历史上的常态时期。"（彼得斯，2020：22）我们把媒介看作上层建筑的实体化机构和客观存在的娱乐机器其实就意味着我们被作为媒介物的大众传媒带偏了，大众传媒体现出来的仅仅是媒介的某些方面的特征。

相比于大众传媒，数字媒介所体现出来的社会行动力让人感受到媒介的力量，感受到媒介对人存在方式的建构，感受到人只有通过媒介才能通达这个世界。而这一切是大众传媒做不到的。大众传媒在现实生活中主要扮演着内容生产者和发布者的角色，它永远只是一个被观看的对象。它在科技和经济领域没有什么决定性的影响力。大众传媒在资本运营和技术创新的领域扮演着边缘化的角色，所以在今天的媒体融合大潮中，大众传媒一直被新媒体带节奏，盈利模式变得不确定。一言以蔽之，这种媒介物的力量很难对社会的其他场域进行他律，通常只是社会其他场域的逻辑他律的对象。

新媒体则完全不同，它们代表着当下计算机技术发展的主流，也代表着数字经济最活跃的生产力。它们来到这个世界，很快构成了这个世界的经济基础和技术结构，也将这个世界纳入其运作逻辑。可以这么说，整个世界都在新媒体的平台上被重新建构。新媒体就是以这样的方式闯入了这个世界，它成为一切事物的技术载体。它以网上购物、网约车、共享单车、地图软件、二维码等方式重构着社会的业态和生活方式。对于传媒业而言，它以移动通信技术和平台操作系统为技术基础，成为媒介的媒介——元媒介。不得不承认，互联网、5G 通信技术等元素已经像水、电、天然气、交通工具一样成为我们这个社会的基础设施。如果哪一天互联网或移动通信这样的基本元素在保供上出现问题，其后果与能源危机、断水停电的结果是一样的。很多人可能已经无法想象在互联网断供后如何在现实社会中生活。

基础设施媒介已经构成了人的存在方式，人已经不能脱离它们而存在。人们的生活被置于这些基础设施媒介的座驾之上。媒介具有了前所未有的生成性和形构社会的行动力，其重要性和力量的彰显使学者们不得不正视被内容长期掩盖的媒介界面以及界面背后的基础设施技术体系。基础设施媒介为媒介学带来了巨大的想象力。媒介理论开始思考媒介以何种方式建构人类的时间、空间、权力、秩序和关系。尽管很早以前就有一些历史学家关注过运河、铁路、有轨电车、驿道、汽车等交通基础设施如何建构当时的社会，但很少有人将这样的研究看作媒介研究，因为这确实与研究文本生产、传播和消费的传统传播学相去甚远，人们也很难想象这是一种有重要理论前景的媒介视角。基础设施媒介让我们"看到"了媒介的他异性和背景性，看到了那个庞大和复杂到无以复加而又通常完全透明的技术体系。基础设施媒介让我们"看到"除了传递信息外，媒介是怎样调整我们的社会关系的。在这里，被我们看成媒介重要功能的信息传递变得并不重要，而作为存在者的媒介如何建构社会秩序变得极其重要。当关注媒介的功能和作用被关注媒介如何建构存在所替代，媒介学和媒介理论便迅速崛起。

处于居间位的媒介的力量，在基础设施媒介时代极容易被感受到。居间，意味着关系的生成。媒介通过居间的方式将自己所联结的元素统统转化为媒介，并建立了它们之间的关系，从而生成了某种向度的世界，我们有且只有通过媒介才能到达它所生成的世界。当媒介征用媒介物而成为媒介技术体系时，它已经将与之关联的元素转化或者同化为自己的组成部分，从而创造出一个可见的世界。从这个意义上讲，媒介本身就是我们看到的世界。所以，居间本身是具有行动性和生成性的。居间性何以可能，居间性意味着什么，居间性产生什么后果，居间性以何种方式存在，这些都可以被看作讨论媒介本质特征的一些视角，也就是什么是媒介性。上述这些研究在很大程度上构成了未来传播研究的"第一哲学"。这就让我们质疑曾经占有绝对统治地位的存在论——主客体二元论——的合法性。问题的关键是：到底主体和客体是天然存在的，还是说主体和客体本身都是生成的？如果是前者，那么这个天然的主体是什么？为什么几乎所有的人都认为主体是被询唤出来的？如果是后者，那么这种生成性的力量是什么？它为什么能把主体与客体的关系生产出来？由这种力量所构成的存在论该如何理解？在不断的追问中，一种新的存在论——姑且可以被称为"媒介本体论"——被设想出来，它反对天然主体的存在以及天然的主客体二元关系，也反对以主体为分析世界的天然的中心和起点，而是以媒介的居间性为起点，强调媒介的联结性和生成性，认为媒介生成了以某种方式运作的世界。事实上，如果没有看到互联网基础设施在现实社会中的行动力，可能研究者很难想象这一切。

谁都能看出来，互联网基础设施将会不断嵌入并深刻改变我们的日常生活，不断形成对我们既有生存方式的挑战。对于这样一种无法忽视的扰动力量，人的"主体性"将会受到前所未有的威胁。所以，关注媒介技术从来不是在关注媒介技术本身，而是在关注和保卫人的精神世界。传播学在美国兴起时是一门崇尚科学主义的政策学导向的应用性学科。人的存在和人的精神世界不是主流传播学关注的重点，因而它并没有赢得其他学科的广泛尊敬。在媒介学和媒介理论大发展的今天，传播学迎来了契机，同时也面临最为严峻的挑战。传播学如何回应关涉人类命运的真正重大的研究问题，决定了传播学的命运。如果传播学无法通过媒介学和媒介理论带来的契机完成理论的抽象化，无法形成本学科的"第一哲学"和独特的学科视角，无法重塑学科的精神气质和人文关怀，那么在关注媒介的思想里，一样不需要传播学。

（胡翼青）

参 考 文 献

〔美〕保罗·莱文森：《莱文森精粹》，何道宽编译，北京：中国人民大学出版社，2007。

〔德〕弗里德里希·基特勒：《留声机 电影 打字机》，邢春丽译，上海：复旦大学出版社，2017。

〔美〕格拉汉姆·哈曼：《铃与哨：更思辨的实在论》，黄芙蓉译，重庆：西南师范大学出版社，2018。

胡翼青：《传播研究版图的三国演义》，《当代传播》，2022（2）。

〔加拿大〕杰弗里·温斯洛普-扬：《基特勒论媒介》，张昱辰译，北京：中国传媒大学出版社，2019。

〔丹〕克劳斯·布鲁恩·延森：《媒介融合：网络传播、大众传播和人际传播的三重维度》，刘君译，上海：复旦大学出版社，2012。

〔法〕雷吉斯·德布雷：《普通媒介学教程》，陈卫星、王杨译，北京：清华大学出版社，2014。

〔美〕林文刚编：《媒介环境学：思想沿革与多维视野》，何道宽译，北京：北京大学出版社，2007。

〔加拿大〕马歇尔·麦克卢汉：《理解媒介：论人的延伸》，何道宽译，北京：商务印书馆，2000。

〔美〕曼纽尔·卡斯特：《网络社会的崛起》，夏铸九、王志弘等译，北京：社会科学文献出版社，2001。

〔丹〕施蒂格·夏瓦：《文化与社会的媒介化》，刘君等译，上海：复旦大学出版社，2018。

〔德〕西皮尔·克莱默尔编著：《传媒、计算机、实在性：真实性表象和新传媒》，孙和平译，北京：中国社会科学出版社，2008。

〔美〕约翰·杜海姆·彼得斯：《奇云：媒介即存有》，邓建国译，上海：复旦大学出版社，2020。

目　录

瓦尔特·本雅明

《机械复制时代的艺术作品》

在谷登堡印刷术诞生大约 500 年后，德国思想家本雅明写就《机械复制时代的艺术作品》，深入思考了大规模复制技术的应用对人类文化艺术的影响。本雅明洞察到技术变革对人类感官和艺术实践的重塑，他对技术和艺术之关系的关注内含于欧洲无产阶级革命衰落、第三帝国极权统治崛起、启蒙理性屈从于极权主义的时代大背景中。作为"文化工业"时代的早期文本，《机械复制时代的艺术作品》从思想洞见、方法论等各个方面为批判理论与媒介理论开拓了空间，而且，随着时间的推移，其观点正在不断激发当代社会科学的想象力。

一、成书背景

瓦尔特·本雅明（1892—1940）是德国文化批评家、哲学家。他出生于一个富裕的犹太商人家庭，在世纪之交急速向现代大都会转变的柏林度过了童年。中学时代，本雅明成为反叛布尔乔亚身世、继承浪漫主义传统的德国青年运动的学生领袖。青年时期，本雅明先后游学于弗莱堡、柏林、慕尼黑，接受过新康德主义哲学的训练，后来又先后与犹太文化研究者格肖姆·朔勒姆（Gershom Scholem）、左翼戏剧家贝尔托·布莱希特（Bertolt Brecht）、后来成为法兰克福学派核心人物的西奥多·阿多诺（Theodor Adorno）成为好友。这些交往经历使他保持着多个立场：青年时代受到浪漫主义思潮的深刻影响，在第一次世界大战期间对犹太教救世主义和社会主义产生兴趣，在魏玛共和国时期开始部分地转向马克思主义；之后，他与布莱希特的"朴素马克思主义"、法兰克福社会研究所的"辩证马克思主义"以及朔勒姆的犹太教救世主义都维持着一种若即若离的关系。尽管当时这三方中的每一方都指责其他两方对本雅明产生了"有害影响"，但与这三方的关系（当然不仅是这个原因）也促成了本雅明思想的复杂性和独特性（刘北成，1998：前言 4）。汉娜·阿伦特（Hannah Arendt）认为本雅明属于难以归类的知识分子，他的思想如此复杂，以至于不能把他归为作家、翻译家、哲学家、历史学家、语言学家、神学家中的任何一类，虽然他在上述领域均有所建树（阿伦特，2008：前言 23）。

第一次世界大战结束之后，曾经十分拒斥政治的本雅明意识到他们这一代知识分子注定不能置身于政治之外。1924 年 4 月，本雅明邂逅了信奉共产主义的苏联女导演阿西娅·拉西斯（Asja Lācis），并在后者的吸引下对马克思及卢卡奇等马克思主义者的著作产生了兴趣，先后阅读了《资本论》第一卷、《历史与阶级意识》和卢卡奇在《无产阶级文学》上发表的一些短文，渐渐理解和接受了历史唯物主义的基本观点。1926 年末，本雅明对苏维埃政权下的莫斯科进行了两个月的考察，据此探究文化与无产阶级革命的关系，以及知识分子在革命中所扮演的角色。此行深刻影响了本雅明此后的学术创作。在意识到文化所面临的紧张状态后，本雅明在 1930 年至 1940 年间陆续写就《对出版业的批判》（1930）、《卡尔·克劳斯——献给古斯塔夫·格鲁克》（1930—1931）、《作为生产者的作者》（1934）等文章，揭示了文化生产、文化实践所面临的问题。

《机械复制时代的艺术作品》完成于 1936 年，也就是希特勒上台执政后的第三年、法西斯三国轴心形成的前夕。从 1933 年开始，德国的学术环境急剧恶化，左翼知识分子和犹太知识分子则首当其冲。法兰克福社会研究所在希特勒上台之初就遭到了冲击，先是迁往日内瓦，后来由于欧洲局势日益紧张，又从 1934 年开始逐步迁往美国。1933 年 3 月 17 日，本雅明离开德国，开始了流亡生活，从此陷入前所未有的生存困境。稿费是本雅明主要的收入来源，但在德国的刊物上发表文章已经不可能了。本雅明通过与法兰克福社会研究所的弗里德里希·波洛克（Friedrich Pollock）和马克斯·霍克海默（Max Horkheimer）协商，从1934年春开始成为该研究所的正式成员。根据约定，本雅明要为研究所撰写稿件，研究所则每月给本雅明寄500法郎津贴（刘北成，1998：171）。困厄促使本雅明埋头写作和研究。流亡时期成为本雅明学术生涯中最为多产的时期。那些年里，本雅明辗转于法国、西班牙、意大利和丹麦，在被法西斯逼入绝境之前一度坚信巴黎是他仅存的工作基地。直至离世，对巴黎拱廊的研究计划（"拱廊街研究"）都是他工作的首要重点。正因为对这项研究的迷恋，他一再拖延移居的时间，最终错失逃亡机会，殒命于西班牙边境。本雅明在20世纪30年代后半期的作品或多或少地成为"拱廊街研究"的一部分，《机械复制时代的艺术作品》也不例外。它践行了拱廊街研究时期形成的方法论。"《机械复制时代的艺术作品》（1936）准确地指出了当代的历史时刻，它构成了本雅明转向19世纪历史重构的转折点。"（魏格豪斯，2010：262）《机械复制时代的艺术作品》一文在《社会研究杂志》（1936年第1期第5卷）上刊载后，西奥多·阿多诺表达了认同和赞许，他在给本雅明的信里说："就技术和辩证法，以及我们与技术的变动关系，我提出了一些与你完全一致的构想"（阿多诺、本雅明，2013）。与此同时，他又强烈批评本雅明在剖析艺术与技术的关系问题时，采取了一种不够辩证的唯物主义方法，以至于对自律艺术和通俗艺术的评价失之偏颇。阿多诺与本雅明的这一次通信集中体现了法兰克福学派的方法论立场和工作重心，争论本身与《机械复制时代的艺术作品》、阿多诺关于音乐的论文一起构成了文化工业理论的前期思想准备。此外，本雅明与阿多诺的分歧被后人加以引申，成为批判或拥护通俗文化的辩护工具。

二、机械复制与大众时代

有学者指出："《机械复制时代的艺术作品》的核心命题是要论述随着大众媒介的兴起，以机械复制（或技术复制）为特征的艺术作品对于

传统艺术来说究竟意味着什么，它们的出现具有怎样隆重的现实意义和深远的历史意义。"（赵勇，2015：138）

本雅明认为，从原理上来说，艺术作品从来都是可以复制的，但与传统的复制技术（以木刻、镂刻和蚀刻等为代表）不同，现代复制技术可以使艺术品得到空前规模的生产，并以极快的速度翻新样式。在1900年左右，以平版印刷和照相术的出现为标志，以艺术品的复制和电影艺术为代表，"技术复制达到了一种标准，这使它不但能够复制所有流传下来的艺术作品，从而导致它们对公众的冲击力的深刻的变化，并且还在艺术的制作程序中为自己占据了一个位置"（阿伦特，2008：234）。现代复制技术不仅能使复制品高度逼近原作，还能使它们在一定程度上独立于原作。以照相技术为例，它可以捕捉肉眼无法看到的细节、借助特写程序捕捉逃身于自然视线之外的影像等。同时，技术复制能把摹本置入原作无法到达的地方，融入日常生活的各种场景。此外，机械复制技术使艺术作品像工业制品一样，每个细节都可以进行试验和精确设计。例如，电影的制作就是镜头片段的制作与拼接，演员不再体验与观众之间直接的面对面互动，传统话剧、歌剧演员与观众的直接关系被电影演员与摄像机、摄像机与公众的双重关系取代。

机械复制艺术作品的涌现使原作"贬值"了，因为摹本的众多性和可移动性破坏了原作的独一无二和以时空在场为基础的本真性，艺术作品的"灵韵"（aura，又译作"灵光"）也就凋谢了。"灵韵"是本雅明的独特表达。他将"灵韵"定义为一种关于距离的独特现象。机械复制品使人们得以在极为贴近的距离内占有对象。但是，艺术的超越性却有赖于它与客体的距离。机械复制技术改变了艺术作品与观众之间的距离。传统艺术作品具有崇拜价值，它接受人们的凝视，并将人吸引进去；而机械复制时代的艺术作品则侧重于展览价值，其技术特质不断斥退崇拜价值。娱乐消遣取代了全神贯注的凝视。当本真性的标准不再适用于艺术生产时，艺术的功能就不再建立在仪式崇拜上，而是建立在政治的基础上。"灵韵"的凋谢呼应着大众文化运动的日益增长。

本雅明指出，新技术条件下的艺术受到两个方面的威胁。一方面是商业的侵蚀。西欧的电影业主要被商业主导。本雅明批判说："电影用一种人工造作的'人格'，来呼应灵韵的凋谢。用电影工业的金钱培养出来的明星崇拜并不保护人的灵韵，而是保护那种'人格的外壳'，那商品的虚假外壳。"（阿伦特，2008：250）艺术在机械复制时代的变化同时为商业逻辑向内在心灵的渗透敞开了大门。而另一方面，本雅明对于技术与政治操纵术的合谋也十分担忧。他这样揭示法西斯的操纵策略："现代人的日益无产阶级化和大众的日益形成是同一过程的两个方面……法西斯主义并不给予大众他们的权利，而代之以提供一个让他们表现自己的机会，并以此视为它的拯救……法西斯主义合乎逻辑的结果是把美学引入政治领域。"（阿伦特，2008：262—263）

然而，总体来看，本雅明在《机械复制时代的艺术作品》中表明了一种乐观的态度。他认为机械复制技术引发的艺术变革带来一种可能——由艺术的内部开始爆破，最终使得属于大众的民主时代真正降临。本雅明认为共产主义将以政治化的艺术回应法西斯的艺术政治化策略。在新的历史阶段，艺术虽然仍然可能为资本主义所侵蚀，或为极权主义的文化策略所利用，但它可以且应该成为革命的武器。本雅明抨击了那种否定电影将带来大众参与的观点，因为这种观点没有认识到电影代表着艺术的革命性变革，而仍然以传统的功能认知框架来评价新艺术形态的历史意义，这无异于缘木求鱼。在他看来，机械复制技术引发的感知结构变化中蕴含着革命的爆破性力量。"在世界历史上，机械复制首次把艺术作品从对仪式的寄生性依赖中解放出来。"（阿伦特，2008：240）对艺术作品的凝视由精神涣散的接收取代，这有利于将大众从神话崇拜中解脱出来。即便暗中操纵仍然存在，但是以达达主义为代表的文化实践表明，在电影等文化创作中以震惊体验激发受众，将使公众内心的自我调整能力得到提高。同时，机械复制技术将通过对隐秘细节的揭示，"一方面延伸了我们对统治着我们生活的必需之物的理解，另一方面又保证了一个巨大的意想不到的活动领域"（阿伦特，2008：256）。此外，机械复制技术破坏了艺术生产的垄断性，为大众的参与提供了空间。公众可以站在评论者或作者的位置参与文化实践。

从本雅明的作品体系来看，《机械复制时代的艺术作品》上承《摄影小史》（1931），下启《讲故事的人》（1936）。本雅明在《摄影小史》

中鞭挞了视摄影工业为洪水猛兽的保守观念，用"把实物对象从'灵光'中解放出来"来概括摄影在消解艺术品"灵韵"的破坏性过程中形成的建设性价值。本雅明对"灵韵"与"解放"的阐述中渗透着他的"扬弃"概念，他的"扬弃"概念在如下意义上与神学有关：扬弃即突破各种内在关系的限制，解放那些局限于它们之内、可能逃脱的要素。在对这个问题的理解上，本雅明与阿多诺相近（魏格豪斯，2010：254）。《机械复制时代的艺术作品》基本延续了《摄影小史》中的观点，而与其几乎同期发表的《讲故事的人》则对手工技艺时代鲜活体验的远逝无限叹惋。可见，本雅明并非毫无保留地赞成新艺术形态，即使他曾经怀着乌托邦幻想，认为"灵韵"的消散可能意味着大众时代的真正来临，但行文中仍然常怀紧张与警惕。

三、"美学领域的马克思"

在拱廊研究时期，本雅明建立起了基于"现在"审视"过去"的思路，认为历史存在于现在的经验当中。本雅明提出，以历史唯物主义为方法论的研究应当以对目前处境的精确判定为前提，对过去进行分析。"拱廊研究"是立足于 20 世纪西方资本主义世界的现实，对 19 世纪的巴黎进行的历史考古，而《机械复制时代的艺术作品》当时所立足的处境，则是大众的兴起和艺术政治化的高歌猛进（尤以法西斯的战争宣传为代表）。在这部作品中，本雅明要从 19 世纪（甚至更早以前）艺术的发展中寻找 20 世纪西方资本主义世界的端倪。

本雅明自认为在美学领域里达到了马克思在经济学领域的成就（刘北成，1998：175）。他在《机械复制时代的艺术作品》中指出："当马克思对资本主义生产方式展开批判的时候，这种生产方式还处于它的婴儿期。""上层建筑的转变却要比基础的转变慢得多。它花了半个多世纪方在文化的各个方面表明了生产条件的变化。只有在今天我们方能说明这种转变的形式。"（阿伦特，2008：232）在资本主义和工业化的滚滚浪潮中，文化系统也逐渐开始工业化、商业化。历史现实使得分析上层建筑的辩证法成为阐明无产阶级革命主张的必然。

作为早期文化工业理论的代表作，《机械复制时代的艺术作品》已经隐约勾勒出文化工业的特征：以大规模机械复制技术为典型代表，工业的技术手段被运用于文化生产；文化从原先的稀缺资源变成大众消费品，崇拜价值让位于展览价值，娱乐业开始兴起；新技术的应用使工业特有的计算技术、可预测法则渗透于艺术生产之中；以工业法则生产的艺术品沦为营利性产品，艺术追求让位于利润追求。于是，艺术屈从于工业理性，技术自身与社会控制结盟，获得了隐蔽的政治意义。本雅明在对文化的物质基础展开分析时牢牢抓住了技术这个要点，他在《什么是史诗剧》《作为生产者的作者》等作品中也都表达了对艺术创作技术或技巧创新的痴迷，而这种痴迷指向了革命。赵勇认为，"在本雅明与革命、政治共度蜜月的这段时间里，他必须寻找到某种革命的武器、爆破的手段，如此才能把自己武装起来而不至于使自己显得志大才疏"。"与其说他是迷恋技术，不如说他是迷恋技术释放出来的革命能量。因此，隐藏在本雅明技术决定论背后的东西毫无疑问应该是政治。"（赵勇，2005：147）本雅明没有从所有制、生产组织、商品形式等方面对文化工业展开进一步分析和批判，这与马克思的批判路径判然有别。然而，他对技术与感知结构之间关系的洞察，为工业批判和文化批判打开了新的局面。准确地说，基于体验结构来探讨资本主义的未来是当时社会思潮的产物。马克斯·舍勒（Max Scheler）在《资本主义的未来》中便提出资本主义世界的现代性不能仅仅通过社会的政治—经济结构来把握，还必须通过分析人的体验结构来把握，真正的颠覆是新的体验结构的诞生。在这个意义上讲，本雅明的批判路径是对马克思主义批判理论的一种补充和发展，为西方马克思主义技术哲学和媒介哲学奠定了基础。

四、评价与反思

《机械复制时代的艺术作品》对文化物质基础转变的研究是对马克思历史唯物主义方法的跨领域运用。这部作品延续了本雅明一贯的随笔式写作风格——缺乏系统论证，如警言一般直指要害，并引发读者的联想和思考。阿多诺在写给本雅明的长信以及他的文章《论爵士乐》《论音乐中的拜物教特征和聆听的退化》中均对《机械复制时代的艺术作品》做出了回应。他对这篇文章的批评集中在如下几点：（1）在关键问题的分析上缺乏足够的辩证性。虽然本雅明试图在智性领域辩证性地建构神话与历史的关系，也就是神话辩证性的自我溶解（在此被视为艺术之祛魅［disenchantment］），但本雅明的论述中却充满了简单的二元对立。例如，片面地将自律艺术与神话相联系，而无视其内在辩证性——自律艺术自身当中混合了神话因素和自由的符号；将"灵韵"衰落的原因归结为偶然的技术复制性，而没有考虑这是不是首先由艺术的自律性形式所致；低估了自律性艺术的技术特质，同时高估了依附性艺术（dependent art，此处指依赖技术复制的艺术）的技术特质；将政治效果的实现直接加到无产阶级身上，这种对无产阶级自发性的盲目相信忽视了无产阶级本身就是资产阶级社会的产物这一事实。（2）过度浪漫主义，为了掩藏对艺术变革后果的恐惧而对其进行拔高。将电影院的笑声视为有益的和革命性的，认为卓别林的电影就可以将一个反动的个体转变为无产阶级先锋队的一员，这种想法不过是一种简单的浪漫主义（阿多诺、本雅明，2013）。

阿多诺认为，本雅明之所以缺乏足够的辩证性是因为受到了布莱希特的"朴素马克思主义"的消极影响。在写给本雅明的信中，阿多诺说："我自己的任务将是稳稳地抓住你的手，直到布莱希特式的太阳最终沉入异国的水底。"（阿多诺、本雅明，2013）弗雷德里克·杰姆逊（Fredric Jameson）曾经比较准确地指出了本雅明与阿多诺的差异："本雅明是一个与阿多诺不同的辩证批评家。阿多诺是从辩证关系的抽象结构开始，然后再在展开论述的每一个过程中赋予它以新的内容和不同的解释；本雅明与此相反，他似乎是从大量孤立的、具体的人事或内容开始（例如，某种创新、某类政治人物、某种法律、某种城市空间形式、某种语言等），然后将这些具体现象并列起来，使它们互相吸收、互相参证，最后从这些生动的、孤立的历史材料中获得辩证的、抽象的理论。"（詹明信，1997：313—314）在辩证法问题上，阿多诺与霍克海默而不是本雅明更为相近。

瓦尔特·本雅明
《机械复制时代的艺术作品》

　　尽管如此，本雅明与阿多诺之间并不存在根本的理论立场的分歧。事实上，阿多诺是"第一个亦是唯一师承本雅明的人"（阿伦特，2008：前言 22），尤其是在艺术社会学批判上，两人相互引为知己。"当本雅明感谢阿多诺对他的思考抱有强烈的兴趣，并强调阿多诺已经准确理解了他的意图时，这不仅仅是出于一种对他所依赖的、支持他的人的礼貌。尽管阿多诺并没有完全理解本雅明所有的想法，但他确实要比朔勒姆，或是布莱希特，或是其他人理解得更多。"（魏格豪斯，2010：280）阿多诺也十分清楚，本雅明并不是那种不具备辩证性思维的思想家，只不过在具体研究中，本雅明没有彻底做到他自己设想的辩证超越。本雅明在对比了他自己关于艺术的论文与阿多诺的《论爵士乐》《论音乐中的拜物教特征和聆听的退化》之后指出，他与阿多诺的分歧也许不是理论上的分歧，而是研究的事物的差异。而阿多诺在否定爵士乐和大众艺术时，同样犯了武断、片面的错误。需要强调的是，二者对于新技术与大众艺术的判断并不能简单地用对错来评价，如果回到当时的历史现实和两人的理论关切，就会发现他们的观点虽然各有瑕疵，但都具备相当程度的合理性与现实批判力。本雅明主要面对的是法西斯阴云笼罩下的欧洲大陆，极权主义煽动起野蛮和疯狂，启蒙以降的理性荡然无存。本雅明急于在权力的包围圈中找到突破口，并且尤为注重对精神的拯救。与本雅明一样，阿多诺同样警惕启蒙理性与价值的衰落，不仅如此，他对大洋彼岸的美国的大众文化实践也同样深感失望。阿多诺对大众文化的革命性的否定基于他对"希特勒—好莱坞轴心"的基本判断，而这种观点具有一定的历史现实基础。因为在麦卡锡时代，美国与法西斯主义保持着不清不楚的关系，而美国的流行文化也倾向于维持社会现状。因此，本雅明对大众化艺术的肯定与阿多诺对大众文化的否定都是自身理论思考和具体现实相结合的合乎情理的结果。

（余晓敏）

参 考 文 献

〔德〕汉娜·阿伦特编：《启迪：本雅明文选》，张旭东、王斑译，北京：生活·读书·新知三联书店，2008。

刘北成：《本雅明思想肖像》，上海：上海人民出版社，1998。

〔德〕罗尔夫·魏格豪斯：《法兰克福学派：历史、理论及政治影响》，孟登迎、赵文、刘凯译，上海：上海人民出版社，2010。

〔德〕西奥多·阿多诺、瓦尔特·本雅明：《阿多诺、本雅明通信选（2）》，蒋洪生译，《艺术时代》，2013（6）。

〔美〕詹明信著，张旭东编：《晚期资本主义的文化逻辑：詹明信批评理论文选》，陈清侨等译，北京：生活·读书·新知三联书店，1997。

赵勇：《整合与颠覆：大众文化的辩证法——法兰克福学派的大众文化理论》，北京：北京大学出版社，2005。

拓 展 阅 读

〔德〕瓦尔特·本雅明：《巴黎，19世纪的首都》，刘北成译，北京：商务印书馆，2013。

〔德〕瓦尔特·本雅明：《摄影小史》，许绮玲、林志明译，桂林：广西师范大学出版社，2017。

刘易斯·芒福德

《技术与文明》

从未获得过任何学位证书，从未有过一份固定的学术任职，刘易斯·芒福德（1895—1990）以自学成才的姿态成为当代美国最伟大的思想家之一。他在社会史、技术史、文学史、建筑史、哲学、艺术学、城市社会学、城市规划、传播学等学术领域都做出了重要的贡献。"若说芒福德仅是一位杂家、通才就太不够了。他把许多分散独立、貌似不相关的专业领域，整合起来组成一个综合模式。不仅如此，他还在至少六七个完全成熟确立的专业领域内，都作出了专家独特的贡献。"（芒福德，2010：4）在新媒介技术不断进展的今天，芒福德关于技术物质性的许多观点再次引发人们的关注，成为人们在这一领域不断拓展的重要起点。他关于技术的观点主要体现在 1934 年问世的技术史名著《技术与文明》一书中，而这些观点在 20 世纪六七十年代先后出版的两卷本名著《机器神话》（1967 年出版的第一卷《技术发展与人文进步》和 1970 年出版的第二卷《权力五边形》）中又有进一步的阐发。

一、成书背景

1895 年 10 月 19 日，刘易斯·芒福德出生在纽约市皇后区的弗拉兴镇。他是一位地地道道的纽约土著居民。这种在大城市出生和成长的经历，使他一生对城市研究都有一种深厚的情感。而当时的纽约正置身于第二次工业革命的浪潮中，能够让芒福德深刻地体会到科技进步所带来的社会发展狂潮。童年时代的芒福德经常跟着德裔的外祖父在纽约的大街小巷游走。据说从 1899 年起，刚刚退休的外祖父陪伴了芒福德整整 6 年，几乎每天下午都会带着年幼的芒福德在中央公园或滨河大道闲逛。在芒福德的自传中，他表达了对自己外祖父的深厚感情："真正引领我进入都市大世界的人，是我的外祖父查尔斯·格雷塞尔。"（芒福德，2010：24）

芒福德十岁左右时迷上了无线电收音机并进而想成为一名电气工程师，这几乎是那个时代美国男孩的"全民梦想"。这一爱好引领他报考了纽约的史蒂文森高中。在这所擅长培养未来理工科生的学校里，芒福德在电气类的杂志上发表了自己的第一批专业文章，并形成了对技术问题的终身兴趣。然而有意思的是，芒福德的生命注定不会被技术所宰制。在史蒂文森高中的英语课堂上，芒福德接触到了萧伯纳的作品，从此放弃了进入工程学校的梦想，立志成为一名作家。然而，也许他没有什么文学天分，他在中学毕业后的文学创作始终没有得到任何的社会认可，但对文学的喜爱也可能为芒福德成为一位人文主义的思想家奠定了基础。多数研究者认为，芒福德从写第一部书开始就在倡导人类的文化觉醒，他坚信人类的希望在每个人的心中，因此芒福德在美国被看作一位伟大的人文主义大师。

与此同时，他先后在纽约城市学院夜校部、社会研究新学院和纽约大学选修了一些课程。尽管芒福德终生没有获得任何一个大学的学位，但这不妨碍他在这些大学的图书馆如饥似渴地涉猎各种书籍。纽约城市学院生物学阅览室改变了他的一生。在那里，他接触到了苏格兰生物学家、社会学家和城市规划学家帕特里克·格迪斯（Patrick Geddes）的作品，后者成为他一生的精神导师。有学者认为，格迪斯对芒福德的影响体现在三个方面："第一是格迪斯的生态学视角；第二是格迪斯跨学科、通才型的思维方式、治学方式和城市规划视野；第三是格迪斯关于知识分子应该行动的观点，他认为学者应该学以致用，在实践中改善城市生活。"（林文刚，2019：102）同样倡导人类生态学，格迪斯与芝加哥学派的视角略有不同。他在关注人类生态学时对技术史尤其是电子技术所构成的人类生态颇有兴趣，这种兴趣对芒福德来说是颇有启发意义的，于是林文刚甚至认为，"我们有理由争辩说，媒介环境学真正的创始人是格迪斯，而不是芒福德或伊尼斯"（林文刚，2019：102）。

当然，对芒福德产生影响的不仅仅是格迪斯，还有托斯丹·凡勃伦（Thorstein Veblen）和约翰·杜威（John Dewey）。在社会研究新学院选修了凡勃伦的课程以后，1919 年芒福德参与了文学批评杂志《日晷》的编辑工作，并在这里成为凡勃伦和杜威的同事。此后的整个 20 世纪 20 年代，他的主要职业似乎就是专职作家和专栏作家。此间他出版了一系列与建筑史和文学史有关的著作，只是偶尔兼职做编辑。从 20 世纪 30 年代开始，他的专职仍然是写作，而兼职变成了一系列大学的访问教授。就是在这个时期，他开始书写题为"生命复兴系列"的四卷本著作，《技术与文明》就是其中最早的一部。这部书的初稿完成于 1930 年，1931 年完成了第二稿。由于在此之前的 20 世纪 20 年代，芒福德已经习惯于书写与建筑和文学有关的历史人物，因此，他原本打算在此书中"讨论机械、城市、区域、人群以及有影响力的历史人物"（芒福德，2009a：Ⅹ），然而写着写着，他觉得与技术有关的章节写得不够过瘾，需要丰富其内容，于是就将技术的章节作为独立的部分加以扩充，单独成书。这便是我们看到的《技术与文明》一书。

1938 年，"生命复兴系列"的第二部著作《城市文化》问世。《技术与文明》和《城市文化》给芒福德带来了巨大的声誉，此后他保持高产，学术声望和知名度不断攀升。他在生命的最后三十年中荣获各种嘉奖。在 20 世纪 60 年代，凭借《历史名城》（1961）一书，他获得了美国国家图书奖，并因参加反战运动而获得总统自由勋章，他的《机器神话》被看作他学术成就的巅峰。此后，他还获得了 1972 年的国家文学勋章和 1986 年的国家艺术勋章。1990 年，在 94 岁高龄之际，他带着各种荣誉离去。在他已经无法写作的时候，他仍然喜欢引用戏剧《尤利西斯》中的一句台词来表达自己的坚定信念："来吧，朋友们！创造一个新世界，犹未为晚。"

二、作为技术体系的机器

尽管刘易斯·芒福德明确表达了自己与马克思主义理论观点上的差异，尤其不赞成生产力决定生产关系这一论断，但实际上，他深受马克思主义政治经济学的影响，他的技术哲学思想有着比较鲜明的马克思主义技术哲学的烙印。这主要体现为他较多地沿用了马克思在《资本论》中关于机器的论述。

在马克思看来，为了尽可能多地剥削剩余价值，资本家就必须尽可能地延长工人的劳动时间。然而，这种从表象上看就很不人道的做法，肯定会遭到来自社会方方面面的反对。而且，就算是工人不眠不休地工作，其工作效率的提升也十分有限。当然，事实上工人也不可能不眠不休地干活。于是，采用更先进的机器成为提高劳动效率、增加剩余价值的最佳办法之一。"随着机器的进步和机器工人这一特殊类别工人的经验积累，劳动的速度，从而劳动的强度，自然也会增加。……迫使工人在同样的时间内增加劳动消耗，提高劳动力的紧张程度，更紧密地填满劳动时间的空隙。"（马克思，2018：471—472）所以说，"机器是生产剩余价值的手段"（马克思，2018：427）。由此可见，大量采用机器是资本主义生产方式的必然结果。

马克思继而指出，工业中的机器与手工业中的工具是完全不同的两码事，前者是一个由各种机器和工序组成的技术体系，而后者是不成体系的各种机器。对于工人而言，前者极大地加剧了工人异化劳动的程度："在工场手工业和手工业中，是工人利用工具，在工厂中，是工人服侍机器。"（马克思，2018：486）这样一来，工人就必然成为机器体系的附属物："在工场手工业中，工人是一个活机构的肢体。在工厂中，死机构独立于工人而存在，工人被当做活的附属物并入死机构。"（马克思，2018：486）

刘易斯·芒福德受到马克思的启发，并在其基础上进一步讨论了机器与工具的区别。他指出："机器和工具的最本质区别在于其对于使用者技能和驱动力的依赖程度。工具完全用手工操作，机器则有赖于自动的动作。其复杂程度倒并不重要。"(芒福德，2009a：12) 所以在使用工具时，人们需要发挥较为高超的技艺，而在使用机器时，人们只需要付出机械化和自动化的劳动。比如，乒乓球拍可以被看作工具，而乒乓球的发球机则被看作机器。一个面对发球机挥拍的个体，几乎是在重复一种反射性的动作。然而，芒福德认为，机器和工具的差别还不仅于此，他认为前者往往强调一种专门化的功能。比如一台机床，它只能加工某种专门的零件；而一把螺丝刀，则可以用来承担很多工作，包括拧紧机床的螺丝。所以，他认为机器是各部件间有着复杂关系的专门化体系，在资本主义时代，机器也可以为了实现某种专门化的生产被看作机器体系。"当我用'机器体系'这个词时，那是作为一种缩写，指整个技术综合体，或技术体系。这涵盖了工业取得的或新技术所隐含的知识、技能、技巧等，它包括各种形式的工具、仪器、设备、实用设施等，当然也包括通常意义下的机器。"(芒福德，2009a：13)

当谈到机器体系时，芒福德显然吸收了马克思关于资本主义与机器关系的论述。在《技术与文明》的第一章中，他专门用题为"资本主义的影响"一节来讨论资本与机器体系的关系。他认定，机械化的动力来自资本主义："资本主义为现代技术开辟了道路，绝不仅仅因为它鼓励了抽象的思维习惯、务实的兴趣和定量的估算。……机械化的动因，来自机器体系的高效和成倍增长的生产力所创造出的更庞大的利润。……如无商业利润的刺激，很难想象发明机器的步伐会如此之快，发明机器的热情会如此之高。"(芒福德，2009a：24—25) 他同样站在马克思主义技术哲学的立场上批判了资本主义和机器的结盟关系带来的非人道的后果："虽说技术的发展得归功于资本主义，但不幸的是……资本主义利用机器并非为了增加社会福利，而只是为了增加私人的利润：工具是为了扩大统治阶级的权势。"(芒福德，2009a：25—26) 应当说，机器使用的后果与芒福德的人文主义立场是格格不入的，因此，他控诉说，正因为资本主义的唯利是图特性，机器体系被过分地使用了，而工人却被过分地压榨了。很显然，芒福德对于资本驱使下的技术发展是非常警惕的，因为这种技术体系有可能剥夺人的主体地位，将人转化为机器的奴隶。

比马克思更进一步的是，他还看到了一种特殊的意识形态辩护："资本主义的邪恶被归咎于机器；机器的成功却常归功于资本主义。"（芒福德，2009a：26）就这样，机器体系为资本主义承担了相当多的骂名，从而强化了资本主义的合法性。

三、关键性技术体系及其后果

与大多数研究者不一样，芒福德认为现代工业时代的关键机器并不是蒸汽机，而是在工业革命700年前就已经出现的帮助人们建立现代时空感的时钟和地图；其中，时钟在他看来更是一种完美的技术发明，可以被称为"完美机器"。这一论断使其在不经意间从普通的技术史的书写迈入了媒介技术史的书写。正如彼得斯所说的那样："任何复杂的社会，只要它需要凭借某种物质来管理时间、空间和权力，我们就可以说这个社会拥有了媒介。"（彼得斯，2020：23）时钟和地图重新规定了人类的时空观念和秩序感，因此，它们是非常典型的媒介，而且是元媒介。芒福德详细地阐述了时钟和地图是怎样重塑人们的时空观的。

在钟表时间控制日常生活之前，人类存在于所谓的"生命时间"或自然时间中。尽管守时是与宗教及其仪式紧密相关的，但最终将时间观念彻底标准化的是时钟。芒福德仔细地分析了时钟作为一种技术如何为人们创立了一种新的秩序："时钟还是一种由能源驱动的机件，其'产品'是分和秒；就其本质而言，它把时间和人们的具体活动的事件分离开来，帮助人们建立了这样一种信念：即存在一个独立的、数学上可度量其序列的世界，这是科学的专门领域。"（芒福德，2009a：16）这其实是技术外在于人的开端，如果按照唐·伊德的观点，这也可以被看作技术与人之间关系的一次重要转变——从具身关系到诠释关系。一旦技术外在于人，便意味着一种被技术规定了的标准化秩序的降临。"抽象的时间成了新的显示存在的媒体。它调节有机体本身的功能：何时吃饭，不必等肚子饿，而是让钟表来告诉我们；何时睡眠，不必等困了，而是由钟表时间加以确定。"（芒福德，2009a：17）

空间观念同样是技术的产物。在早期人们的观念中，空间和时间是分开的，人们不会从物理时空的层面去理解空间问题，人们虽然生活在现世的物理时空中，头脑里装的却是宗教建构的空间。所以芒福德认为，在中世纪人们的观念中，"时间的真正秩序是永恒，空间的真正秩序是天堂"（芒福德，2009a：19）。尽管人们发现空间与透视在绘画中的运用有关，但最终让人具有空间观念的是地图。地图让人们真正意识到了地球是一个充满距离感的空间，并因此产生了对这个空间的兴趣："在画家和制图家所建造的基础之上，人们产生了对空间的兴趣、对运动的兴趣、对旅行的兴趣。"（芒福德，2009a：21）

作为关键性的技术体系，时钟和地图将人原本分离的时空观统一起来，并建构起人们征服时空的欲望和可能性。"自此以后，人们为了理解一个事物，就必须将之置于确定的时间、确定的空间之中。""时间和空间的范畴原本是分开的，现在结合起来了：即使时序中并无事件出现，空间内别无一物存在，但有了测得的时间和测得的空间这样的理念，就动摇了早先的无限和永恒的概念，因为测量总得从某时某地开始。于是想要利用时间和空间的渴望爆发了，时空一旦与运动协调起来，就可以加以缩短和伸长：人们开始征服时空了。"（芒福德，2009a：20，21）征服时空意味着现代性人格的出现，从此，现代性社会逐渐拉开序幕。

在征服时空的过程中，最为有效的技术体系有三种，其一是战争，其二是交通系统，其三就是包括大众传媒在内的通信系统。这本书的第五章非常难得地花了三小节讨论了"动力和可移动性""通信的两难境地"和"全新的永久性记录"，分别提到了交通系统、即时通信系统和照相机、电影及留声机这样的复制性媒介技术。面对这些跨越时空或征服时空的技术，对于媒介技术的社会后果，1934年时的芒福德似乎没有考虑得很成熟：一方面他指出，"无论如何，跨越长距离的瞬时通信是新生代技术阶段最杰出的成就之一"，但另一方面他又指出，"像新生代技术的其他许多优点一样，无线电和电影带来的危险似乎要大于其优点"（芒福德，2009a：214）。至于这些缺点，芒福德也说不清。他认为瞬时通信所带来的速度的提升对个体而言，可能意味着浪费更多时间用来社交，对于群体和国家而言，则可能会引发群体摩擦和国际冲突，而复制技术如唱片机则可能使人们放弃小提琴和钢琴。尽管这些问题在今天的社交媒体上仍然表现得很明显，但显然芒福德在谈到媒体技术时，确实不如谈论机器体系更在行。

四、技术体系的发展与文化多元化的凋敝

芒福德给技术体系的发展过程做过一个分期：他把以水木作为主要资源进行开发和利用的时代称为始生代技术时期，时间从 1000 年到 1750 年；把以煤铁作为主要资源进行开发和利用的时代称为古生代技术时期，时间从 1750 年到 20 世纪初；把以电力和合金作为主要资源进行开发和利用的时代称为新生代技术时期，时间从 20 世纪发轫并处于正在发展的状态。

从《技术与文明》的文本来看，古生代技术时期是芒福德最不待见的技术发展阶段。因为在那个时代，技术体系的野蛮生长对人类文化生活的既有形态极具破坏性。对于古生代技术时期，芒福德指出："机器固然提高了效率，但由于未能达到使社会和谐团结的目的而大打折扣。外部的严格管理和内部的阻挠与破坏同时在起作用。"（芒福德，2009a：8）所以，在芒福德看来，社会非但没有进步，反而变得更加野蛮，尤其是工人阶级的生活，几乎陷入悲惨的境地。这种描述在马克思和恩格斯的笔下很常见，在芝加哥学派那里也司空见惯。这种技术越发达生活越悲惨的状态极大地激起了人文主义者芒福德的愤怒。他在描述工人生活的状态时，愤怒地指出："这个现象在文明社会中是史无前例的：不是由于高级文明的削弱而沦落、而陷入野蛮。正相反，它简直就是朝着野蛮迈进，而驱动力竟是为了完善人类文明而对周围环境的征服。"（芒福德，2009a：145）

然而，机器体系对文化的破坏，并不仅仅见于具象的日常生活，比如贫民区或者无法果腹的黑面包，也同样出现在抽象的文化层面，比如意识形态。由于机器背后的物理科学成为统治性的观念，机器体系本身建立了自己的意识形态。在这种强力意识形态的统治下，以往的人类文化被排斥在标准化的科学技术之外，显得无足轻重。"与生命有关的事

物、过去的工作都已被有意地排除在外，例如艺术、诗歌、有机的节奏、幻想等等。当所感知的外部世界的重要性在不断增加的时候，感觉的内部世界却变得愈来愈无足轻重了。"（芒福德，2009a：45）不仅如此，机器体系通过建立自己的意识形态入侵到文化的各个领域，比如艺术创作、建筑甚至是城市规划，使之也带上了机器体系的逻辑。芒福德借助各个生活领域的细微变化试图说明："机器一旦问世，便不动声色地接管了过去被机械意识形态所忽视的一些生活领域，从而证明其存在的价值。"（芒福德，2009a：53）这样一来，文化的多元性便被机器意识形态的一元化和标准化终结了。

对古生代技术时期的失望，并不影响芒福德对新生代技术时期的幻想。他一度认为技术带来的问题也可能因为技术的发展而逆转。然而，第二次世界大战以后，他的想法有所改变。在新生代技术时期，共同价值观和标准化的问题变得越来越严重，人在技术面前变得越来越消极，文化在技术体系面前变得越来越单一。他的文字开始带有法兰克福学派和鲍德里亚的色彩。芒福德在《都市文化》一书中控诉基于技术标准化的文化工业和大众文化，正在同一化所有的生活方式。"广告成为这个新系统的'精神力量'，不管表象还是实质，带有大都市印记的著作最主要的部分就是广告，与其说广告试图确立这件或那件商品的吸引力，不如说是确立了都会通告全世界的吸引力。"（芒福德，2009b：269）"任何环境都染上了同样的特征，它持久的生活场景沾染了同样的报纸、同样的杂志、同样的电影和同样的电台的影响……乡村地区的居民会轻视他们当地的历史，不说当地的语言，避免有地方口音，追求大都市报章杂志所用的那种不带地方色彩的语言。"（芒福德，2009b：293）至此，芒福德终于意识到，这种直接作用于人的精神世界的技术——媒介，是他珍惜的多元文化的终结者。到了1967年，芒福德写下了这样痛心的文字："依靠这种'机器体系'，少数统治阶级就能创造出一种千篇一律而又包罗万象的超级全球性组织结构，这种结构设计还能保障自身的自动运转。而在这种结构中，人类不再具有独立人格，更不能积极发挥独立的职能作用，而只能变成一种消极被动、无目的性、服从机器的操控，其最适合的职能，按当今一些技术专家的解释，就是填充机器。或者，就是在严格控制下仅仅去为违背人性的机体组织卖命效力。"（芒福德，2017：1—2）尽管他质疑这个宿命，并试图在书中探索摆脱这一宿命的办法，但他确实已经不复有 1934 年的那种乐观情绪了。

五、评价与反思

唐纳德·米勒（Donald Miller）在其主编的《刘易斯·芒福德著作精萃》一书的导言中是这么评价芒福德的："很可能，刘易斯·芒福德就是人类历史上最后一位伟大的人文主义者了。"（芒福德，2010：1）这大概可以被看作对一位将自己一生起码一半的学术关注放在技术史研究上的学者的最高赞誉，因为在书写技术奇迹时保持人文主义的立场是相当困难的。这不仅需要芒福德不断倡导人类在技术面前的文化觉醒，还需要他把技术冷静地放到整个生态网络整体中，去考察人、技术与其他社会元素的内在联系。总的来说，大家公认他做得很成功。

早在 1934 年，《技术与文明》就对技术及技术体系的命名、定义、分类和分期做了经典的界定和划分，这些关于技术内涵和外延的描述一直沿用至今，为当代技术史、技术社会学和技术哲学研究的发展奠定了基础，确立了框架。到了 2020 年，彼得斯还激动地指出芒福德对技术的界定是正宗的："媒介研究的对象领域该有怎样的范围？刘易斯·芒福德在其经典著作《技术与文明》中给出了很好的回答。他将德语词 technik 翻译成英语的 technics……technics 这一词值得我们在英语里予以复兴。芒福德力图精通多门外语，他也因此为后来的媒介研究开拓了新道路。"（彼得斯，2020：33）

不过，芒福德的技术观并没有真正超越主客体二元论的范畴，而且芒福德本人是一个典型的功能主义者。因此，他的技术观仍然强调人的主体性而非技术与人的共生关系，他仍然强调老套的资本主义社会与机器体系的二元关系而看不到两者的同时生成，互相建构。所以，当理性主义和功能主义哲学占上风的时候，他就会这么来理解技术："技术本身不像整个宇宙一样，形成一个独立的体系。它只是人类文化中的一个元素，它起的作用的好坏，取决于社会集团对其利用的好坏。机器本身不提出任何要求，也不保证做到什么。提出要求和保证做到什么，这是人类的精神任务。"（芒福德，2009a：9）这种常识性的观点是如此庸俗，以至于根本不像是芒福德的洞见。但当芒福德充分展开对技术物质性的陈述之后，他又看到了技术体系本身的意识形态，看到了技术体系的网络化关系、同一性和标准化，看到了技术体系自身的行动："钟表制造；记时；太空探险；寺庙规程；资产阶级的秩序、技术设备；新教徒的禁欲；魔法探险；最后是物理科学的严格秩序、精度和清晰度。这些互不相干的行动，其本身可能并无重要之处，但最后合起来构成了复杂的社会和意识形态网络，足以支撑机器的重荷，而且让机器的作用得到进一步的发挥。"（芒福德，2009a：57）这样的观点，已经接近今天类似于行动者网络理论所能达到的思想高度。所以，笔者认为，芒福德是传统技术观向现代技术观过渡阶段的代表性学者。

传播学之所以对芒福德产生兴趣，主要是与媒介环境学有关。创立媒介环境学学派的"三驾马车"之一尼斯特洛姆在其博士论文《媒介环境学初探：研究人类传播系统的一体化概念范式》中将《技术与文明》一书看作媒介环境学的奠基之作。然而，要说清楚媒介环境学与芒福德之间的关系，确实不容易。应当说，芒福德在《技术与文明》中的许多观点对媒介环境学者有过重要的影响，比如他关于技术是人的延伸以及技术的逆转等观点在很大程度上启发了麦克卢汉，又比如他关于技术的分期影响了波兹曼的《技术垄断》一书关于技术的分期，他关于技术标准化的观点极大地影响了波兹曼的世界观。《技术与文明》一书虽然也讨论媒介与传播，但没有打算把媒介与传播放到前台。从芒福德的一生来看，他始终不认为媒介和传播是值得专门书写的技术。对此，林文刚评论说："芒福德没有将传播媒介单独挑选出来，或者说他没有从根本上分离出一种界定性的技术，这使他淹没在具体的细节之中，不能够建立起一套相对系统的技术变革理论。同时，这使他的作品缺乏迷人的魅力，至少不如其他媒介环境学家的著作那么激动人心。"（林文刚，2019：109—110）

林文刚遵循了媒介环境学的传统，将芒福德放在媒介环境学理论系谱中最重要的位置加以介绍。然而，他也承认芒福德的思路与媒介环境学不太一样："芒福德是从后门进入媒介研究这幢建筑的，然而，他的生态学视野却具有非常突出的前瞻性。许多媒介环境学家把生态学当作一种比喻来使用；芒福德则相反，他对媒介环境的关怀既是具体的又是实用的，包括人类的生物栖息地和技术栖息地两个方面。"（林文刚，2019：95）林文刚的这一段评价体现了他的敏锐性，也许《技术与文明》一书对媒介技术物质性的理解比任何媒介环境学者都更深刻，这恰恰是媒介环境学理论系谱上的一块短板。所以，林文刚在此陷入了评价上的自相矛盾：如果芒福德对媒介物质性的理解比其他媒介环境学者更加深刻，那么《技术与文明》怎么可能不如其他学者的作品那么激动人心呢？

（胡翼青）

参 考 文 献

〔美〕林文刚编：《媒介环境学：思想沿革与多维视野》（第二版），何道宽译，北京：中国大百科全书出版社，2019。

〔美〕刘易斯·芒福德著，唐纳德·L. 米勒编：《刘易斯·芒福德著作精萃》，宋俊岭、宋一然译，北京：中国建筑工业出版社，2010。

〔美〕刘易斯·芒福德：《技术与文明》，陈允明等译，北京：中国建筑工业出版社，2009a。

〔美〕刘易斯·芒福德：《城市文化》，宋俊岭等译，北京：中国建筑工业出版社，2009b。

〔美〕刘易斯·芒福德：《机器神话（上卷）：技术发展与人文进步》，宋俊岭译，上海：上海三联书店，2017。

马克思：《资本论》（纪念版·第一卷），中共中央马克思恩格斯列宁斯大林著作编译局编译，北京：人民出版社，2018。

〔美〕约翰·杜海姆·彼得斯：《奇云：媒介即存有》，邓建国译，上海：复旦大学出版社，2020。

拓 展 阅 读

〔美〕刘易斯·芒福德：《机器神话（下卷）：权力五边形》，宋俊岭译，上海：上海三联书店，2017。

哈罗德·英尼斯

《帝国与传播》

　　哈罗德·英尼斯（1894—1952）开始关心传播问题时，正值传播学科渐渐成型之时。他的历史学取向的研究视角在当时的各种传播学视角中颇有特色。伯纳德·贝雷尔森（Bernard Berelson）曾在 20 世纪 50 年代中期将这种历史视角（其实是一种经济史的视角）看作传播学的第五种重要视角，与拉斯韦尔的政治学和政策学视角、拉扎斯菲尔德的社会学视角、霍夫兰的心理学视角、勒温的社会心理学视角齐名，远远排在施拉姆的新闻学视角之前。这种视角对媒介环境学的意义更为重大，后者一直将英尼斯视为其重要的理论源头。《帝国与传播》（1950）是最能体现英尼斯历史学视角的一本著作，一问世就引起了北美学界的注意。受汤因比的启发，英尼斯在书中探讨了传播以及媒介本身对于人类文明的重要影响，并以传播的偏向为线索，梳理了从古埃及、古巴比伦、古希腊、古罗马一直到 20 世纪早期西方社会的文明史与媒介史。应当说，这本书无论是对历史研究还是对媒介研究都颇具启发意义。

一、成书背景

　　1894 年，哈罗德·英尼斯出生于加拿大安大略省，1912 年考入麦克马斯特大学修读经济学，1918 年获得经济学硕士学位。随后，英尼斯进入美国芝加哥大学攻读博士学位，当时的芝加哥大学正处于群星璀璨的鼎盛时期，虽然没有明确的师承关系，但浓郁的学术氛围无疑让英尼斯受到了以凡勃伦为首的制度经济学派和以罗伯特·帕克（Robert Parker）为代表的城市社会学派的双重影响。博士毕业后，英尼斯任教于多伦多大学政治经济学系，后被任命为研究生院院长。1948 年，英尼斯应牛津大学之邀去做关于不列颠帝国经济史的系列讲座，这些讲稿最终成书为《帝国与传播》。在这本著作中，英尼斯首次提出了"传播偏向论""知识垄断"等理论，并在次年出版的《传播的偏向》中进一步推进这些理论。英尼斯在生命最后的十余年里，一头扎进传播史研究，在有限的时间内接连出版了多部重量级传播学著作。遗憾的是，因为病痛的折磨，他最终也没能完成《传播史》的撰写，只留下了一部长达 1000 页的手稿。1952 年，英尼斯因胰腺癌过早地离开了他所钟爱的事业。

考察英尼斯的思想脉络就不得不谈及他学术旨趣的重大转向。英尼斯在不同阶段都取得了丰富的成果，堪称跨学科的大师级人物。"青年英尼斯"聚焦于加拿大经济史和文明史，深受制度经济学尤其是凡勃伦的影响，关注围绕支柱性产业形成的产业制度，并以此来考察加拿大与美国的贸易差别。而"中年英尼斯"从 20 世纪 40 年代开始致力于传播的历史和社会分析，赋予了传播举足轻重的地位，这个转变虽然在意料之外，但也在情理之中。实际上，英尼斯很早就注意到了传播问题，而且对于传播的关注贯穿他整个学术生涯。英尼斯在撰写博士论文，也是第一部重要著作《加拿大太平洋铁路史》（1923）时，就已经将传播视为某种时空关系中的特殊媒介。后来，在《加拿大皮货贸易》（1930）中，他也指出，交通和传播作为重要因素参与了加拿大新法兰西地区经济、制度、政治和文化的塑造。在接下来的十年，大宗资源及其带来的经济垄断和城市发展成为英尼斯关注的核心议题。在研究过程中，他触及了商品和信息运输的重要性，尤其是对纸浆和纸张的研究，为他开启了一扇通往传播研究的大门。"他专心致志地穷追不舍，从纸浆和纸张追溯到后继的各个阶段——报纸和新闻、书籍和广告。换句话说，起初他考察以工业为基础的一种自然资源，然后他把注意力转向文化产业。"（林文刚，2007：110）他的新兴趣在《报纸在经济发展中的作用》

（1946）一文中得以彰显，这篇考察报纸政治影响的文章揭开了英尼斯传播研究的序幕。

英尼斯对于传播的重视毫无疑问受到社会学芝加哥学派的深刻影响。英尼斯在芝加哥大学经济学系攻读博士学位时，正值社会学芝加哥学派的黄金时期，社会学系孕育了最早一批关注传播问题的巨擘：除了帕克以外，还有乔治·赫伯特·米德（George Herbert Mead）、威廉·托马斯（William Thomas）和厄内斯特·伯吉斯（Ernest Burgess）等一众响当当的人物。毋庸置疑，芝加哥学派比英尼斯更早地宣告了传播之于社会的重要意义。杜威将传播视作理解社会的重要起点，他认为传播技术不仅是社会变迁的工具，还是一切意义的源起，"在有相互沟通的地方，事物就得到了意义"（杜威，2005：108）。帕克对英尼斯的影响或许更深，麦克卢汉在为《传播的偏向》作序时曾这样评价二者的关系："帕克的思想对伊尼斯的吸引力，似乎超过了它对其他学生的吸引力，人人都能在帕克以下这类言论中听到伊尼斯的调子……伊尼斯发挥这些思想时比帕克还要走得远。他应该是以帕克为首的芝加哥学派的最杰出的代表。"（伊尼斯，2003a：序言8）而芝加哥学派重要成员查尔斯·霍顿·库利（Charles Horton Cooley）和英尼斯除了在传播作为社会变革的重要力量上达成共识之外，还在一个关键问题上不谋而合——对时间和空间维度的强调。库利提出四大基本要素来衡量传播过程：表达性、持久性、迅即性和扩散性，其中持久性和扩散性分别强调时间维度和空间维度。

尽管如此，弥漫在整个社会学芝加哥学派中对传播的盲目乐观态度和一往无前的进步主义传统，依旧映照出了英尼斯这个悲观主义者的格格不入。他坚信文明并不总是上升和前进的，也会衰落和倒退，他关切过去胜过关心未来，也始终对传播和媒介的强大保持警惕。因此，从某种意义上说，英尼斯超越了他的老师们，开辟了一条崭新的道路，并在这条路上走得更远。

二、帝国兴衰与传播偏向

在《帝国与传播》的绪论中，英尼斯就指明了他的目的："我这些讲稿有一个总的题目叫'帝国与传播'，说的是帝国经济史。……我们的任务之一，就是要估量经济原因对不列颠帝国兴衰的意义。稍后，我们还要研究经济对西方文明兴衰的意义。"（伊尼斯，2003a：14）但是，英尼斯随即指出，"就经济谈经济"的局限之处在于，评估经济因素用的工具本身就是经济因素的产物，这是一个无法逾越的障碍。此时，得益于对大宗货物贸易与运输的长期关注，传播这一因素逐渐浮现并成为英尼斯研究的重心。他认为，在政治的组织和实施中、在历代各国和西方文明中，传播都占有关键的一席。因此，英尼斯给自己设定的任务就是"勾勒几个帝国之中传播的意义，借以了解传播在一般意义上的作用"（伊尼斯，2003a：4—5），最终"试图说明不同媒介在各种文明中扮演的角色，并且对不同的文明进行对比"（伊尼斯，2003a：8）。《帝国与传播》一书多次提到"帝国"一词，该书译者何道宽在译序中指出："他笔下的帝国，有两个意思，一是作为政体的大型国家，二是泛指大型的政治组织。本书提到的'帝国'共30余个。从时间跨度来看，有五六千年。从空间上来看，分布在欧、亚、非三大洲。从规模上来看，既有横跨几大洲的庞然大物，也有袖珍得可以的小国；既有广为人知的帝国，如埃及、苏美尔，也有读者未必熟悉的远古帝国。"（伊尼斯，2003a：Ⅵ）

在英尼斯看来，传播不仅仅是帝国统治的工具，也是帝国得以建立和维系的前提。更为重要的是，传播的特质亦即媒介的偏向，影响了帝国的统治和文明的兴衰。由此，英尼斯发展了一套诊断帝国与传播之间关系的分析方法，即"时间—空间"二分法："时间观念和空间观念，反映了媒介对文明的重要意义。倚重时间的媒介，其性质耐久，羊皮纸、黏土和石头即为其例。这些笨重的材料适合建筑和雕塑。倚重空间的媒介耐久性比较逊色，质地却比较轻。后者更适合广袤地区的治理和贸易。"（伊尼斯，2003a：5）英尼斯区分了两种偏向的媒介：一类适合知识在空间的横向传播，如莎草纸和印刷品；一类适合知识在时间上的纵向传播，如石头和纪念碑。相应地，英尼斯将"帝国"分为政治性帝国和宗教性帝国两大类，"政治性帝国倚重空间的控制，大肆扩张，攻城略地。宗教性帝国倚重时间的传承，比较能够经受改朝换代的折腾和帝王更替的沧桑"（伊尼斯，2003a：Ⅵ）。在空间上疆域辽阔的帝国又会寻求世代延续，而在时间上长治久安的帝国也不免产生空间扩张的野心。更重要的是，"我们考虑大规模的政治组织，比如帝国，必须立足在空间和时间两个方面。我们要克服媒介的偏向，既不过分倚重时间，也不过分倚重空间……文明反映的不仅仅是一种媒介的影响，而一种倾向非集中化的媒介总是受到另一种倾向集中化的媒介的抵销"（伊尼斯，2003a：5）。简言之，一个帝国成功的关键，是要解决时空失衡的问题，即平衡媒介的时间偏向和空间偏向。

以希腊为例——这是英尼斯最理想的帝国，因为它较好地平衡了时间偏向和空间偏向。"希腊人的口头传统强大，字母表灵活，这使他们能够抵御东方帝国的倾向，不至于走上绝对权威的君主制和神权政治。他们在政治帝国和宗教帝国这两个观念之中打进了一个楔子。政治帝国倚重的是空间，基督教帝国倚重的是时间。他们把时间和空间压缩到城邦这种合理的规模。"（伊尼斯，2003a：74）希腊拥有一套根植于深厚的口头传统的字母表，而字母表的灵活性使得希腊能够在城邦的规模上调和时间与空间的平衡，从而拥有稳固的、高度发展的社会组织。具体而言，公元前12世纪至公元前8世纪，诗歌在希腊诞生，昭示着口头传统的兴起，世世代代的诗人使用某种音律的词语，相沿成习。短小的叙事诗被反复吟唱，逐渐滚大，终于形成史诗。史诗的特点是情节极其复杂和统一，许多情节结合起来，构成行动上的统一体，取代了古老的歌谣。不过，出于口头传统的需要，史诗也并非鸿篇巨制。"在一代又一代职业诗人的影响下，《奥德赛》反映的是一个变化了的、非集中化的社会，这个社会给王权设置了种种的限制。"（伊尼斯，2003a：59—60）

但是，帝国的继续发展亟须克服城邦之外的地理区隔，这呼唤着文字传统的出现。公元前7世纪后期和公元前6世纪涌现出许多短小的个人抒情诗，这与文字的传播、莎草纸供应量的增加是一致的。书写记录增多，文字就得到广泛传播和保存，职业吟游诗人的地位随之削弱。与之相应，政治体制从英雄君主制过渡到贵族政治。到了公元前 5 世纪，散文逐渐兴盛，这种文学形式诉诸写作逻辑和理性权威，人们通过文字表达思想。散文的使用是一场革命，预示着口头传统的衰落。当语言更多地依附纸质媒介而非口头表达时，字母表的弹性便化为乌有，取而代之的是书面文字的"脆弱性"。文字的广泛传播加深了城邦之间的鸿沟，一系列战争（如伯罗奔尼撒战争、底比斯与斯巴达战争等）由此爆发，希腊文明逐渐走向瓦解。由此可见，帝国的兴衰和传播媒介的形态演化构成了一对缠绕的双螺旋，相互影响、相互作用。（关于传播的偏向与平衡，下一篇《传播的偏向》的导读中将进一步展开。）

三、媒介帝国主义思想的萌生

"媒介帝国主义"这一概念最早由美国传播学者奥利弗·博伊德-巴雷特（Oliver Boyd-Barrett）在 1977 年明确提出，指"任何国家媒介的所有权、结构、发行、内容，单独或总体地受制于他国媒介利益的强大外部压力，而受影响的国家没有相应的影响力"（Boyd-Barrett，1977）。简单来说，媒介帝国主义是强势国家通过所有权、结构、发行或传播、内容等方式对其他国家施压和实施控制，从中攫取利益。实际上，媒介帝国主义是国家政治、经济权力在媒介层面的直接体现。中心国家控制和影响边缘国家的传播媒介系统，有意识地进行文化和价值输出，进而造成各国国际地位不平等的局面，这正是英尼斯早在 20 世纪四五十年代就注意到并严厉批判的。

有学者指出，英尼斯是最早发现媒介运行中存在强国对弱国强权控制的学者，他将媒介从简单的文化传播上升到权力、政治、经济等复杂层面，开创了媒介帝国主义研究的先河。其研究提供了早期关于媒介帝国主义不可多得的理论资源，后来被达拉斯·斯迈斯（Dallas Smythe）和赫伯特·席勒（Herbert Schiller）等人发扬光大。詹姆斯·凯瑞（James Carey）曾断言："英尼斯的这一考察创立了如今在媒介帝国主义旗帜下的现代研究，但他对这一关系之复杂性的感知，却远比当代大多数学者来得细腻。"(凯瑞，2005：119) 具体来说，英尼斯著作中对媒介帝国主义的分析与批判根植于三个理论资源：传播偏向论、知识垄断、"中心—边缘"关系。

英尼斯认为，在书写传统兴起、口语传统衰落之时，资本主义媒介的垄断、扩张、控制就一发不可收拾，及至报刊、广播的出现和普遍化，媒介在空间偏向的道路上一去不复返。发展到现代社会，国家之间的领土纷争已经在人们对于和平的渴求中逐渐平息，但是文化和精神领域的"开疆扩土"却从未停止，甚至变本加厉，二者的内在逻辑别无二致。因此，传播偏向论揭露了媒介帝国主义扩张的本质，成为后者的理论生长点。

另一个问题随之产生：强势国家对其他国家在文化领域的控制是如何实现的，即媒介帝国主义的发生机制是什么。英尼斯指出，这一过程通过"知识垄断"得以完成。通过将"垄断"这个经济学概念引入传播领域，英尼斯论述了垄断机制如何在传播和知识层面发挥作用，尽管他从未对"知识垄断"做出明确的界定，总是在历史分析中进行阐释。简单来说，当某个社会统治系统开始控制某种偏向的传播机制时，就能够控制知识的生产和传播，进而实施社会和政治控制。这种通过控制传播和媒介以实现社会控制的机制就是知识垄断。英尼斯指出，占有主要媒介、掌握媒介的使用技巧是知识垄断需要具备的两个条件。在国与国之间，"文明中心的知识垄断占据支配地位，其结果必然是，边缘地区的知识垄断就受到局限"(伊尼斯，2003a：36)。由此就引出了英尼斯的"中心—边缘"批判。

凯瑞指出，在英尼斯的著作中："宗主国与附庸国之间的关系，无论在政治、经济领域，还是在传播领域，都通过他用来描述政治与文化关系的一系列两极化的事物来表达，比如都市与内地、中心与边缘、首府与外省，或以他更喜欢的术语——时间与空间的关系来表达。"(凯瑞，2005：117) 在进行经济史和交通史的研究时，英尼斯发现，一个国家内的中心城市与周边地区在资源提供和信息流动等方面存在显著差异，并且随着研究的深入，他在国家间也发现了这种"中心—边缘"关系。处于经济和权力中心的国家不断攫取边缘国家的资源，后者在为前者提供资源的同时还要接收前者生产的各种产品，无论是实体的还是精神的。长此以往，边缘国家的经济文化发展不完善，独立性缺失，愈发无法摆脱对中心国家的依附。中心国家借由经济和文化上的优势，控制边缘国家的传播媒介机制，实现知识垄断，完成媒介帝国的文化殖民。

行文至此，在《帝国与传播》乃至英尼斯所有著作中始终挥之不去的忧虑得以显现。20 世纪上半叶，加拿大还没有完全摆脱英国殖民地的边缘地位，又深受美国媒介帝国主义的控制。学者们深入分析了美国如何通过报纸、广播等媒介以及媒介产业对加拿大进行市场扩张和文化渗透。一方面，加拿大丰富的木材资源使其成为美国纸浆和木材的最大供应国；另一方面，美国报业在这些大宗商品的支持下急速发展，制造大量携带意识形态的媒介内容重新返销给加拿大，构成一个完美的闭环。"他（伊尼斯）的现实主义和因美国的巨大优势，特别是美国先进传播技术的优势使他感到的沮丧，让他变得绝望。他指出：'我们可以发展加拿大的地下抵抗运动，但我们被迫服从于美国的政策。我们可以说，民主已变成一种美国人企图硬塞给我们的东西，因为他们说他们在美国有这种东西；我们可以不喜欢美国人的这种假定，即他们已发现了独一无二的生活方式——但是他们有美元。'"（切特罗姆，1991：172）

在《帝国与传播》的最后，英尼斯对于美国日益扩张的文化权力做出了明确的价值判断："美国具有机械化的传播体制和有组织的力量。它正在形成一种新的帝国主义，并将其强加于普通法。这种新型的帝国主义体制，从法律上说是要保护主权的，然而事实上，它却被用来扩张帝国主义。"（伊尼斯，2003a：180）英尼斯强烈的民族主义情感跃然纸上。加拿大传播学者查尔斯·阿克兰（Acland，2006）认为，英尼斯如此痴迷于媒介与文化研究，是为了呼吁加拿大制定文化政策来抵御美国文化的入侵。因此，何道宽盛赞英尼斯的豪气："他以强烈民族主义感情做学问、当策士，对加拿大政府的教育政策和文化政策产生广泛的影响。他研究人类历史的几十种文明，其实是要寻找克服西方文明危机的救世良方。"（伊尼斯，2013：修订版译者序 3）

四、评价与反思

英尼斯是传播学谱系上一个至关重要的节点。这个节点向上承接凡勃伦的制度经济学传统、汤因比的文明历史观、社会学芝加哥学派传播与社会的宏观视角，将经济学、历史学和传播学三条源流汇集一处；向下则开启了媒介技术主义范式，提出了"泛媒介观"、"传播偏向论"、"帝国论"、知识垄断、文明的历史分期、文明危机等丰富的理论概念，被公认为媒介环境学派的第一先驱。除了理论上的创见，英尼斯对于研究方法的革新所做的贡献也不遑多让。他开创了一套互为犄角的传播的历史分析方法：第一，在确凿史料的基础上建构传播理论或传播哲学，即将历史视为培育并检验传播思想的实验室；第二，反过来将传播视为解读历史的关键要素（布朗德海姆，2011：187）。这套独特的研究方法对于传播学与历史学都具有重要意义。

对于传播学而言，英尼斯一反 20 世纪三四十年代占据主流地位的经验主义传统和行为主义传统，这两种主流传统强调的是对行为的科学测量，因此当时的传播学依赖大规模的民意调查和实验室研究，也产生了一大批目前仍具有广泛影响力的研究成果。但是，和多数芝加哥学派的学者不谋而合的是，英尼斯明确反对这种静止的、断面式的观测方法。"浩如烟海的统计数字摆在社会科学家的面前，他被迫去解释并去发现模式和趋势，以便能够预测未来。凭借精细的计算机器和数字技巧，他能够提出对策，供工商业和政府使用。不过，精细计算的预设是短期的预测。社会科学工作日益关注专题研究，社会科学部门成了新闻学校。"（伊尼斯，2003b：69）他另辟蹊径，从历史的角度出发，使用跨学科的方式，将大量事实和例证一一展开，深入铺陈历史材料，展现问题的前因后果。凯瑞认为英尼斯"为传播研究提供了一种历史的、经验的、阐释的和批判的学术型研究模式，这在当时的美国是绝无仅有的"（凯瑞，2005：118）。

对于经济史而言，英尼斯完成了从叙述到阐释的转变。麦克卢汉总结道："他的研究方法为之一变，他从'观点'出发的方法转到'界面'

的方法，以生成洞见。"(伊尼斯，2003b：麦克卢汉序言 2) 具体来说，早期研究经济史时，英尼斯对历史材料的分析以叙述为主；而在撰写《帝国与传播》和《传播的偏向》的时候，他开始进行"二次过滤"，对文献做出进一步阐释。英尼斯试图从广袤的历史材料中发掘出文明史和媒介史的一般规律，以此来证明自己的种种假设。麦克卢汉还把英尼斯和汤因比进行对照，认为后者只叙述而不解说："伊尼斯把历史当作科学实验室，当作研究形态的生命和性质的一整套受控的条件，与汤因比常规的叙述相隔千里。汤因比像体育评论员……在同样的情况下，伊尼斯却会说，运动的系统是一种有趣的感知模式。"(伊尼斯，2003b：麦克卢汉序言 3)

但是，有学者指出，英尼斯的方法论似乎有些不合时宜："学界逐渐接受其（伊尼斯）理论观点之时，传播学早已在行为社会科学领域内完成了学科建制，并小心翼翼地与历史、人文研究保持距离。在历史学内部，所谓'宏大史观'和'普适视角'也已是明白黄花，史学女神开始将触角探入尖锐反省的阶段，转而强调对特定时间、特定空间和特定议题的历史细节加以深掘和细察。"(布朗德海姆，2011：187) 这一批评固然道出了英尼斯的研究方法在 20 世纪四五十年代遇到的巨大阻力，但不能成为否定其努力的证词。正是这些看起来坚不可摧的屏障，映照出英尼斯不同寻常的视野和打破常规的勇气。

1952 年，英尼斯因患癌症，带着对口头和文字时代的洞见憾然离世。对于身后的电子信息时代，英年早逝的他只能浅尝辄止。面对这个光怪陆离的世界，尽管英尼斯的理论所包孕的内在张力能够使其焕发出新的面貌，但不可否认的是，这些理论或多或少存在局限性。然而，他独特的研究方法始终在为思考新时期媒介的发展提供范式和启迪。因此，英尼斯留下的，并不只是一套理论工具或者分析模型。他还为我们指明了一个方向，从这一方向看过去，传播、社会、政治、文化在历史的广阔丛林中若隐若现，等待勇敢的探险家们一起开拓！

（马新瑶）

参 考 文 献

C. R. Acland，"Harold Innis，Cultural Policy，and Residual Media，"*International Journal of Cultural Policy*，2006（2），pp. 171-185.

O. Boyd-Barrett，"Media Imperialism：Toward an International Framework for the Analysis of Media System，" in J. Curran，M. Gurevitch，and J. Woollacott（eds.），*Mass Communication and Society*，Arnold，1977，pp. 116-135.

〔美〕丹尼尔·杰·切特罗姆：《传播媒介与美国人的思想：从莫尔斯到麦克卢汉》，曹静生、黄艾禾译，北京：中国广播电视出版社，1991。

〔加拿大〕哈罗德·伊尼斯：《帝国与传播》，何道宽译，北京：中国人民大学出版社，2003a。

〔加拿大〕哈罗德·伊尼斯：《传播的偏向》，何道宽译，北京：中国人民大学出版社，2003b。

〔加拿大〕哈罗德·伊尼斯：《帝国与传播》，何道宽译，北京：中国传媒大学出版社，2013。

〔美〕林文刚编：《媒介环境学：思想沿革与多维视野》，何道宽译，北京：北京大学出版社，2007。

〔以〕梅纳海姆·布朗德海姆：《哈罗德·英尼斯与传播的偏向》，〔美〕伊莱休·卡茨等编：《媒介研究经典文本解读》，常江译，北京：北京大学出版社，2011，第 161—196 页。

〔美〕约翰·杜威：《经验与自然》，傅统先译，南京：江苏教育出版社，2005。

〔美〕詹姆斯·W. 凯瑞：《作为文化的传播："媒介与社会"论文集》，丁未译，北京：华夏出版社，2005。

拓 展 阅 读

〔加拿大〕哈罗德·伊尼斯：《变化中的时间观念》，何道宽译，北京：中国传媒大学出版社，2013。

哈罗德·英尼斯

《传播的偏向》

　　《传播的偏向》（1951）是哈罗德·英尼斯的又一部传播学力作。与《帝国与传播》相比，尽管两书的主题有相似之处，但二者在写法和侧重点上差异较为明显。如果说《帝国与传播》是"论从史出"，让关键概念隐现在广袤的历史叙述之中，那么《传播的偏向》则是"以论带史"，占据舞台中心的不再是历史个案，而是像"时间偏向""空间偏向""口语传统""书写传统""知识垄断""文明危机"这样的核心概念。应当说，《传播的偏向》一书的问世标志着英尼斯的媒介理论基本成型。

一、成书背景

　　哈罗德·英尼斯的学术背景可以参见上一篇《帝国与传播》导读，本文只对与《传播的偏向》有关的背景信息做一点强调。英尼斯一生经历了数次运输和通信技术的重大变革。20 世纪上半叶正是铁路运输到达巅峰、日常生活电气化、广播方兴未艾、电视崭露头角的时代，也是军事技术迅速发展的时代。英尼斯少年时期先后就读于奥特维尔中学和伍德斯托克学院，后者距离他的住处 20 多英里，因此他需要每天乘坐铁路大干线往返。与这种交通运输工具的接触，以及来往过程中接触到的人与事成为他生平中非常重要的经历。1912 年，英尼斯进入浸礼会的麦克马斯特大学求学，时任哲学系教授的詹姆斯·本·布洛克（James Ben Broke）就知识的性质提出反思性问题："我们为什么要注意我们所注意的事情？"这个问题在英尼斯的脑海里留下了深深的烙印，后来被写进《传播的偏向》的前言，成为这本书的题眼。英尼斯刚刚大学毕业时，正值第一次世界大战爆发，他应征入伍，做了一名信号兵，在这个岗位上的经历深刻地影响了他后期对媒介和技术的思考。"第一次世界大战是可以验证的技术史和传播史的一个横剖面，战争中动用的运输工具无所不包，从牲口到飞机都编入了现役，动用的通信工具也无所不包，从信鸽到无线电都派上了用场。"（林文刚，2007：108）这些经历埋下了英尼斯与传播/交通（communication）的不解之缘，并且贯穿了他的学术生涯，只不过英尼斯前期关注的是交通运输和经济贸易如何锻造一个国家，后期则沉浸于信息传播，研究内容包括但不限于口语、文字、印刷、书籍报刊、广播等传播形式，横跨各国、纵连千年。

《传播的偏向》最初只是英尼斯于 1949 年在密歇根大学发表的一篇演讲，后来人们将其与英尼斯的其他传播学研究论文合纂成集，由多伦多大学出版社在 1951 年出版，这篇论文也被收录为第二章。英尼斯在前言中表明，集结这本书的目的是"便于以更加详尽的形式支持我在《帝国与传播》中提出的主题"（伊尼斯，2003：作者前言 9）。这显示出作者对媒介的偏向的论述比之前又深入了一步。

二、偏向与平衡

何道宽在译者序言中指明了英尼斯的四大学术贡献：（1）西方文明的危机。英尼斯研究了文明史、传播史，寻找规律，总结教训，给西方文明敲响了警钟。（2）文明分期。英尼斯按照传播媒介的形态和性质将世界文明分为 10 个时期，从苏美尔文明开始，截止于广播时代。（3）传播偏向论。英尼斯认为传播和传播媒介都有偏向，包括口语传播的偏向和书面传播的偏向、时间的偏向和空间的偏向，并且强调媒介偏向的平衡。（4）媒介对社会的影响。英尼斯和麦克卢汉异曲同工，都认为媒介的形态对社会形态、社会心理均会产生深刻的影响。其中，英尼斯最伟大的思想遗产莫过于"传播偏向论"。

英尼斯秉持"泛媒介观",即凡可负载信息之物皆为媒介,每一种媒介都有不同于其他媒介的特征,更重要的是,媒介自有其偏向:"根据传播媒介的特征,某种媒介可能更加适合知识在时间上的纵向传播,而不是适合知识在空间中的横向传播,尤其是该媒介笨重而耐久,不适合运输的时候;它也可能更加适合知识在空间中的横向传播,而不是适合知识在时间上的纵向传播,尤其是该媒介轻巧而便于运输的时候。所谓媒介或倚重时间或倚重空间,其涵义是:对于它所在的文化,它的重要性有这样或那样的偏向。"(伊尼斯,2003:27)具体来说,时间偏向的媒介如石头、黏土、羊皮纸、金字塔;空间偏向的媒介如莎草纸、印刷品。

传播方式也有两种偏向:口语传播的偏向和书面传播的偏向。人类社会倾向于将口语传统与书面传统对立起来,分别倚重听觉(耳朵)和视觉(眼睛)。英尼斯将口语传播与时间偏向而非空间偏向关联起来,这不免令人疑惑。人类声音的传播距离极为有限,很难克服物理上的障碍以实现在广袤空间中的扩散。但是,这仅仅能够说明口语在横向传播上的弱势,并不能就此认为其擅长纵向传播,毕竟口语随风而散,并不具备石头、金字塔等典型时间偏向媒介的持久性和延续性特征。

对于这一区分,要回到人类对各种媒介的局限性的适应中去寻找答案。在口语传统社会中,如希腊时期,没有记录的工具,人与人之间的交流和表达转瞬即逝,因此人们只能借助自身的记忆来内化知识,并且在不断向自己和他人讲述的过程中强化记忆。"口耳相传"描述的便是这样一个过程,知识通过长幼之间和代际的讲述、记忆、理解而得以在时间的流逝中保持活力、传承不断、源远流长。黑格尔的辩证法在此大显身手:正是口语传播"昙花一现"的特征,才使得口语传统嵌入了绵延不绝的人类历史长河。

不过,口语传播的时间性还不是辩证法最为极致的展现,时间偏向与空间偏向在冲突和平衡之间的辩证统一是辩证法更加淋漓尽致的展现。"在西方文明中,稳定的社会需要这样一种知识:时间观念和空间观念维持恰当的平衡。我们不仅关心对广袤空间的控制能力,而且关心对长久时间的控制能力。"(伊尼斯，2003：53) 在叙述埃及的崛起时，英尼斯揭示了，对于擅长控制空间的帝国而言，如何实现时间的延续成为当务之急："君主制度在空间上成功控制了埃及以后，对万世千秋的关注，即对时间的关注，就应运而生。永生的观念加强了君主的地位。木乃伊的制作和金字塔的修建成为强调时间控制的手段，同时出现的还有葬礼中的象形艺术和象形文字的雏形。"(伊尼斯，2003：28) 相应地，如若某一社会政治系统已经完成了长久的统治，统治者就会投入相当多的精力在对空间的攫取上。希伯来大学传播学教授梅纳海姆·布朗德海姆（Menahem Blondheim）用"倒决定论"（inverted determinism）来概括上述过程："总而言之，一种偏向的盛行往往会导致与其相反的另一种偏向的出现——后者对前者进行补偿，从而维持着媒介力量的平衡。"(布朗德海姆，2011：176)

从"倒决定论"出发，《传播的偏向》中一些被批评的矛盾之处就得到了解答。麦克卢汉在序言中指出："有的时候，伊尼斯把书面形态和口头形态的相互作用搞错了。他把书面形态和口头形态杂交的结果弄到了书面形态的头上……倘若他更加精细地分析拼音字母表固有的视觉形态，倘若他更加彻底地研究口头形态的活力，他本来可以避免这样的疏漏。"(伊尼斯，2003：序言4) 麦克卢汉给出的例证是第五章《产业主义与文化价值》里的一段话："他们借用腓尼基人的字母表，加上元音，使之更加适合希腊口语的需要。于是耳朵就代替了眼睛。随着文字的流布，口头传统反而开发出了新的抵抗力，这表现在公元前6世纪到公元前5世纪希腊文化的繁荣昌盛之中。"(伊尼斯，2003：115) 其实在第二章中还有类似的表述："地中海北岸的希腊人接受了腓尼基—闪米特人辅音型的字母表……元音和辅音同样重要，所以每个词里都要使用元音字母。他们的书面语成为适应口头传统需要的工具，字母表的使用意味着对语音而不是对视觉的关注，对耳朵而不是对眼睛的关注。"(伊尼斯，2003：32—33) 读完这些文字之后，我们或许会认同麦克卢汉，明明需要依靠眼睛来识别字母表和其中的元音辅音，为什么说"耳朵就代替了眼睛"，"对耳朵而不是对眼睛的关注"？难道的确是英尼斯弄混了？事实上，在了解了带有鲜明的辩证色彩的"倒决定论"之后，我们就可以理直气壮地说，是麦克卢汉弄混了，而不是英尼斯。因为，依"倒决定论"的逻辑来看，希腊人在成功发明了改良版字母表这种行之有效的空间性媒介之后，才开始将注意力集中到时间偏向的口头传统上，通过对耳朵的强调维持了媒介环境的平衡。

英尼斯也坚信，时间偏向和空间偏向的平衡是可以实现的，而且在历史上的某些时期也确实达成过这种平衡，"传播媒介的性质往往在文明中产生一种偏向，这种偏向或有利于时间观念，或有利于空间观念。只有在很罕见的间歇期，另一种媒介的影响才能抵消其偏向，从而达到平衡"（伊尼斯，2003：58—59）。例如，在崇尚口头传统的古希腊社会，"口头传统的灵活性，使希腊人在城邦体制下求得了空间观念和时间观念的平衡"（伊尼斯，2003：56）。正如希腊人的至理箴言"万事勿过"所表露的那样，如果说"传播偏向论"是英尼斯传播理论的王冠，那么偏向的平衡则是王冠上那颗璀璨夺目的明珠。

三、失衡的危险：知识垄断与文明危机

正是在偏向与平衡的逻辑框架内，英尼斯对"知识垄断"问题的关注才显得格外重要。传播与知识如影随形，"一种媒介经过长期使用之后，可能会在一定程度上决定它传播的知识的特征"（伊尼斯，2003：28）。而知识即权力的观点早已因为福柯而深入人心。因此，传播与权力密切相关，不同偏向的传播模式能够形成不同的权力分配形式。当某个社会统治系统开始控制某种偏向的传播机制时，就能够控制知识的生产和传播，进而实施社会和政治控制。这种通过控制传播和媒介以实现社会控制的机制就是知识垄断。英尼斯指出，占有主要媒介和掌握媒介的使用技巧是知识垄断需要具备的两个条件。例如，当羊皮纸成为《圣经》的书写材料、复杂的楔形文字被僧侣组织所掌握并用来传播宗教思想后，宗教组织就通过对羊皮纸和文字的控制建立起了知识垄断，"知识垄断在很大程度上受到僧侣组织的支配，受到楔形文字和象形文字这类复杂文字的保护"（伊尼斯，2003：31）。

知识垄断会激发新的媒介竞争，进而产生新的垄断。"传播中的种

种发明，迫使知识垄断或知识寡头的重新组合。"（伊尼斯，2003：2）换言之，传播技术的发展和新媒介的诞生能够打破原有的知识垄断，建立新的垄断形式。教会通过控制羊皮纸和楔形文字而形成的知识垄断被印刷机的出现打破了。"教会对《圣经》和拉丁语的垄断被印刷机摧毁了。取而代之的，是印刷的俗语《圣经》的广阔市场和对《圣经》的释义的关注。"（伊尼斯，2003：18）印刷机的发明使得知识的大规模复制成为可能，拉丁语的《圣经》被翻译成多种语言在世界各地出版传播，而且无须僧侣、教士的教授和解说就能够被公众理解。由此，教会的权力被打破，原有的知识垄断被摧毁。不过，又有新的知识垄断围绕印刷机而建立——可以解释法律条文的新兴知识阶层，如律师的出现。

"知识的垄断或寡头积累到一定的程度时，平衡就扰乱了。"（伊尼斯，2003：2）无论如何，知识垄断的后果都是危险的："在绝对垄断的庇佑下，权力所有者得以蒙蔽个人与社会，使他们对哪怕最清晰的失衡状态也视而不见，遑论认清这一状态的危险性和探索改变现状的可能性了。将社会传播的模式钉死在某一个维度上——无论时间还是空间——都会扼杀社会的自我修正与自我调整功能，从而使'倒决定论'失效，令平衡状态的回归难上加难。"（布朗德海姆，2011：178）

更进一步地，知识垄断最坏的结果是扰乱平衡的秩序，打破文明的时空结构，引发文明的危机。"对任何一个文明来说，如果它不想被知识垄断压倒的话，就应该做一番批判的审视和报告。这对任何一个文明来说，都是极其重要的。思想自由的条件正处在危险之中，它有可能被科学技术和知识的机械化摧毁。处在同样危险之中的，还有西方文明。"（伊尼斯，2003：165）

"一种新媒介的长处，将导致一种新文明的产生。"（伊尼斯，2003：28）但是，与芝加哥学派的进步主义历史观截然相反，英尼斯并不认为媒介技术和传播制度的发展必然会带来社会的改善和文明的进展。恰恰相反，他忧心忡忡于传播的"坏效果"，即对某一偏向不加节制地强调，终将破坏社会系统的良好运转，造成文明内在活力的瓦解。英尼斯直截了当地指出了西方文明的危机："所谓专注于当下的执著，已经严重扰乱了时间和空间的平衡，并且给西方文明造成严重的后果。西方对时间的延续问题缺乏兴趣。这就是说，纸和印刷术始终对空间感兴趣。国家感兴趣的始终是领土的扩张，是将文化同一性强加于人民。"（伊尼斯，2003：62）正如有学者指出的，英尼斯揭示的实际上是人类文明在传播扩散的过程中普遍遭遇的结构性问题：当一种文明中自身物质与技术力量骤然强大乃至过剩时，文明结构中至关重要的诸多因素如政治、经济、人文与生态之间的平衡往往会被忽略，如若遵循文明传播的固有偏向而一味进行空间扩张，将会导致一系列严重的人文社会危机和自然生态危机。

不仅如此，英尼斯剑指西方工业文明的最深处，"技术的不断变化，尤其是传播技术的不断变化，使我们难以认识到时间和空间的平衡，求得时间和空间的平衡就更困难"（伊尼斯，2003：119）。在英尼斯出生和成长的年代，传播技术历经数次变革，但几乎都沿着空间的维度膨胀，时间维度不能说是完全忽略但也鲜少提及。印刷机的诞生结束了对延续性的追求，对空间的控制成为主要目标。"印刷术和摄影术是视觉本位的传播。这种传播产生的垄断，给西方文明构成毁灭性威胁，先是战争的威胁，后是和平的威胁。"（伊尼斯，2003：65）双向的口语传播借助电话完成了最后一次"复辟"，之后就进入大众传播时代，媒介的发展轨迹朝着空间的无限扩张，头也不回地走了下去。大型报纸网络的建立打破了报纸的地方性限制，广播及广播网的声音遍布国家的每个角落。尽管英尼斯将广播视作听觉本位的媒介，但是广播显然只有传送而没有应答和反馈，人们听得越来越多、说得越来越少。及至 20 世纪 40 年代，英尼斯开始集中思考传播学问题时，电视已然崛起并成型。"电视的诞生标志着整个媒介环境在时空坐标轴中的失衡达到了最糟糕的程度，空间得到前所未有的重视，而时间则被流放至媒介环境的边地。单个的、未经检验的信息可以跨越日益广阔的空间范围、在同一时间内抵达每一位受众。"（布朗德海姆，2011：191）更可怕的是，这场空间对时间的谋杀仍在继续，我们每个人都是见证者。

四、评价与反思

如今已经无人能够否认英尼斯及其传播研究的重要意义，但事实上，在他去世后的十年间，人们多数只称赞其政治经济学成就，却很少肯定他在传播学领域的发现，这与英尼斯传播学著作本身的佶屈聱牙不无关系。而在英尼斯的传播思想遭到冷遇的时刻，麦克卢汉横空出世，继续拓展英尼斯开辟的传统。他将自己的作品视作对英尼斯的注脚，高调地张扬其学术成果："伊尼斯的著作本身是不容易读懂的。但是，只要尝试读那么一次，就可以知道，他是值得一读的，这样去读他，虽然要花掉不少的时间，但还是节省时间。他的每一句话都是一篇浓缩的专论。他的每一页书上都包含了一个小小的藏书室，常常还有一个参考文献库。"（伊尼斯，2003：序言3）麦克卢汉迅速地将媒介研究推向一个新高度并引发学界高度关注，一时间，麦克卢汉名气大涨，远远超过了英尼斯。在20世纪60年代，如果不与麦克卢汉联系在一起，英尼斯这个名字甚至不会引起读者的兴趣（林文刚，2007：117—118）。

然而，英尼斯这颗思想明珠注定不会蒙尘太久。美国著名文化研究学者詹姆斯·凯瑞对英尼斯十分推崇，并给予了很高评价："大约到1950年到1975年间，北美传播理论中最有意思的部分，便是哈罗德·英尼斯和马歇尔·麦克卢汉的研究。英尼斯的著作，虽极其晦涩难懂，却代表了北美传播学的最高成就。"（凯瑞，2005：111）他甚至强调自己的著作《作为文化的传播》只是对英尼斯的"温和扩充"。到20世纪80年代，许多研究进一步巩固了英尼斯的地位，他被公认为传播学领域的重要人物。紧随凯瑞之后，丹尼尔·切特罗姆（Daniel Czitrom）、尼尔·波兹曼和约书亚·梅罗维茨用他的思想来研究他轻轻带过的地方，或者他根本没有触及的地方，使得媒介环境学的传统牢牢扎根。媒介环境学的第三代旗手林文刚这样概括英尼斯的学术遗产："在历史研究中，他引进辩证思想去了解变革；在历史变革中，新媒介挑战旧媒介；他用辩证思想去研究传播与文化的碰撞，研究社会构成的起伏，有时研究整个文明的兴衰。在估计这种推拉作用的过程中，他采用了一套

给人启迪的概念：时间偏向、空间偏向、口头传统、知识垄断和文化的机械化。"(林文刚，2007：120)

胡翼青曾总结英尼斯对芝加哥学派传播理论的两大创新之处：一方面，英尼斯对于媒介的研究比芝加哥学派的其他学者更加专业和深入。虽然芝加哥学派的学者几乎都承认传播、交流和互动是社会存在的前提，但却很少有人真正研究传媒，研究传媒的分类、特征及其与社会政治经济的关系等。英尼斯是第一个尝试对媒介进行学理分类的学者，这样一个理论框架的建构，使得英尼斯建构的媒介历史中充满了创造的张力。另一方面，英尼斯的研究在学术基调上纠正了芝加哥学派传播研究存在的高度理想主义的缺陷。与抱持积极乐观的技术态度的芝加哥学派不同，英尼斯始终对传播技术的发展忧心忡忡，他坚信文明并不总是上升和前进的，也会衰落和倒退，传播技术的发展也并不只会带来进步的结果，也会对理解造成阻碍（胡翼青，2007：168—169）。

但与此同时，英尼斯的理论也存在明显的缺陷，"时间—空间"偏向的二分法最为典型。尽管后来的学者以此考察社会、政治、经济、宗教等各种体系，充分挖掘了这一理论的潜力，然而，这个理想模式是否可以成为历史规律却值得商榷。"在伊尼斯所面对的历史现实中，绝大多数时期不仅同时存在着时间偏向与空间偏向的媒介，也同时存在着口头传统与文字传统；它们之间的功能相互抵消、相互制衡，以至于很难辨识是哪一种偏向起到了关键性的作用。"(胡翼青，2007：171) 在《传播的偏向》一书中，虽然有一些表述与常识相违背，但尚且前后一致，还可以通过"倒决定论"来理解。然而，有一些矛盾却是无法忽视的。英尼斯的"头号粉丝"麦克卢汉在他那篇被称为"充满批判色彩的使徒行传"的序言中，直截了当地批评了英尼斯对广播的矛盾态度。一方面，英尼斯说，"广播这种新媒介是个挑战，它诉诸人的耳朵，而不是人的眼睛"(伊尼斯，2003：155)；另一方面，他又将视觉和空间维度的特征套在广播的头上，"广播传播万里，覆盖广大地区，由于不受文化程度的拘束而打破了阶级界线，它有利于集中化和官僚主义"(伊尼斯，2003：66)。究其原因，"时间—空间"以及口语/文字传统这类二元模型过于理想化，在复杂的历史现实中就暴露出了内在逻辑的矛盾之处。事实上，不同的媒介在不同的情景下有着完全不同的偏向，比如虽然互联网表现得更像一个空间偏向的平台，但作为数字博物馆或文献数据库的互联网站就不能简单地说是空间偏向的。

更进一步说，英尼斯生活的年代距今已过去了大半个世纪，媒介环境发生了翻天覆地的深刻变化，时空二分的分析路径是否已经过时？尤其是当彻底打破时空限制的互联网赤裸裸地呈现在我们面前时，我们还能够将时间偏向或者空间偏向生硬地套在它身上吗？事实是，当下偏爱空间偏向媒介的帝国，并没有因此而好景不长。

那么，我们应该以何种态度来面对英尼斯的文本呢？凯瑞主张："最好不要对伊尼斯的著作过于虔诚……他的书并不是《圣经》，完全没有必要逐字逐句地阐释。"（Carey，1981）因此，读者应当带着批判的精神去研习英尼斯的理论，"更多地将其视为对既有思路的一种挑战和激励，而非将其尊奉为圣典"（布朗德海姆，2011：167）。更何况，精确和清晰带来的必然是想象空间的压缩，在模糊和矛盾中，读者才有更多的机会去和英尼斯对话，同他一起完成理论阐释的工作。

总而言之，相较于浩如烟海的麦克卢汉研究，英尼斯的学术地位尽管已经被重新发现，但是相关研究还有待进一步挖掘。如果说麦克卢汉是一声惊雷，以极为异端的姿态"内爆"于传播学的上空，轰然作响，那么英尼斯更像一丛火光，耀眼而敏锐地揭露了隐藏在繁华景象之下的帝国垄断与文明危机，同时又不失爱国情怀和人文关怀，温暖而坚定地寻找着或许并不存在的救世良方。

（马新瑶）

参 考 文 献

J. W. Carey, "Culture, Geography, and Communications: The Work of Harold Innis in an American Context," in William H. Melody (ed.), *Culture, Communication, and Dependency: The Tradition of H. A. Innis*, Ablex, 1981, pp. 73-91.

〔加拿大〕哈罗德·伊尼斯：《传播的偏向》，何道宽译，北京：中国人民大学出版社，2003。

　　胡翼青：《再度发言：论社会学芝加哥学派传播思想》，北京：中国大百科全书出版社，2007。

　　〔美〕林文刚编：《媒介环境学：思想沿革与多维视野》，何道宽译，北京：北京大学出版社，2007。

　　〔以〕梅纳海姆·布朗德海姆：《哈罗德·英尼斯与传播的偏向》，〔美〕伊莱休·卡茨等编：《媒介研究经典文本解读》，常江译，北京：北京大学出版社，2011，第161—196页。

　　〔美〕詹姆斯·W. 凯瑞：《作为文化的传播："媒介与社会"论文集》，丁未译，北京：华夏出版社，2005。

拓 展 阅 读

　　〔加拿大〕哈罗德·伊尼斯：《变化中的时间观念》，何道宽译，北京：中国传媒大学出版社，2013。

马歇尔·麦克卢汉

《谷登堡星汉璀璨：印刷文明的诞生》

上承早年的《机器新娘》（1951）中对文化研究的试水，下启《理解媒介》（1964）中对媒介的讨论，《谷登堡星汉璀璨：印刷文明的诞生》（1962）是马歇尔·麦克卢汉的转型之作。这是一部天才般的杰作，深刻地影响了媒介研究，乃至文化史、艺术史等领域，成为不得不读的经典；这同样是一部怪诞之作，它令人眼花缭乱的"镶嵌画式"写作、天马行空的体例和引用、复杂的知识背景让无数读者望而却步。纷繁复杂的电子时代反而凸显了逐渐暗淡的印刷时代，围绕谷登堡前后的各种文化和历史事件，麦克卢汉试图在追述"结构史"的过程中，从"后视镜"中看向当下和未来。

一、成书背景

马歇尔·麦克卢汉 1911 年 7 月 21 日出生于加拿大埃德蒙顿，为家中长子。他于 1928 年在加拿大规模第三的曼尼托巴大学学习工程专业，1929 年转学文学，1933 年本科毕业，以优秀毕业生身份获得英文和哲学学士学位。1934 年，他获得曼尼托巴大学英文和哲学硕士学位，秋季赴英国剑桥大学学习，被三一学院录取。在这一阶段，麦克卢汉深受以艾弗·阿姆斯特朗·理查兹（Ivor Armstrong Richards）和弗兰克·雷蒙德·利维斯（Frank Raymond Leavis）为代表的新批评（New

Criticism）的影响。此前，麦克卢汉在加拿大接受的文学教育依旧延续了 19 世纪维多利亚时代文学批评的旨趣，而当新批评开始毫不留情地夺取传统文学批评的地位时，麦克卢汉的文学观点也备受打击，几乎被推倒重来。1935 年，麦克卢汉获得剑桥大学学士学位。1937 年 3 月 25 日，麦克卢汉正式皈依天主教，后在圣路易斯大学任英语教师。1939 年 9 月，麦克卢汉赴剑桥大学攻读英语文学博士学位。1940 年，他拿到剑桥大学硕士学位。1943 年，他获得剑桥大学博士学位。1944 年，麦克卢汉任温莎市阿桑普星学院英语系系主任。

1946 年，麦克卢汉得到多伦多大学的教职，任圣迈克学院教授，后开始与哈罗德·英尼斯交往。1951 年，麦克卢汉出版了自己的第一部著作《机器新娘》。1953 年，麦克卢汉和卡彭特得到福特基金会赞助，发起了一系列跨学科研讨会，研究媒介与文化；同时，麦克卢汉用课题经费创办了一份学术期刊——《探索》，并在上面发表了许多文章。1955 年 11 月，他在美国全国英语教师研究会上讲话，称书籍的角色已被新媒介取代，教师的工作就是运用媒介训练学生。在会上，他与尼尔·波兹曼结识，为后来波兹曼创建媒介环境学埋下了种子。同年，他开始计划写作《谷登堡星汉璀璨》。1960 年 6 月末，他完成了《理解新媒介研究项目报告书》。1962 年春，《谷登堡星汉璀璨》全书杀青，同年秋，由多伦多大学出版社出版，该书荣获加拿大总督非文艺奖（加拿大文学类最高奖）。

《谷登堡星汉璀璨》源于 20 世纪 30 年代末麦克卢汉在圣路易斯大学的执教经历，那时他经常与同事、学生讨论印刷媒介的问题。在 1951 年《机器新娘》出版之后，麦克卢汉回归与沃尔特·翁等人关于口语文化、书面文化、印刷媒介等问题的讨论。也正是在这段时间，麦克卢汉和合作者开始密切关注媒介与文化的问题，推进了一系列探索性的研究。1960 年圣诞节，麦克卢汉在信中提到，他仅用不到一个月的时间就起草了一本书。跳跃的行文、大段的引述、令人眼花缭乱的文风，麦克卢汉一连写了 399 页手稿，这就是此后奠定麦克卢汉学术地位的《谷登堡星汉璀璨》。

与普通的学术著作不同，《谷登堡星汉璀璨》并没有严格的章节划分，代之以 100 多个片段；每个片段的开首没有标题，只有一句纲领性、概括性的文字，埃琳娜·兰伯蒂（Elena Lamberti）称之为注释（gloss）或探究（probe）。再加上长篇的引文、跳跃的行文和箴言，一个片段就构成了一个镶嵌画、马赛克式的小单元。麦克卢汉鼓励读者深度参与文本，在每一个自足、灵动的小单元之间建立联系、反复质问、联通已知和未知、催生新知，由此不难看出现代主义诗歌对麦克卢汉的深刻影响。全书大致可以分为三部分：前面部分主要聚焦前谷登堡时代，对比口语社会与文字社会的区别，探究表音文字对视觉偏向的强化何以解放均质、贯序、解析和理性的思维方式；中间部分主要探讨从手抄本到印刷书籍的转型时期中各种历史和文化事件，以及思索印刷术对字母文化的空前强化最终如何改变了人类文明；最后部分进一步细化了对印刷文化的讨论，也谈及了谷登堡星汉的解体和电子时代的挑战。

二、界面的交叠：从谷登堡星汉到电子星汉

甫一开篇，麦克卢汉便直言："本书的主题是围绕谷登堡印刷术革命，思索和讨论如星汉璀璨般的文化事件，并探讨远在文字世界和抄本文化之前事件的构成。"（麦克卢汉，2014：109）反思印刷革命究竟应该从何处着手？麦克卢汉批评道，过往的文学和哲学学者往往只考虑印刷书籍的"内容"，而忽略它的形态以及背后精确的可重复性逻辑（对形式而非内容的关注在《理解媒介》中得到了进一步延伸），"这种忽略尤其表现在表音文字中，因为表音文字的视觉代码总是负载着语音'内容'，而在阅读中读者又会重建语音"（麦克卢汉，2014：156）。来去之间，表音文字的特性遮蔽了研究印刷技术背后的潜藏逻辑的必要性，一如印刷原本的称谓"书写的机械手段"暗示的那样，"印刷是字母文字发展的一个极端阶段"（麦克卢汉，2014：259），所以对印刷的讨论必须回归字母文字的发展脉络，并在字母文字社会影响的层面进行讨论。

"一个快速转换的时代是一个存在于两种文化和两种相互冲突的技术交界之上的时代。"（麦克卢汉，2014：239）麦克卢汉回顾了处于口语文化与字母文化冲突一线的古希腊，并援引了卡德摩斯（Cadmus）的

神话：这位国王将腓尼基人的手迹（表音文字）引进希腊，种下龙牙，而这些龙牙很快生根发芽，长出全副武装的战士——这隐喻了字母对希腊社会发展进程的巨大影响。那么，这种影响是什么呢？正是表音字母对视觉的偏向和强化："表音字母，将同时调动所有感官的口头语音归纳为一种单纯的视觉代码。"（麦克卢汉，2014：115）而被提升到高强度的视觉感官，必然会"麻醉"听觉、触觉等其他感官，感官的分裂让希腊人走出整全、同步的"共鸣世界"。"在任何文化之中，当感官间的平衡比率出现变更，原本清晰易懂的事物就会变得朦胧晦涩，原本朦胧晦涩的事物却会变得清晰透彻。"（麦克卢汉，2014：110）视觉偏向改变了希腊人眼中的世界，"新的世界"是由统一的、连续的、均质的、线性的时空组成的世界，"视觉造就了绘画、诗歌、逻辑和历史上的明确、一致和连续性"（麦克卢汉，2014：129）；对世界的线性、均质性的认识还进一步延伸到市民、军事、建筑等领域，促使人们去部落化和去集体化，催生了一种相对内化的"社会技术"。希腊罗马时期之后，表音字母主要体现在抄本载体上，但"抄本文化不仅发展速度过于缓慢，而且发展速度不均匀，从而既无法提供固定的视角，也不习惯于单一思想或信息层面的平稳过渡。……抄本世界，并非冷静的视觉解析，而是所有感官的移情和共同参与"（麦克卢汉，2014：94）。大声诵读、仔细辨认，抄本依然需要多感官的卷入。也就是说，抄本无法提供字母文化进一步发展延伸的潜能，这一情况只有到印刷术的出现才得到根本改变。

而 15 世纪中期谷登堡印刷机的开动改变了这一切，"印刷将字母文化的视觉文化发挥到所定义的最高强度"（麦克卢汉，2014：259）。印制齐整、装帧精良的书籍让"读者以恒定的理解作者思维运动的速度移动眼前的一行行印刷文字……印刷术逐渐让高声朗读变得毫无意义，并加速了阅读动作，直到读者感到被作者所'掌控'"（麦克卢汉，2014：219）。随着 16 世纪印刷术的广泛运用，印刷术所承载的极致的字母文化使均质化和可复制的理念逐渐渗入艺术、科学、工业和政治领域。当然，语言的"沦陷"要更晚一些，共鸣的口头言语接受统一而均质的透视逻辑尚需时日。"印刷媒介内在所固有的这种视觉统一和可重复性的机械原则不断将自身延伸到各种各样的组织形态之中。"（麦克卢汉，

马歇尔·麦克卢汉
《谷登堡星汉璀璨：印刷文明的诞生》

2014：323—324）

印刷术将均质化原则铺展开来，成为现代社会的底层逻辑，正是在上述意义上，麦克卢汉将《谷登堡星汉璀璨》视作哈罗德·英尼斯研究成果的注脚，认为英尼斯率先发现了以媒介技术为形态的隐性变革。这种铺展本身促成了一个庞大的"事件星汉"，为现代工业、现代市场和民族国家的出现提供了可能性。需要注意的是，技术与人的磨合并不会在短时间内完成，转化和吸收的调整阶段本身就值得玩味，比如印刷书籍在很长的一段时间内只被视作一种更便于阅读和携带的手抄本。更鲜明的例证是 20 世纪出现的诸多语词，如"无马载具"（horseless carriage）、"无线"（wireless）或"动画"（moving-pictures）等。而由印刷技术连接的诸多历史和文化事件往往以看似矛盾的样貌呈现：知识生产的集体化、统一化与知识消费的个人化、分裂化，"书面文化的实质将是集体主义的、神话式的，而书面表达和传播的形式却是个人主义的、细分的、机械的。文学观将是部族的、集体性的，而文学的表达却是私人的、可营销的"（麦克卢汉，2014：399），并延伸出国家主义与分裂主义、集体主义和个人主义、易逝和不朽等诸多"二元对立"（在麦克卢汉看来，这些对立本身都是均质化的后果）。

而这些难解的困局在谷登堡星汉"陨落"时便集中凸显出来，原本的分裂为即时的互动所弥合，反而呈现出"地球村"的样貌。在麦克卢汉的时代，同步而富有共鸣的听觉世界似乎被电力媒介重新召唤了出来，而原本成熟的书面文化及其对我们感知的影响并不会凭空消失："今天，在电力构建的全球范围极端的相互依存的环境中，我们迅速地重新走向同步事件和全面意识的听觉世界。然而，书面文化的习惯仍然保存在我们的语言、我们的感知习惯，以及我们日常生活的时空排列中。除非发生意料之外的灾难，否则对于文字和视觉的侧重还会在电力时代和'统一意识场'中长期存在。"（麦克卢汉，2014：94）随着由电子时代各种事件组成的"星汉"渗入谷登堡星汉，电子时代的人类生活面临着诸多的震惊和不确定性，人们需要重新调适自己的感官、探索新颖的互动模式。当然，转化也有优点，麦克卢汉援引艾兹拉·庞德（Ezra Pound）的观点：转化孕育创新，"积极地将自身从一种根本模式

（如听觉）转化为另一种根本模式（如视觉）的文化，必然是一片适于创造精神成长的沃土"（麦克卢汉，2014：149）。

三、镶嵌画式的写作：印刷书承载的整体之思

从形式到内容，从文本表层到内在认知，《谷登堡星汉璀璨》都是一部只有在电子时代才可能写出的作品。甚至可以说，《谷登堡星汉璀璨》的文本本身就是对电子时代的一个隐喻："麦克卢汉的行文没有头（没有标题，只有'章节注释'），也没有脚（没有脚注，所有的参考文献都在行文之中）；它们失去了它们传统的'肉体性'（physicality），与此同时，电子时代的新的'脱壳的人类'（discarnate human beings）正在失去他们的身体感，而将他们的精神延伸到了电子空间（cyberspace）。"（兰伯蒂，2014：26—27）正因为身处摇晃不定的电子时代，麦克卢汉才决心以"书面文化的次级口语形态（secondary orality）"来写作，还原一种类触觉的、界面交融的现实特征，激发电子星汉的潜能。

就像现代主义者的文学作品，《谷登堡星汉璀璨》是一部开放性的、"未完成"的作品，呼唤读者"补全"。从形式上看，《谷登堡星汉璀璨》一书的最大特点是全书镶嵌画式的组织和非线性的行文结构：由探究式的语句牵引，大段的引文、恣意的警语汇聚一处，《谷登堡星汉璀璨》的每一个语段都各自成小单元。不难发现，这种怪诞的写作形式好似象征主义的诗行："根据小心建立起来的感官平衡以表达深刻见解的各种组成元素的并列，或搭配，但没有固定的视角、线性的联系或连续的顺序——我们可知，事实上这正是象征主义。"（麦克卢汉，2014：396）从思维上看，镶嵌画也代表着一种电子时代的观察和认知模式：流行媒体"并不提供单一的视角、固定立场，而是以一种集体性意识状态的镶嵌画式展示，正如马拉美所表明的"（麦克卢汉，2014：397）。正因为流行媒体和《谷登堡星汉璀璨》都不提供给定的线性套路，所以麦克卢汉希望读者在自己构筑的"镶嵌画之海"中随意穿梭、快意发现，用想象力去创造联系、填补空白，用自身的感知经验建构意义。套用麦克卢汉

对冷热媒介的区分，如果说印刷文本是简洁易读的"热媒介"，那么麦克卢汉偏要在印刷文本中植入需要读者深度卷入的"冷文本"，为此不惜被认为天马行空、恣意妄为。也正是在这个意义上，对《谷登堡星汉璀璨》的阅读必然是情境化的，一切意在使《谷登堡星汉璀璨》中蕴含的思想清晰化的努力，必然是野蛮而难以周全的，或不客气地说，甚至是在窒息这本书的想象力（笔者正在做的事情也不例外）。

四、评价与反思

《谷登堡星汉璀璨》是麦克卢汉里程碑式的作品，集中讨论了作为媒介的印刷术如何影响人的思维和社会历史进程的问题。与对他们"技术决定论"式的指责相反，麦克卢汉和英尼斯以媒介技术为中心来考察社会隐性变革的思路恰恰是反决定论的，字母、印刷品或电报等媒介只是先决和必要条件之一，并不必然指向某种确定的结果。这种思路非但没有延伸，反而限制了决定论的范畴，即关于这种决定论的知识本身都受限于包括媒介在内的诸多动因。

尽管《谷登堡星汉璀璨》中的诸多观点和表述天马行空、饱受争议，但从学术史的角度来看，仍有许多研究者从中收获了灵感：伊丽莎白·爱森斯坦耗费十四年写成的有关媒介社会史、书籍史的重要著作《作为变革动因的印刷机》便是与《谷登堡星汉璀璨》对话的结果，后来爱森斯坦还进一步影响了政治学者、东南亚区域研究专家本尼迪克特·安德森（Benedict Anderson）对民族主义的理解和诠释；麦克卢汉的亲密伙伴、媒介环境学派第二代主将罗伯特·洛根也在《谷登堡星汉璀璨》——具体来说是在"通过将无意义的符号与无意义的声音联系在一起，我们已经构建了西方人的形与义"（麦克卢汉，2014：120）这句话——的启发下，写出了《字母表效应》一书，将麦克卢汉的观点进一步精细化。

回看书题，"星汉"这一譬喻是十分微妙的：星系之间可以"相互穿越却不发生碰撞，但并非对各自的结构不产生影响"（麦克卢汉，2014：249）。麦克卢汉试图告诉我们：无论何时，人必须接受与技术同生共进这一事实，并在这一观念的基础上寻求平衡、追求创新。在电子时代的浪潮中，不同的文化和技术层叠互塑，"绘制"出更为璀璨的漫天星汉。正是在这个意义上，麦克卢汉说："我们现在不仅可以生活在一个泾渭分明的二分世界中，而且可以同步地生活在一个多重文化的世界中。我们不再执着于一种文化（一种人类感官的平衡比），不再执着于一本书、一种语言或一种技术。"（麦克卢汉，2014：97）

虽然《谷登堡星汉璀璨》一书聚焦于"字母文化的印刷阶段"，但麦克卢汉深知：印刷阶段"在今天已经迎头撞上了电子世界全新的有机和生物模式"（麦克卢汉，2014：115），因而《谷登堡星汉璀璨》恰恰是麦克卢汉站在电子时代的立场上，回首向后，对印刷文明过往历史的一次检讨，既追溯到谷登堡时代"多种模式向单一的均质化模式的转变或归纳"（麦克卢汉，2014：389）的历程，同时又对电子时代再部落化的鼓声齐鸣敞开了怀抱。不仅如此，麦克卢汉能够在20世纪60年代发起这样一次考察，正是依靠电子时代的助益。"如果说之前晦涩模糊的领域开始变得清澈透明，那是因为我们已经换到了另一个角度……当我们凭借着电子和有机时代的主要轮廓的愈加强烈的迹象体验这个新的时代的时候，之前的机械时代便变得完全清晰可辨。"（麦克卢汉，2014：407）正是在这个意义上，麦克卢汉再一次使用了他的"后视镜"——通过考察在当下逐渐清晰的过去，试图看清晦暗不明的现在和未来。在媒介生态快速变化的今天，重读《谷登堡星汉璀璨》，应当有别样的价值。

（林　鑫）

参 考 文 献

〔加拿大〕埃琳娜·兰伯蒂：《不仅是一本关于媒介的书籍——〈谷登堡星汉璀璨〉的延伸》，〔加拿大〕马歇尔·麦克卢汉：《谷登堡星汉璀璨：印刷文明的诞生》，杨晨光译，北京：北京理工大学出版社，2014，第21—44页。

胡翼青：《理解麦克卢汉：写于麦克卢汉的百年诞辰》，《国际新闻界》，2011（7）。

胡翼青主编：《西方传播学术史手册》（第二版），北京：北京大学出版社，2023。

〔加拿大〕马歇尔·麦克卢汉：《谷登堡星汉璀璨：印刷文明的诞生》，杨晨光译，北京：北京理工大学出版社，2014。

拓 展 阅 读

〔美〕林文刚编：《媒介环境学：思想沿革与多维视野》（第二版），何道宽译，北京：中国大百科全书出版社，2019。

〔加拿大〕马歇尔·麦克卢汉：《理解媒介：论人的延伸》，何道宽译，南京：译林出版社，2019。

〔美〕沃尔特·翁：《口语文化与书面文化：语词的技术化》，何道宽译，北京：北京大学出版社，2008。

〔美〕伊丽莎白·爱森斯坦：《作为变革动因的印刷机：早期近代欧洲的传播与文化变革》，何道宽译，北京：北京大学出版社，2010。

马歇尔·麦克卢汉

《理解媒介：论人的延伸》

作为媒介环境学多伦多学派的"祖师爷"，经历了《机器新娘》(1951) 的试水和《谷登堡星汉璀璨》(1962) 的发散后，马歇尔·麦克卢汉终于在《理解媒介：论人的延伸》(1964)中给出了自己对媒介的理解。在传播学和媒介研究领域中，这是一本绕不开的经典之作——当代人每每讨论起媒介，都会想起那条流着哈喇子的看门狗。但追究世人对此书的认知，却常常被"媒介是人的延伸""媒介即讯息""冷热媒介""地球村"等警语和概念覆盖，反而使这本书的丰富性湮没无闻。时至今日，媒介和人的互相塑成越发明显，我们必须更加认真地审视"媒介"，并尝试亲自回答"为什么偏偏是媒介""如何理解媒介""人和媒介如何相处"等关键问题。正是站在这样的关口，我们需要回归《理解媒介》及其内在的丰富面向。

一、成书背景

1964 年，《理解媒介》由麦格劳希尔出版社出版。该书的出版将麦克卢汉的地位和声望推到了极致，也标志着他晚年的来临。1965 年，他获得 IBM 的资助，着手进行感知测试研究，并与杰罗姆·阿吉尔(Jerome Agel)合作撰写《媒介即按摩：麦克卢汉媒介效应一览》和《地球村里的战争与和平》。1966 年，他给美国营销协会、美国广告协会和纽约公关协会讲课，向约翰逊总统的二十余位助手、国际笔会作家及编辑讲话，频繁接受采访，参加电视节目，到大学讲演。1968年，他成为加拿大总理特鲁多的顾问。1977年，他在纽约城市大学接受了教育创新领导奖。1979年，他患弥漫性中风，语言能力丧失，读写能力被摧毁殆尽。1980年，校方撤销麦克卢汉研究所，以麦克卢汉教学计划取而代之。1980年12月31日，麦克卢汉在睡梦中去世。回顾麦克卢汉的学术历程，他总共拿了五个学位，曾在多所高校任职，经历了多次学术转向——从工科、文学、哲学，到文学批评、社会批评，再到大众文化研究，最后到媒介研究，最终成为家喻户晓的传播学者。他以文学批评为进路，最终站在电子时代媒介交汇的中心，热切关注和预测媒介技术引发的社会影响，以自己的真知灼见将人类对媒介的理解推进了一大步。

作为麦克卢汉最重要的著作，《理解媒介》最初源于一份教学大纲。1958年，全美广播电视教育工作者协会（NAEB）讨论通过了麦克卢汉的媒介研究项目计划书。NAEB还与美国教育署一道，资助麦克卢汉为中学生编写一部讲授媒介性质与效应的教材。该项目原本预定于1960年6月结项，但在麦克卢汉的热情投入下，1959年底就完成了新媒介教学大纲。在设定的教学目标中，麦克卢汉对媒介的互动、印刷品的性质和新的电子技术进行了重点考察。在他看来，提高对媒介形式的认识本身不是目的，目的是提供一种预测和控制新媒介环境的手段，这也成为后来《理解媒介》一书的核心理念。在项目推进过程中，麦克卢汉发现自己无法满足于对付"守旧的教育工作者"，加之项目评审人难以接受麦克卢汉超前的成果，四年后的1964年，麦克卢汉将修改编订的《理解新媒介研究项目报告书》交由麦格劳希尔出版社付梓，这就是影响久远的巨著——《理解媒介：论人的延伸》。

《理解媒介》一经出版便引起巨大轰动，将麦克卢汉推向前台。此后，一波波的"麦克卢汉热"总是与《理解媒介》的再版同步。整个20世纪60年代，麦克卢汉成为电视明星，邀请他演讲的企业和机构络绎不绝。当然，批评之声也没有缺席，麦克卢汉一度被冠以"通俗文化的江湖术士""电视机上的教师爷""攻击理性的暴君""走火入魔的形而上巫师""波普思想的高级祭司"（麦克卢汉，2019：578）一类诨名。来得快去得也快，这一波热潮在 70 年代以后悄然退却。随着全球化、信息化、网络化、数字化的趋势越发明晰,1994 年麻省理工学院出版社再版《理解媒介》,大量专著、专刊、传记和研讨会也接连而来。进入 21 世纪,"麦克卢汉热"再次袭来,2003 年金科出版社再版《理解媒介》,麦克卢汉之子埃里克·麦克卢汉等人集中编辑出版了一系列麦克卢汉的著作,相关研究著作也不断推出。

《理解媒介》被翻译引入中国与何道宽密不可分,目前四个简体中文译本都出自他之手。1992 年,《理解媒介》的第一个简体中文译本以《人的延伸:媒介通论》为题在四川人民出版社出版,彼时中国传播研究尚未站稳脚跟,这一版印数不多,应者寥寥。此后三个中译本均以《理解媒介:论人的延伸》为题分别由商务印书馆(2000)和译林出版社(2011,2019)推出,这时传播学已经成为新闻传播学下的二级学科,加之数字时代的到来和麦克卢汉其他作品的陆续引介,《理解媒介》成为中国传播研究者绕不开的重要作品,几次再版均受到广泛关注。近年来,随着中国传播学界媒介物质性研究的大热,麦克卢汉又一次突现,成为诸多讨论的出发点和灵感来源。

从结构来看,《理解媒介》正文共有 33 章:第一章至第七章为第一部,关注媒介整体和环境,讨论作为**隐喻**的媒介;第八章至第三十三章为第二部,讨论若干种**作为物种的媒介**。通过上下两部马赛克般的随笔、断片式写作,麦克卢汉向读者呈现了他纷繁复杂的媒介观,正是这些真知灼见吸引了此后很多学者回到麦克卢汉,开拓自己的媒介理论。

二、媒介即讯息:看门狗的譬喻与没有内容的电光

在《理解媒介》一书中,麦克卢汉提出了他最为著名的警语:"**媒介即讯息**。"通过这句话,麦克卢汉意在说明:媒介自身就是一种信息,媒介形式本身就蕴含讯息(message),而这种"讯息"形塑了人的生活方式、思维方式乃至看待世界的方式。

麦克卢汉借"看门狗"的譬喻帮助我们对"媒介即讯息"建立起一种形象的理解。一块鲜美的肉会让看门狗六神全无,让盗贼轻松得逞;狗只能

看到肉，却看不到贼，这条蠢狗指代的正是麦克卢汉眼中的"媒介白痴"——只能看到"内容"，却看不到携带内容的媒介形式；只关心如何使用媒介，却对媒介自身一无所知，无法评估媒介的效应和功能。正是因为人的目光总是被五花八门的媒介内容夺去，媒介自身的"讯息"才隐而不彰，人们才对媒介形成了浮皮潦草的理解，"一种媒介充当另一种媒介的'内容'，使一对媒介的运转机制变得模糊不清"（麦克卢汉，2019：74）。在喧宾夺主的媒介内容掩护下，媒介形式成为一种无形无相、四处渗透和飘逸的透明状态，令人难以察觉。

为什么人们难以觉察媒介形式呢？"电光"媒介是最佳的例证。"除了电光之外，一切媒介都成双结对"（麦克卢汉，2019：74），因为没有"内容"，电光未能引起人们注意；直到电光被用来打广告，人们才注意到借由电光呈现的文字（而这实际上并非电光媒介而是文字媒介），而无形无相的电光正是一种不带讯息的媒介。麦克卢汉随即从电光进一步推广到所有媒介，指出"不带讯息"是一切媒介的特征，而任何媒介搭载的"内容"实则是另一种媒介（麦克卢汉，2019：18）。由此，在媒介透明的外表下，麦克卢汉揭示出——**媒介即讯息**。

正是带有独特讯息的"媒介们"构成了人类的外围环境，人只有依靠媒介环境才能与自然世界和社会结构发生顺畅的联系，概言之，**媒介即环境**。虽然麦克卢汉并未直接写出这句话，但他在《理解媒介》中对隐喻媒介和物种媒介的历数已然营造出媒介环境的形象，后来尼尔·波兹曼对这一点的阐发成为媒介环境学营造的核心隐喻。在媒介组织起来的框架和逻辑中，人的行动得以进行、人的生活得以展开；如果没有媒介界面的过渡，世界几乎完全外在于人，既荒诞，又突兀。正如"鱼水论"所揭示的那样，生活在水中的鱼悠然自在，对水的存在浑然不觉，但鱼的每一次游动、呼吸、进食都需要在水中完成，生活在媒介环境中的人也是一样，透明性构成了"环境"隐喻的核心特点——无数个单一媒介隐秘而蓬勃的"形式"汇集起来构成庞大而透明的媒介环境整体，我们生活于其中，须臾不可离，而又视之无物、浑然不觉。

这种作为环境的媒介本身给人一种"静态感"，但当媒介与人类组织形式相遇时，蓬勃的"杂交力量"就爆发出来，将人类裹挟进"活生生的动力漩涡"。我们甚至可以说,媒介即社会的组织力量。同样以麦克卢汉热爱的"电光"来举例,"电光终结了昼夜分明、室内外分明的世界。但是,只有当电光与现存的人类组织形式遭遇时,杂交能量才会释放出来。于是,汽车可以通宵行驶,球赛可以通宵进行,建筑物可以不开窗户。总之一句话,电光的讯息是全盘的变迁。电光是纯粹的信息,限制其转换功能和传递信息功能的内容,是不存在的"(麦克卢汉,2019:73)。当灯光亮起,人、城市、大地都被灯光拓殖,没有"内容"的电光将它照亮的一切都纳为"内容",麦克卢汉通过对电光力量的揭示,说明包括电光在内的一切媒介"对人的协作与活动的尺度和形态发挥着塑造和控制的作用"(麦克卢汉,2019:19),"一切媒介都要重新塑造它们所触及的一切生活形态"(麦克卢汉,2019:73—74)。作为特殊的、不带讯息的传播媒介,电光反倒可以避开一切限制,改写人对自然时间分割的理解、重塑人对室内外的物理空间的感知,将自身的影响渗透进人类社会和人类生活的点点滴滴,这种影响正是基于电光自身的"讯息"。

除却电光以外,麦克卢汉用大量篇幅列举了各种媒介,剖析媒介形式本身、搭载的内容以及媒介蕴含的巨大力量,正是这些媒介的堆集成为人类生活的环境和人类社会的组织力量。媒介内容对媒介的内在讯息的遮蔽则让媒介显得既透明、又飘逸,而媒介的内在讯息通过众多媒介构成的环境早已深刻地影响了人、塑造了人、改变了人类社会。麦克卢汉通过形象生动的看门狗譬喻和不带讯息的电光媒介的例子,将我们对媒介形式及其影响效应的理解向前推进了一大步,揭示出早已渗透入社会生活的每一个空隙、成为弥散环境的媒介。

三、媒介是人的延伸,人是媒介的延伸

麦克卢汉提出的另一个著名的论断是:**媒介是人的延伸**。在麦克卢汉看来,媒介的发展史就是一部人的延伸历史——工具、符号和交往形式延伸了人体,如轮子延伸了我们的腿,眼镜延伸了我们的眼睛。媒介进一步改变了人的生活习惯和思维方式,文字和印刷术缔造了"理性人",电光培育了"夜猫子"。

仅仅聚焦于主语为人的"延伸"，似乎暗示了人在这一部媒介进化史中的中心地位，这正是很多人对麦克卢汉的误解——媒介的发展具体表现为强化人的机体、感官和神经系统，虽然改变了人，但总体上是为了延伸人、强化人的。倘若秉持强化这一观点，则容易导向技术中立论："现代科学的产品本身无所谓好坏，决定它们价值的是使用它们的方式"（麦克卢汉，2019：21），好与坏的责任落在了作为个体的使用者身上，而麦克卢汉绝非此意。在麦克卢汉看来，延伸就是延伸，是人的肢体乃至精神的外化，并不必然指向规定结果，"过去的一切技术（除言语之外）实际上都使人的某一部分肢体延伸，而电力媒介却可以说使我们的中枢神经系统（包括大脑）实现了外化"（麦克卢汉，2019：302）。

麦克卢汉进一步指出：**延伸也是截除**。麦克卢汉认为，新的媒介在赋予人新的感官体验和思维方式的同时，也在进一步束缚和制约人——习惯于出门乘车之后，一次远足都让我们精疲力尽；习得了字母表的柏拉图们，再也无法恢复荷马式的记诵能力；文字给予人反观自身、驻留时间的能力，也顺势剥夺了前文字时代人的好记性。

新媒介的延伸和截除作用会对感官造成巨大刺激，进而改变人的各种感知比率，使人的整体感官极不平衡。为了承受高强度的感官冲击，人陷入了麻木状态。麦克卢汉用美少年那喀索斯（Narcissus，意为自恋者或顾影自怜）的例子说明这一点：那喀索斯误将自己在水中的倒影当成另一个人，而倒影的美貌让他感到震撼，以至于麻木，"无限的自恋"让他不吃不喝、流连忘返，即使是回声女神的努力追求也无济于事。最终，那喀索斯直至死去都没有离开岸边。如果媒介纯然是人的延伸，那么水中的倒影作为那喀索斯的延伸，绝不会让他因此而辗转死去。麦克卢汉借那喀索斯的故事说明——技术对人的延伸足以使人感官麻木，而人还"认为自身的延伸真正存在于人体之外，真正与己无关"（麦克卢汉，2019：94）。延伸之后，人甚至成为技术延伸的伺服机制（servomechanism）（麦克卢汉，2019：60）。为了平抑既有延伸对人体的冲击，以及协调感官和神经系统的平衡，就需要引入新的媒介，"任何发明或技术都是人体的延伸或自我截除。这样一种延伸还要求其他的器官和其他的延伸产生新的比率、谋求新的平衡"(麦克卢汉，2019：64)。

媒介的延伸与截除带来新的麻木，麻木呼唤新的延伸和截除，无休无止，人与技术就在这一过程中相互缠绕、辗转互动："从生理上说，人在正常使用技术（或称之为经过多种延伸的人体）的情况下，总是永远不断受到技术的修改。反过来，人又不断寻找新的方式去修改自己的技术。人仿佛成了机器世界的生殖器官，正如蜜蜂是植物界的生殖器官，使其生儿育女，不断衍化出新的形式一样。"(麦克卢汉，2019：66)所以，在麦克卢汉的讨论中，"人的延伸"只是半句话，完整的句子应当是——**媒介是人的延伸，人亦是媒介的延伸。**

在麦克卢汉看来，**人与媒介是一种共生关系**。媒介是人的映射、人的延伸，遭遇媒介的人用新的延伸缓解麻木，被媒介修改，试图寻回平衡；人则限定了每一媒介技术的内在结构，同时快乐地帮助媒介"生儿育女"、不断衍化。这种看似二元的区分，实则呼唤着圆融和互动。简而言之，麦克卢汉的"分"恰是为了"合"。

在对延伸和截除的讨论过程中，麦克卢汉已然回应了后来诸多论者对他"技术决定论"的指责：媒介事实上延伸了人的身体、感官、机能乃至智能，但这是"延伸"，而不是"决定"。媒介的延伸为人类提供了诸多可能性，人类也因循这些端口改变自身，并生出新的"延伸需要"，反过来倒逼媒介做出创新，在这里，媒介也得到了人的"延伸"。由此，所谓人与媒介的互相延伸，分别反映的是人与媒介关系的两个侧面，而由此拼合成的一幅完整的人与媒介关系图谱是人与媒介的圆融共生。他还引用《庄子》说明这种关系："有机械者必有机事，有机事者必有机心"，这正是一种你中有我、我中有你、相生相克、互相塑成的共生关系。如果真正理解了麦克卢汉的这一思考，所谓"技术决定论"的指责就自然会消弭于无形。

四、评价与反思

《理解媒介》是麦克卢汉最重要的作品。相较于《谷登堡星汉璀璨》更为大胆的叙述风格，麦克卢汉在与出版商的几番较量中几乎磨去了

《理解媒介》"马赛克文风"的痕迹，但这仍旧是一本思维跳跃、概念混杂、颇为晦涩也充满想象力的书。在《理解媒介》的例证选取上，麦克卢汉绝对无意于考订历史细节，而是秉持"六经注我"的态度，梳理与他的观点相关的历史脉络，即"后视镜"方法——现实往往暧昧不清，只有向后看，才能看到未来。

在《理解媒介》的行文思路和表达方式上，麦克卢汉将文学新批评的解读方法引入媒介研究。他摒弃了归纳和演绎的方法，用类比和隐喻激发灵感、开掘观点。在麦克卢汉看来，逻辑思维不过是印刷时代的产物，而再部落化的电气时代则呼唤整体的思维和表述方式，因此他绝不愿轻易绑缚自己的思想，而是任其奔涌倾泻。

在《理解媒介》的概念使用上，麦克卢汉依旧将概念"玩出了花"，诸如冷媒介与热媒介、高清晰度与低清晰度、新媒介与旧媒介、延伸与截除、爆炸与内爆、感知比率、麻木、部落化与去部落化等（麦克卢汉，2019：513—518），实在不胜枚举。麦克卢汉用概念的集群与丰富的引证，营造了一个复杂的意义场。读者不应执着于厘定每一概念的准确含义，避免陷于形式无法自拔，而应该在麦克卢汉构建的文本意义场中理解他欲传达的思想。

《理解媒介》集中反映了麦克卢汉的媒介观。一方面，麦克卢汉并不是"技术决定论者"。麦克卢汉从未将媒介和社会的关系理解为单一的因果关系，他强调媒介的重要性，并不是说这世上只有媒介，而是将媒介视为重要的社会组织力量和动因之一。另一方面，正是在"没有不好的技术，只有误用、错用技术的人"这类技术中立论、技术工具论面前，麦克卢汉才要不断强调媒介技术的重要性，甚至"自主性"，借以补上共生结构中缺失的半环，还原人与技术互相塑成的共生关系，揭示媒介对人和社会的"自主作用"和组织效能——而这一努力的目的正是为了呼吁人们跳脱出媒介内容的束缚，让人们意识到越发完美、日益透明却更为强大的媒介的在场，真正发觉媒介形式本身蕴藏的巨大力量。

解析是为了还原，只有清晰地把握媒介对人和社会的塑成与影响，才能真正理解和实现人与媒介圆融和谐的共生关系。这种反对简单地把人作为技术的主体视为理所当然的媒介观是麦克卢汉的巨大贡献，只有充分地意识到也许人并不是技术面前绝对的主体，才能更好地摆正人与媒介的关系，从而实现人与媒介共同的良性发展。可惜很多人不解其意，反将"技术决定论"的帽子扣在麦克卢汉头上。

《理解媒介》第一部和第二部的区分，埋下了媒介环境学派衰落的伏笔。上下两部的区别，看似只是麦克卢汉对《理解媒介》一书的形式安排，实则标识出麦克卢汉内在的逻辑矛盾：作为隐喻的媒介和作为物种的媒介。最为难能可贵的是，"作为隐喻的媒介"向人们敞开了一个可以体认或"看得见"的观念世界，这也正是麦克卢汉在《理解媒介》第一部中极力展现的。而在篇幅占比更大的第二部中，尽管思想的火花依旧闪烁，但与对"隐喻媒介"的探究相比，凝结在"物种媒介"背后的想象力更加微薄，在媒介技术越发整体化、透明化，下探为社会基础设施的年代，"作为隐喻的媒介"这一面向更为重要。但令人深感遗憾的是，在麦克卢汉之后，以莱文森为代表的媒介环境学纽约学派坚持将《理解媒介》第二部视为"神谕"，对作为物种的媒介进行越发细化的研究，而忽视了作为隐喻的媒介向度，媒介环境学的研究逐渐走入了死胡同，麦克卢汉的想象力也在这一越发清晰的学术理路里逐渐枯竭。不过，令人深感欣慰的是，基特勒、鲍德里亚等欧洲媒介研究者继承了《理解媒介》第一部隐喻的媒介观，使麦克卢汉的媒介思想不至于湮没无闻。

（林　鑫）

参 考 文 献

胡翌霖：《媒介史强纲领：媒介环境学的哲学解读》，北京：商务印书馆，2019。

胡翼青：《理解麦克卢汉：写于麦克卢汉的百年诞辰》，《国际新闻界》，2011（7）。

胡翼青主编：《西方传播学术史手册》（第二版），北京：北京大学出版社，2023。

李明伟：《知媒者生存：媒介环境学纵论》，北京：北京大学出版社，2010。

〔加拿大〕马歇尔·麦克卢汉：《理解媒介：论人的延伸》，何道宽译，南京：译林出版社，2019。

拓 展 阅 读

〔美〕林文刚编：《媒介环境学：思想沿革与多维视野》（第二版），何道宽译，北京：中国大百科全书出版社，2019。

〔加拿大〕马歇尔·麦克卢汉：《机器新娘：工业人的民俗》，何道宽译，北京：中国人民大学出版社，2004。

〔加拿大〕马歇尔·麦克卢汉：《谷登堡星汉璀璨：印刷文明的诞生》，杨晨光译，北京：北京理工大学出版社，2014。

伊丽莎白·爱森斯坦

《作为变革动因的印刷机：早期近代欧洲的传播与文化变革》

　　《作为变革动因的印刷机：早期近代欧洲的传播与文化变革》是媒介环境学派的重大研究成果之一，作者伊丽莎白·爱森斯坦是该学派第二代的代表人物。伊丽莎白·爱森斯坦于 1953 年获哈佛大学博士学位，1959 年起在密歇根大学执教，主攻法国革命史和 19 世纪初的法国史，一生著述不多，《作为变革动因的印刷机》无疑是她最为重要、最为人熟知的著作。该书共计 790 余页，正文达 70 万字，全书涉及 2000 余种文献和数以百计的历史人物，其写作花费了整整 15 年（1964—1979）的时间，占据爱森斯坦 30 年学术生涯（1959—1988）的一半。这部卷帙浩繁的著作论及近代早期三大运动，即古典文艺复兴、宗教改革以及近代科学的发展。爱森斯坦将印刷史、技术史、文艺复兴史、宗教改革史、欧洲史等多学科纳入自己的研究视野和领地，尝试与近代忽视印刷术的诸多学者展开论战。深厚的史料功夫和独到的理论想象力在《作为变革动因的印刷机》一书中形成巨大的张力。正因如此，《作为变革动因的印刷机》翻译难度很大，该书中文版译者何道宽先生曾在译序中称之为自己翻译生涯中的"珠穆朗玛峰"。

一、成书背景

　　1962 年，马歇尔·麦克卢汉的《谷登堡星汉璀璨》出版，该书强调由印刷媒介的发明孵化出的各种文化和历史时间的重新布局。我们可以用"环境"或"背景"代替"星汉璀璨"一词来帮助理解该书的主旨。在麦克卢汉看来，来自表音文字和印刷媒介的机械技术建构了一种强烈的侧重视觉的环境，这种新环境塑造了具有强烈自我意识的"公众"，以及视觉导向的社会文化。该书的出版在知识分子之中掀起了旷日持久的争论。在《谷登堡星汉璀璨》荣获 1962 年加拿大非文艺作品总督奖后，著名思想杂志《新政治家》和《接触》发表了评论，《接触》上的评论文章引起了伊丽莎白·爱森斯坦的注意。在接触了麦克卢汉的思想以后，爱森斯坦认为，《谷登堡星汉璀璨》中提到的印刷术带来的特殊问题和变化很有价值，促使她开始思考 15 世纪传播变革具体的历史意义。

在几十年教授西欧历史的过程中，爱森斯坦对学界流行的关于早期文化和思想革命的解释不满，认为这些研究一直没有"跳出循环论证和议而不决的窠臼"。麦克卢汉在《谷登堡星汉璀璨》一书中详细阐述了印刷媒介对人的思想和社会都会产生看不见的重大影响，爱森斯坦从中捕捉到印刷媒介对于重新理解西方文明进程的独特意义。正如爱森斯坦评价的那样，"《谷登堡星汉》还是发挥了有用的功能，它指出了许多亟须史学研究的重大问题，而这些问题迄今无人问津"（爱森斯坦，2010：25）。在麦克卢汉之前，学界关于印刷术的影响没有什么重要的争论，主要是因为几乎没有什么明确而系统的观点。关于印刷术的研究著作被人为地孤立和封闭起来，被看作一个独立的专业技术领域，与其他领域的历史文献脱离。这一研究状况导致过往的研究观点大大低估了印刷术的发明和扩散对西方文明的影响，即使同意印刷术产生了重要影响的作者也总是止步不前，没有明确地指出如此重大的影响究竟是什么。事实上，早在 19 世纪印刷材料就已经司空见惯，印刷术的普及带来了广泛而深远的影响，但与此同时也造成人们对熟悉事物的习惯性忽视。麦克卢汉强有力地指出了人们对于印刷术影响的短视，讥讽印刷史研究方式的过时，从而启发爱森斯坦从传播革命的视角切入，重新审视西方文明的历史进程。在爱森斯坦看来，"印刷史是文明通史不可分割的一部分"，她有意将印刷术与其他领域（政治、文化、思想）整合成一部开放式的印刷史，从而进一步完善关于早期思想和文化革命问题的研究。

二、在媒介哲学与实证主义史学之间

谷登堡印刷机的发明和传播带来一场"连续不断的革命"，其累积性效应广泛地影响了一切研究领域。毫无疑问，《作为变革动因的印刷机》回应的是一个涉及广泛领域的浩繁课题。爱森斯坦呕心沥血的鸿篇巨制为诸多不同学科的研究者提供了丰富的资源，该书一经出版就在欧洲史、文化史、宗教史、技术史、科学史等多个学科领域引起广泛讨论，一跃成为印刷史研究的集大成之作。关于传统印刷术的研究往往被嵌入启蒙运动、文艺复兴和宗教改革研究，印刷术的地位被大大低估了，《作为变革动因的印刷机》的贡献主要在于将印刷媒介看作需要单独研究的领域，将传播革命作为一个具有重要地位的历史事件对待。厘清印刷术与近代欧洲文明发展的关系成为贯穿全书的叙事主线，爱森斯坦花费很大篇幅来确认印刷机发明和传播以来欧洲世界中几种重要的文化发展，包括文艺复兴、宗教改革以及近代科学的发展，这些发展进程深受印刷媒介的影响。

自《作为变革动因的印刷机》问世至今，爱森斯坦的理论想象力一直为人称道，其整理材料的功底也广受好评。《作为变革动因的印刷机》之所以成为媒介环境学的经典之作，与其有力地论证了麦克卢汉关于印刷术的某些论断息息相关。然而，也正是因为试图证明麦克卢汉天马行空的宏大理论，爱森斯坦提供的论证依然无法让人完全信服，我们可以从《作为变革动因的印刷机》中看到"强调想象力的理论与强调材料功夫的史实"之间的巨大张力。

虽然爱森斯坦从麦克卢汉媒介思想的某些论断里获得了不少启发，但是她始终注意把自己和麦克卢汉的研究方法区别开来。由于麦克卢汉长期接受人文学科的教育和训练，他所采用的研究方法由文学批评中的实用批评传统派生而来，体现为一种被深深打上感知烙印的、非常独特的方法。一直以来，麦克卢汉拒绝服从线性、连续、平顺的印刷媒介思路，有意采用警句似的风格来传递他的思想。在《谷登堡星汉璀璨》

中，他采用镶嵌画的方式去"创造一种棋盘格子式的思想模式，其中镶嵌的每一块思想马赛克都能反映出总体模式里的某一个侧面"（林文刚，2007：132）。对这种格言警句式的论述方式，爱森斯坦评价道："麦克卢汉神谕似的宣示不足以构成论证充分的出发点"（爱森斯坦，2010：2），甚至认为这种非常规的论述方式很有可能损害其论述的主题。显然，历史学专业出身的爱森斯坦反对麦克卢汉的研究方法，无法认同他天马行空且缺乏实证的研究方法，主张在历史叙事中还原印刷术具体的历史意义和影响。

《作为变革动因的印刷机》在研究方法上特立独行，既有别于麦克卢汉和波兹曼之类的媒介理论家，又不同于其他传统的历史学家。爱森斯坦宣称："我的方法有别于其他将印刷术作为文化分界线的学者，我所指的不仅仅是伊尼斯和麦克卢汉那些宏大而壮观的言论，而且还包括令人尊敬的学者们那些更加局限和谨慎的判断。"（爱森斯坦，2010：171）显然，爱森斯坦无法认同麦克卢汉宣称的历史研究方式已经过时的观点，她在其研究中充分保留了线性的历史纪年顺序和历史语境，在论述15—17世纪欧洲"印刷革命"时重拾历史视角和关怀。相较于麦克卢汉神谕式的理论跳跃而言，《作为变革动因的印刷机》无疑是一部严谨、冷峻、细密的考据之作，全书总共罗列了两千余条注释，"在数以千计的注释中，相当一部分注释很长，数十条注释各数百字，个别注释宛若文献综述，甚至像小文章"（爱森斯坦，2010：2），爱森斯坦严谨的治学风格和扎实的史料功底可见一斑。与此同时，爱森斯坦又与传统史学研究者的谨小慎微不同，她赋予印刷机在历史变革中的优势地位，视之为一种社会历史的变革动因。这一判断似乎有违实证主义史学的结论。在实证主义史学方法的指导下，学者至多可以在描述社会现象的史料中找到直接的因果关系，比如印刷机如何普及，但对于印刷机普及之后的隐性结果，却很难以一种因果关系的方式去呈现。在很大程度上，爱森斯坦的论断缺乏足够多的有效史实的支撑，她的历史叙述在因果关系论证上也难以自圆其说。

在详细论述印刷术和近代欧洲思想变革及文化变革的关系以前，爱森斯坦首先带领读者重新认识了从手抄文化到印刷文化的革命性转变，通过描绘印刷文化的部分特征来界定这场"未被公认"的革命。在此之前的研究中，学者承认从口语文化向印刷文化的过渡是一场无可争议的传播革命，但他们对从手抄书到印刷书的革命性转变不置一词。这是因为，15世纪的印刷术被当作许多同时并进的发展中的一个偶发实例，很多观点认为谷登堡的发明是此前一系列发展变化的副产品，这种渐进式的演化路径获得很多学者的支持。不过，爱森斯坦指出，渐进演化的观点忽视了抄书人时代和印刷商时代之间的鸿沟，从一种生产方式到另一种生产方式的转变意味着机印书的变革中包含着非连续性的事实。换句话说，从手抄书到印刷书的变革是一个既连续又断裂的矛盾的线性模式，这种模式为学者研究具体的历史问题带来了麻烦，同时也为评估印刷术广泛而隐蔽的影响带来了困难。令人遗憾的是，为了克服这些困难，传统史学家和非历史学者所做的尝试都不尽如人意。一方面，传统史学家倾向于采纳渐进式演化的模式来规避夸大印刷术作用的风险，这种保守的研究策略导致史学家在印刷史研究中的缺席；另一方面，以麦克卢汉为代表的媒介哲学家率先对印刷术的整体性历史影响做出了判断，但问题是这部分学者缺乏专业的指导方针，所以在面对数百年来累积的碎片化的印刷史资料时，只好采取非线性的记述方式。针对以上两类研究中固有的缺陷，爱森斯坦开启了长达十五年的著述历程，尝试为内容如此浩繁的课题补充史学方面的专业视角和叙述。

三、印刷媒介与欧洲近代史

《作为变革动因的印刷机》集中研究机械复制技术本身，却不囿于印刷史，而是将印刷媒介作为欧洲近代史的重要动因之一，强调印刷术掀起的传播革命对近代欧洲文明的发展产生了巨大的影响。爱森斯坦将机械印刷视为研究文艺复兴、宗教改革和科学进步的重要参照点，在书中逐一剖析了印刷术对这些运动的影响，在历史叙事和历史语境中还原了这场传播革命的真实图景。

(一) 文艺复兴的重新定向

15 世纪的文艺复兴有别于 9 世纪的加洛林复兴和 12 世纪的意大利复兴，中世纪的两次复兴是有局限的、短暂的复兴，而文艺复兴开启的则是全面的、持久的复兴，爱森斯坦认为恒久复兴的出现与印刷术的出现密切相关。印刷术的固化作用（Typographic fixity）能够快速地以相同的形式大批复制同一文本，使书面文字以一种印刷下来的、经久不灭的形式被固定下来并得到传播。这种固化作用可以用来解读从手抄书到印刷机的革命性变化。"印刷商起初对'学科发展的贡献'，与其说是靠推销所谓的'新'著作，不如说是靠给个体的读者提供了更多的著作。……他们的主要读物更丰富了，他们的思想酵母更强大了。"（爱森斯坦，2010：103）印刷技术规模化地生产出标准化的副本，印刷文化迫使人们避免重复前人的成果，朝向可累加发展的未来前进，从而激发了文化的大发展和大繁荣。

爱森斯坦认为"文艺复兴"实质上是一场包含两个阶段的文化运动：第一阶段是意大利思想家和艺术家在手抄书时代启动的，第二阶段延伸到涵盖了印刷术时代的许多地区和领域。毋庸讳言，过往的研究直接用"文艺复兴"来涵盖印刷术引起的广泛变革，不仅忽视了一场伟大的传播革命，而且还遮蔽了印刷术为这场文化复兴运动所带来的重新定向。在文艺复兴时期，那些被誉为文化英雄的人文主义者远比之前的学者幸运，因为他们得益于印刷术造就的知识产业，其著作在发表之后不是在实现复兴的目标中逐渐失去活力或者迅速死亡，而是在印刷文化的支撑下获得了连续不断的新形式和不断增加的变革。

(二)《圣经》传统的重构

在爱森斯坦的论述中，运动所在地、文本传统的具体内容、历史"巧合"等因素都应该被纳入考虑。也就是说，印刷术的出现并不会以相同的方式影响一切重要的运动：在早期印刷机的推动下，文艺复兴在意大利实现了重新定向，但在德国却催生了新教。以往的历史学者错误地将印刷术视作文艺复兴的副产物，部分原因在于印刷术的出现晚于文艺复兴的早期萌芽，它对"复兴"的早期观念没有影响。但历史学者通常认为，印刷术影响了宗教改革是因为早在路德诞生之前，印刷术的功能就已经被调动起来，之后又深入他的宗教改革观点，因此在其他有关宗教改革的记述中印刷术和新教自然而然地走到一起，只不过印刷术的影响往往被简化为"传播思想"这一单一功能。爱森斯坦并不认为印刷术的作用仅限于传播路德的《九十五条论纲》，早在《圣经》第一次被付印之后，教会和教士就已经遭遇新问题了，在印刷术尚未被用来广泛传播新教之前，它就已经使基督教世界四分五裂了。诚然，在印刷术出现之前，一些论战性小册子已经可以影响舆论了，也可以使那些反对教皇的欧洲君主获得舆论的支持，但手抄书时代的宣传运动只能产生短暂的影响，其效应有很强的过渡性。反而是印刷术出现以后，加快了原有的分裂趋势，使得新教的反叛力量势不可当。

在路德成年之前，基督教的教会传统就已经受到印刷术影响了，当新教观念以新的形式和新的方式固化以后，正统的基督教观念必然要发生变化。在印刷术诞生后的一百年里，即便大多数基督教教士仍然坚持保守立场，但"任何教士在福音传道的问题上的任何立场都必然会偏离过去的先例，因为所有这些问题的条件都业已改变，随着福音传道本身的变化而变了"（爱森斯坦，2010：204）。对世俗大众来说，新的书籍生产方式导致通俗语版的《圣经》成为畅销读物，人手可得的《圣经》造成了教众的永恒分割，由此产生的趋势是宗教自助。在爱森斯坦看来，其他学者将宗教改革的起点判定为路德思想的传播显然太晚，因为在新教反叛之前，教会的地位和基督教信仰的性质就已经在手抄书向印刷书的过渡中发生变化了，印刷术早已为宗教改革重新布置了舞台。在宗教改革的时代里，宗教改革家借助印刷商和书商的资本主义企业精神将《圣经》送入千家万户，在印刷产业日益扩张的市场中扮演了正面、积极的参与者角色，这一过程中，拥有"新型宗教书本"的新教获得了前所未有的扩张力量。

（三）自然之书的转化

与在研究文艺复兴和宗教改革时所持的观点一样，爱森斯坦在谋求理解科学变革时，同样强调近代科学的发展与抄书人被印刷商取代有关。就近代早期的科学革命而言，流行的科学史观点认为，科学革命本质上是从阅读故纸堆转向阅读"自然之书"，观念的革命发生在人们凝视星空或者解剖人体之时，然而爱森斯坦却主张这一伟大的转折不是人从书本转向自然，而是书本从手抄书转向印刷书。也就是说，关于科学和学术如何运作，爱森斯坦提供的解释更强调文本传统，认为学者们主要是通过考察文献来熟悉前人的工作，通过对这些文献的批判推动学术的进展。通过机印书，知识的记录和储存方式发生重大转变，技术文献让学者免于繁重的手抄和记忆任务，他们可以利用新的纸媒工具和机印书籍保存和累积"科学成果"。在这一过程中，新型学者与印刷商合作或者兼于一身，增加了知识开放与公共知识生产的可能性。

在谈论科学革命时，爱森斯坦通过一个较好的论证赋予印刷机优势地位——所谓的为哥白尼和伽利略"重新搭台"，就是"用印刷术掀起的传播革命去研究两人的学说受压制、被遮蔽以及最终得到传播和发扬的根本原因。这里有两个问题：（1）宗教改革和早期近代科学的关系；（2）外在社会制度和内在相对独立的科学生命历程。"（爱森斯坦，2010：译序7）。在回答这两个问题时，爱森斯坦通过梳理新教徒与科学家的关系、图书贸易与科学的关系来展现新教、印刷商和科学的结盟；通过对比新教和天主教不同的出版政策总结了"印刷业—思潮—学术中心"的迁移规律。正如科恩所见，爱森斯坦将印刷术置于一个绝对优势的解释地位，因为"印刷机正处于'内部'（科学家的思想）与'外部'（被发表的科学家的想法）的界线之上，作为一个因果要素，它天然适合提出一种解释，可以将思想与外部世界自然地联系起来，而不是经由默顿论题或许多其他论题所暗示的那些不太直接的关联"（科恩，2012：476）。

四、评价与反思

伊丽莎白·爱森斯坦将自己的著作定名为 *The Printing Press as an Agent of Change*。其中，"an agent"意在宣称印刷机是一种历史动因，她特意用"an agent"而不是"the agent"来说明印刷机只是社会历史变革的动因之一，但她并不避讳强调印刷机作为一种独立的社会推动力所产生的直接力量与效果。基于实证主义史学逻辑，爱森斯坦要论证印刷技术与社会变革之间的因果关系，就势必要在媒介社会史的书写过程中捕捉到印刷机所带来的直接动因效果。遗憾的是，爱森斯坦始终难以达到实证主义史学方法论的完善境界，因为要在实际操作层面回答印刷术产生的实际后果困难重重。这时我们可以看到，爱森斯坦始终困于实证史学视角和理论直觉视角的矛盾和冲突中。

正如爱森斯坦自己所述，"描绘谷登堡的发明这一抽象概念的'力量和效应'必然会遭遇许多困难。一方面，它似乎什么也没有改变；另一方面，它又似乎改变了一切。几乎所有的史学家都同意，15世纪的前半叶和后半叶不能够划一条界限分明的分割线"（爱森斯坦，2010：19）。即便在爱森斯坦自己收集、呈现的历史资料中，我们也很难发现印刷机表现出微观、突变、直接和确定的动因效果。实际上，爱森斯坦的宣称——印刷机是一种历史动因——在很大程度上是受到麦克卢汉神谕式断言的启发，虽然整本书的因果关系论证在方法论上力图向实证主义史学靠拢，但在研究实践中却难以找到什么直接的证据来证明印刷机直接推动了社会的进步或改变了历史。有学者指出，爱森斯坦在强调想象力的理论与强调材料功夫的史实之间艰难取舍，导致《作为变革动因的印刷机》"在因果关系的各个方面都难以自圆其说。她宣称印刷机是变革动因，但实际上却论证了它是变革诱因；她在多变量解释与单变量解释的两难境地中不能自拔；她甚至使用了因果倒置的假设与推理"（胡翼青，戎青，2014）。也许，作为透明化的媒介基础设施，印刷术对社会的深远影响本身就是看不见摸不着的，很难留下显性的历史痕迹。

从实证主义史学的角度来看，《作为变革动因的印刷机》一书的因果关系论证问题不少。不过，瑕不掩瑜，"爱森斯坦这部作品的优点并不在于她的严谨务实，……她的成功恰恰得益于来自麦克卢汉的玄想"（胡翼青，戎青，2014）。关于这一点，林文刚在《媒介环境学：思想沿革与多维视野》一书中对爱森斯坦给予赞誉，"她知道麦克卢汉对印刷机影响的研究，但她的研究路子更加富有学术价值，不像麦克卢汉那样带有玄想的意味。《作为变革动因的印刷机》被认为是论印刷术文化影响最重要的著作"（林文刚，2007：287—288）。

（李　璟）

参 考 文 献

〔荷〕H. 弗洛里斯·科恩：《科学革命的编史学研究》，张卜天译，长沙：湖南科学技术出版社，2012。

胡翼青、戎青：《历史的想象力：处于因果陷阱中的〈作为变革动因的印刷机〉》，《国际新闻界》，2014（4）。

〔美〕林文刚编：《媒介环境学：思想沿革与多维视野》，何道宽译，北京：北京大学出版社，2007。

〔美〕伊丽莎白·爱森斯坦：《作为变革动因的印刷机：早期近代欧洲的传播与文化变革》，何道宽译，北京：北京大学出版社，2010。

拓 展 阅 读

〔加拿大〕马歇尔·麦克卢汉：《谷登堡星汉璀璨：印刷文明的诞生》，杨晨光译，北京：北京理工大学出版社，2014。

沃尔特·翁

《口语文化与书面文化：语词的技术化》

　　媒介如何影响人的意识进而影响社会？这一围绕麦克卢汉的思想延展开的议题一直是媒介环境学关注并探索的。1982年，沃尔特·翁最著名也最有影响力的著作《口语文化与书面文化：语词的技术化》出版。这本书深入考察了口语、文字、印刷术和电子媒介的影响，除了对媒介理论研究意义非凡外，对哲学、神学、科学、文学思想的产生如何受到语词技术化的影响也提出深刻的洞见。《口语文化与书面文化》与麦克卢汉大名鼎鼎的《理解媒介》并立，是媒介环境学文献中被引用最多的著作之一。在这部著作中，沃尔特·翁回顾、整理了自己之前的有关语词研究的"三部曲"，建立了独树一帜的口语—文字的研究领域。他主要的研究兴趣在于阐释口语向文字的演变是如何影响文化和改变人的意识的。

一、成书背景

　　沃尔特·翁（1912—2003）的研究领域令人叹为观止：修辞学、传播学、教育学、媒介研究、英语、文学批评、古典学、《圣经》研究、神学、哲学、心理学、人类学、文化研究、历史学、中世纪研究、文艺复兴研究、性别研究等。他不仅是媒介环境学的代表人物，也是一位著名的牧师、人文教授、文化史和宗教史学者、哲学家。他是美国圣路易斯大学终身教授，还曾担任美国文艺复兴协会主席、美国现代语言学协会主席。

沃尔特·翁出生于美国密苏里州的堪萨斯城，父亲是新教徒，母亲是天主教徒，在这样的家庭中，他最终成长为一名天主教徒。大学毕业并取得艺术学学士学位的沃尔特·翁为教会工作了几年后继续求学，于1941年在圣路易斯大学获得英语硕士学位，指导他毕业论文的正是刚从剑桥毕业不久的麦克卢汉。此外，沃尔特·翁在圣路易斯大学还获得了哲学和神学硕士学位。而后，沃尔特·翁来到哈佛大学，在佩里·米勒教授的指导下研究法国早期现代教育学家彼得·拉米斯，并于1955年获得哈佛大学英语博士学位。其博士论文修改后出版的著作《拉米斯主义、方法和对话的式微》使其获得了学术声誉，这本著作启发了麦克卢汉关于印刷术对西方社会的影响的思考，进而促使其写出《谷登堡星汉璀璨》。麦克卢汉虽一度是沃尔特·翁的老师，但二人一生亦师亦友，相互启发，共同为媒介环境学的创立做出了不可磨灭的贡献。二人均为天主教徒，其作品中的宗教情结令人印象深刻。在《谷登堡星汉璀璨》的序言中，麦克卢汉尊称沃尔特·翁为"Father Ong"。沃尔特·翁在自己的著述中对于麦克卢汉的诸多媒介理论进行征引、论证、阐发和支持，仅在《口语文化与书面文化》中，沃尔特·翁就提及麦克卢汉及其观点多达十余次。

从拉米斯主义的研究起，沃尔特·翁就为媒介环境学的研究树立了一个学术研究的范本。他在1967年出版的《语词的存在》中运用现象学的方法发展出一个更为复杂的理论框架，在某种程度上被认为是对麦克卢汉的《理解媒介》的补充。这种观照还体现在其后的《修辞、浪漫主义与技术》（1971）、《语词的界面》（1977）中。这三部著作被喻为沃尔特·翁"语词三部曲"。他追溯了通过文字、印刷术和电子技术对语词进行技术改造而导致的意识的异化和重新融合，以及这些转变对口语传统及文学形式、思维过程、社会结构和行为的影响，这些内容构成其学术基础。在回顾与总结自己多年研究的基础上，沃尔特·翁于70岁时写就了这本《口语文化与书面文化》。

20世纪60年代初，西方学界对口语文化研究的高度关注为沃尔特·翁媒介思想的形成提供了一个重要的舞台。媒介环境学的代表人物埃里克·哈弗洛克（Eric Havelock）曾说，"口语文化—书面文化定理问题在 1963 年以雷霆之势登场，释放出洪水般的令人震惊的新认识，人们突然认识到许多相关的问题"（Havelock，1986：24）。彼时，古典学、人类学、文学阐释学等都在对口语文化—书面文化定理的研究进展作出各自的贡献。

在这部著作中，沃尔特·翁以文学史研究中的著名问题——"荷马问题"切入研究。"荷马问题"是 19 世纪较高层次的荷马研究的产物，肇始于西方古典时期围绕荷马史诗产生的一系列疑问，例如：荷马是一个人还是若干人？是盲人吗？在没有文字可依傍的情形下，他如何能够创作、记住并吟诵数以万行计的荷马史诗？经过学者们十多个世纪的探究，谜底终于渐渐浮出水面：20 世纪初，米尔曼·帕利（Milman Parry）通过文本分析论证了荷马史诗口头传承的性质。他考察了荷马史诗中反复出现的诗行，如"飞毛腿阿喀琉斯""灰色眼睛的雅典娜女神"，以及反复出现的场景，如宴会、对垒、哀悼等，进而阐扬了他精辟的论断，即荷马有一些固定的反复使用的套语（formula）。套语是使用相同的韵律、表达一个既定概念的一组词语，其使用是有章可循的。荷马史诗是程式化的，这种程式来自悠久的传统而非诗人的创新。然而，单纯的文本分析不足以验证古代荷马文本背后有口头的诗歌传统，于是帕利的学生和合作者艾伯特·洛德（Albert Lord）引入了在南斯拉夫的田野调查，并进行类比，确证了文本分析的结论。师徒二人共同创立了"帕利—洛德理论"，又称为"口头套语理论"。该理论的精髓是三个结构性的概念：套语、主题（theme）和故事类型（tale-type）。凭借这些概念和相关的模型，"帕利—洛德理论"很好地解释了荷马这样的游吟诗人何以能够吟诵出上万行的诗歌，何以具有强大的现场创作能力。哈弗洛克对帕利和洛德的发现进行了更进一步的拓展，把他们有关口语史诗的成果用于整个希腊口语文化的研究中，认为不仅诗人而且整个口语知识界或思想界都依靠这样的套语来构建思想，即固化的、套语式的思维模式是知识管理的需要，那么后来文字的出现必然导致思想的重新构建。哈弗洛克的《柏拉图导论》令人信服地证明，希腊哲学的萌芽与文字对思想的重构紧紧地联系在一起。

正是受套语理论和哈弗洛克思想的启发，沃尔特·翁开始研究口语文化的特征及其对人在思维、感觉等意识层面的影响，继而是文字、印刷术、电子媒介等语词技术如何影响人的思维和表达。在研究方法方面，沃尔特·翁选择了历时法即历史的方法对口语文化和书面文化进行研究，对时间上前后相继的文化进行比较。与麦克卢汉强调媒介技术的革命性影响不同，沃尔特·翁更偏爱演化的观点，认为从口语—文字—印刷—电子的过渡是一个此消彼长的连续体，在这样的历时框架之内，古与今、荷马与电视就可以相互启发了。在这部《口语文化与书面文化》中，沃尔特·翁从现象学转向心理动力学分析方法，以微观且微妙的视角关注媒介变迁对人的意识的影响，间接关注这种变迁引发的社会、经济、政治、宗教的变化，进而在人（意识）—媒介（技术）—社会（社群）的循环往复的关系中探析媒介的意义。

二、口语—文字极化理论

《口语文化与书面文化》最大的理论创新在于提出了"口语—文字极化理论"（polarities of orality and literacy）。理解"极化"（polarities）的关键在于对立的两极之间存在维度表征"极间维"，即不仅关注对立的两极——口语文化和书面文化的差异，也要看到两个极点之间是一个程度不断变化的连续体，书面文化取得今天的地位经历了一个渐进的过程，不同的文本对于口语—文字的两极性表现出不同程度的适应。基于此，方能解释诸如柏拉图为什么反对文字，17 世纪以后才有日记、平凡人的叙事和侦探小说，到了 18 世纪许多作家创作的文学作品还是用于当众朗读，19 世纪之后才有书面考试，静默的阅读空间、隐私权、日常生活为何兴起等问题。

该书的结构可以被看作"口语—文字极化理论"既强调差异又强调连续的风格的体现。该书按照媒介演化的历史展开，第一部分包括第一章"语言的口语属性"、第二章"原生口语文化的现代发现"、第三章"口语文化的心理动力学问题"，探讨口语文化；第二部分包括第四章

"文字对意识的重构"、第五章"印刷术、空间与封闭空间",探讨书面文化,这一部分亦是按照文字、印刷术、电子文化的演化顺序展开;第三部分包括第六章"口头记忆、故事情节与人物刻画"、第七章"一些定理",以叙事研究为例讨论了如何运用"口语—文字极化理论"开展研究。第一部分和第二部分并非完全独立,而是在对比口语文化和书面文化的思想的过程中构建内容,彼此呼应,向前推进。

沃尔特·翁在书中所说的"口语文化"(orality)大部分情况下指"原生口语文化",即文字出现之前不知文字是否会出现、不知文字为何物的口语文化;"原生口语文化"和如今高科技文化中的"次生口语文化"相对,支撑次生口语文化的是电话、广播、电视等电子设备,其生存和运转都仰赖文字和印刷术。这两个概念是沃尔特·翁早前在《语词的存在》一书中提出的,也是理解其演化思想的基本概念。由于在口语文化里,语词受到语音的约束,而语音转瞬即逝,无法寻找,没有痕迹,只存在于走向不存在的过程中,所以口语文化无法像书面文化一样将语词视为外界"平面"上的"客体",而是将语词理解为一种由身体内部力量推动的"事件"。语词即事件,希伯来语 dabar 既有"语词"也有"事件"的意思。语词的这种特性决定了人们的表达方式和思维模式:你思考的是可以记住的东西。这种思维模式必须可以迅速通过口语再现,这时,节奏感、重复和对仗、头韵和准押韵、别称或其他套语、标准的主题环境、箴言、其他辅助记忆思维形式等要素的重要性就凸显出来。沃尔特·翁认为套语有助于增强话语的节奏感,同时又有助于记忆。套语是固定词组,容易口耳相传,高度程式化和社群共享的固定套语是口语文化的最大特征(翁,2008:27)。

除了套语风格外,沃尔特·翁在总结前人研究的基础上,指出了口语文化的其他特征,这些特征使基于口语的思想和表达不同于基于书面的思想和表达,具体体现在以下方面(翁,2008:27—37):

(1)附加的而不是附属的。口语结构注重语言的实用性,方便说话人而不太注重语法;而文字结构更加注重话语本身的组织——句法、语法更加精致、固化。

(2)聚合的而不是分析的。口语表达承载着大量的称号和其他的套语，是"浑然一体的"聚合结构；而高度发达的书面文化则排斥这样不太灵巧、冗余过多的语言习惯，书面文化是分析结构。

（3）冗余的或"丰裕"的。由于头脑之外没有可回顾的东西，口语文化里的人要将注意力集中在说话上并需要不断重复，从而产生大量的冗余成分；而人在书写时，由于手速有限，头脑被迫陷入慢速运转，有机会干预和重组冗余，形成线性和分析的思维及表达。

（4）保守的或传统的。口语担负反复吟诵世代传承的知识的功能，确立了一种高度传统和保守的心态；而文字把头脑从记忆的任务中解放出来，于是头脑转向思辨的新任务。

（5）贴近人生世界的。口语文化中几乎不存在脱离人的活动的方法和路径，口语需要将陌生的客观世界化约为更为即时、熟悉和互动性更强的生活世界；而书面文化则需要与即时互动的生活场景拉开距离，使人失去自然的天性，变为被贴标签的物体。

（6）带有对抗色彩的。口语的交流必须是面对面的，声音你来我往，关系紧密——既有相互吸引，更有相互对立，谩骂、暴力、赞美都十分慷慨；而文字培育抽象的概念，使知识与人类竞争的舞台拉开距离。

（7）移情的和参与式的。对口语文化而言，学习和认知的意思是贴近认识对象、达到与之共鸣和产生认同的境界；而文字把人和认识对象分离开来，并由此确立"客观性"。

（8）衡稳状态的。口语词的意义由此时此刻的真实生活情景决定，语义分歧也很少，借以保障社会的稳定状态；而印刷文化发明了词典，使得语义分歧广为人知。

（9）情景式的而不是抽象的。口语文化的交流取决于情景，其思维和表达往往是操作性的；而基于文本形成的抽象思维产生了几何图形、抽象分类、形式逻辑推理、下定义之类的成果。

以上特征不仅是口语文化的特征，也是口语文化和书面文化的差异，借此可进一步认识基于文字、印刷术和电子技术的思维。

沃尔特·翁在书中所说的"书面文化"（literacy）指的是元音字母被发明后的手写文化和印刷文化。文字有许多早期形态，人类可知的第一种真正的文字可追溯到公元前 3500 年两河流域苏美尔人创造的文字。真正的文字是从纯粹的记忆辅助手段逐渐演化而来的。沃尔特·翁认为，文字不是事物的表征而是言语的表征，一套可见的代码系统才是文字的核心意义，"文字把言语从口耳相传的世界推到一个崭新的感知世界，这是一个视觉的世界，所以言语和思维也随之一变"（翁，2008：64）。书面文化滥觞于拼音字母表的发明，当希腊人开发出带有元音字母的字母表时，口语文化向书面文化的转变完成了从听觉向视觉转变的关键性一步。哈弗洛克认为，这使得希腊人在精神生产上的成就超过了其他文化。印刷术强化并改变了文字对意识的影响，将语词变为由字母单位组成的客观事物。关于印刷术的影响，可以参考爱森斯坦的《作为变革动因的印刷机》和麦克卢汉的《谷登堡星汉璀璨》，而沃尔特·翁所关注的是印刷术对意识的微妙影响，不是它的宏大社会影响。

沃尔特·翁在本书中所说的"电子文化"（electronics）指的是借助电子设备建立在文字和印刷术之上的"次生口语文化"。这种新的口语文化与古老的口语文化有着惊人的相似之处：参与的神秘性、社群感的生成、专注当下的一刻甚至套语的使用。然而就其本质而言，"次生口语文化是更加刻意为之的自觉的口语文化，是永远基于文字和印刷术之上的口语文化"（翁，2008：103）。次生口语文化也催生强烈的群体感且规模大得多——这就是麦克卢汉所谓的"地球村"，但沃尔特·翁解释道，原声口语文化里的人转向外部世界是因为他们没有机会转向内部世界，与此相反，我们（如今）之所以转向外部世界是因为我们已经完成了向内部世界的转移（翁，2008：104）。

"口语—文字极化理论"的要义在于不仅存在对立的两极，纯粹的口语文化和纯粹的书面文化之间形成了连续统一体，沃尔特·翁思想的价值不只在于强调口语文化与书面文化的某种对立，即自然与技术的对立，还在于他在描述口语文化与书面文化互动的过程中将有意味的细节也描绘了出来。例如，他认为尽管柏拉图借苏格拉底之口反对文字，但当时的希腊正是口语尚未退场的书面文化时代，文字成为柏拉图思想产生的先决条件；修辞脱胎于公共演讲和雄辩术，然而亚里士多德以来的修辞学却是文字的产物；一度作为学术用语的拉丁语不是任何人的母语，拉丁语的语法和词汇来自古老的口语世界，但又是在学校习得的，学习材料来自古典著作，学习目的是成为修辞人、雄辩者、公共演讲家；西方的手稿文化一直羁留在口语文化的边缘，直到文艺复兴，演讲一直是一切语言艺术中被传授最广泛的；等等。沃尔特·翁特地区分出原生口语文化、工匠识字文化（例如抄写员等），以及从口语文化到书面文化过渡阶段的文化——在这种过渡阶段的文化中，一些人听说过书写技艺，但却不识字，可以说这些文化具有某种"口语遗留"。

三、语词的技术化

沃尔特·翁明确指出：口语对于人是自然而然的，而文字是一种人为的技术，文字的书写需要辅助的工具和设施，需要书写材料等，印刷术是一种技术更是不言自明的，凸版印刷是第一条装配线。不仅如此，沃尔特·翁认为文字是三种技术（文字、印刷、电脑）中最为彻底的一种："它启动了一种技术，以后的印刷术和电脑无非是继承了这种技术。"（翁，2008：62）文字技术把诉诸听觉的语音转化为诉诸视觉的空间，把语词从此时此刻分离开变为疏离的客观对象，把在场的听众变为虚拟的读者，技术化的语词重构了人的意识，影响了思维和表达。沃尔特·翁的贡献还在于阐明了理解语词技术化的关键一点：只有当技术内化为人的第二自然，技术才能够重构意识。

以沃尔特·翁对"柏拉图反对文字"的剖析为例，可以理解技术影响人的意识的过程。柏拉图在《斐德罗篇》和《书简七》中借苏格拉底之口对文字的批评就像现在有些人对电脑的批评，可概括为：文字是一件制成品，没有人情味；文字削弱脑力；文字不能回应；文字不能像口语那样捍卫自己。以此类推，总有人在印刷时代反对印刷术，在电脑时代反对电脑，在人工智能时代反对人工智能。沃尔特·翁认为柏拉图的立场有一个缺陷："为了使自己的意见发挥作用，他用文字来表达对文字的反对意见。反对印刷术、电脑的人也是如此。语词一旦被技术化之后，如果不借助最发达的技术，就无法有效地批判技术对文字产生的影响。"（翁，2008：60）沃尔特·翁支持哈弗洛克在《柏拉图导论》中的观点：柏拉图之所以能够进行富有哲理的分析性思维，之所以能够对文字进行批评，那是因为文字开始对思维的过程产生影响，文字成为柏拉图思想产生的先决条件（Havelock，1963）。柏拉图思想的文本性是有迹可循的，其思想中最核心的概念是"理念"。在英语中，"idea"这个词基于视觉，与拉丁语"video"派生于同一词根，意思是"看"。沃尔特·翁深刻地洞察到柏拉图的"理念"是识字人对迟迟不肯退场的口语世界做出的反应，或者说是过分的反应（翁，2008：61）。

沃尔特·翁提醒我们注意，起初的口语和后续的一切技术之间此消彼长的转化必然要遭遇一些悖论或回旋，这是因为："智能有难以压抑的反射性，即使它赖以运行的外部工具也要被'内化'，也就是要成为它反思过程的一部分。"（翁，2008：61）

文字带来距离，使言语更加精确。沃尔特·翁用谷迪的"逆向扫描"概念解释了这一过程：人用反思选择机制去挑选语词（Goody，1977）。这样内化的结果是"文字把知识持有人和已知对象分离开，使人的内省日益清晰，打开了心灵通向外部世界的大门，而外部世界和心灵是截然不同的；而且，文字还为内部心灵世界打开了通向自身的大门，使外部世界成为内部心灵世界的背景"（翁，2008：80）。印刷术强化了文字对意识的重构。相较于手写文化，印刷文化最大的特点是可以精确地复制，进一步将语词强制性地嵌入空间，这种被精确控制的视觉空间和精确的观察结合在一起：印刷文化可以对复杂的客体和过程进行仔细的观察，并用准确的语言加以描述——结果是现代科学由此产生，这种印刷空间还影响了哲学想象和文学幻想、知识管理、隐私和版权等诸多方面。

四、评价与反思

如何理解沃尔特·翁的媒介观？这个问题需要我们去辩证地分析。首先需要说明的是，沃尔特·翁在《口语文化与书面文化》一书中很少使用"媒介"一词，他在第七章声称拒绝并回避使用这个概念，包括media 和 medium，并解释道："媒介"会给交流的本质造成错误的印象——交流就像是通过一根管子把所谓"信息"的物质单位从此地输送到彼地（翁，2008：136）。这或许会给研究沃尔特·翁的媒介思想的人泼一盆冷水，认为翁所定义的媒介是作为管道的媒介。但实际上，在《口语文化与书面文化》出版的 20 世纪 80 年代，大众传播学的主流话语早已将"媒介"一词窄化和固化为"信息的载体"，回避使用"媒介"一词恰恰说明沃尔特·翁是反对媒介的"载体"观的。不仅如此，沃尔特·翁还运用"口语—文字极化理论"的思想比较了"媒介"的交流（可理解为"管道"的交流）和人的交流，认为真实的人类交流是主体间的交流，而"管道"的交流是主体单向地将信息传向客体，这种交流模式被普遍接受也是因为受到书面文化的影响，书本正是一种单行道，因为书本文本生成的时候，接受者是不存在的（翁，2008：137）。

另一个需要厘清的问题是口语是不是媒介。在沃尔特·翁看来，文字是一种技术毋庸置疑，那么，口语是不是技术？媒介环境学主张泛技术论、泛媒介论、泛环境论、泛文化论。一切技术都是媒介、环境和文化。麦克卢汉坚持认为，一切技术都是媒介，一切媒介都是人体的外化和延伸。而沃尔特·翁尽管提出了关于口语文化最完善的传播学解释，但他对于口语是不是一种技术的立场居然是模糊的。保罗·莱文森甚至认为沃尔特·翁将口语排除在技术领域之外。沃尔特·翁之所以模棱两可，可能与他是一位具有现象学视野的哲学家有关。在他看来，技术是人为之物，外在于人，构成人的环境。而在原生口语时代，人、世界、媒介、口语、生态、环境都是浑然一体的，都只存在于鲜活的此时此刻，因此，口语是自然而然的，它似乎又不完全是技术。这个问题困扰了沃尔特·翁一生。

总体而言，沃尔特·翁的思想更有助于我们去理解媒介作为一种生态的意义。媒介环境学的英语是 Media Ecology，ecology 一词来源于希腊语 oikos，原本的意思是住所或栖居地。在原生口语时代，生态原本与环境是一体的，文字将人与认识对象拉开距离，带来了抽象思维的发展，人开始去认识栖居地；分析性思维使得生态逐渐脱离环境，上升为一个抽象的概念，环境则成为一个具体的概念。生态并不会直接显现，只有在环境出现问题时，生态才会被注意到，进而成为解决环境问题的某种理念。将媒介视为生态则意味着，媒介（media）作为生态（ecology）并不直接显现，需要通过媒介物（medium）构成的环境（environment）显现。在这个意义上，媒介既是自我平衡的生态，又是不断演化的环境。也正是因为如此，兰斯将沃尔特·翁和尼尔·波兹曼并立为建立媒介环境学学科的两大支柱（Strate，2004）。

（胡晓菲）

参 考 文 献

Eric Havelock，*Preface to Plato*，Belknap Press of Harvard University Press，1963.

Eric Havelock，*The Muse Learns to Write：Reflections on Orality and Literacy from Antiquity to the Present*，Yale University Press，1986.

Jack Goody，*The Domestication of the Savage Mind*，Cambridge University Press，1977.

Lance Strate，"A Media Ecology Review，" *Communication Research Trends*，2004（2），pp. 3-48.

Thomas J. Farrell，"In Memoriam：Walter J. Ong，SJ：1912-2003，" *College Composition and Communication*，2004（3），pp. 411-413.

Walter J. Ong，*Orality and Literacy：The Technologizing of the Word*，Routledge，2012.

丁松虎：《口语文化、书面文化与电子文化：沃尔特·翁媒介思想研究》，上海：上海人民出版社，2017。

〔美〕沃尔特·翁：《口语文化与书面文化：语词的技术化》，何道宽译，北京：北京大学出版社，2008。

拓 展 阅 读

Walter J. Ong，*Ramus*，*Method*，*and the Decay of Dialogue*：*From the Art of Discourse to the Art of Reason*，Harvard University Press，1958.

Walter J. Ong，*The Presence of the Word*：*Some Prolegomena for Cultural and Religious History*，Yale University Press，1967.

Walter J. Ong，*Rhetoric*，*Romance*，*and Technology*：*Studies in the Interaction of Expression and Culture*，Cornell University Press，1971.

Walter J. Ong，*Interfaces of the Word*：*Studies in the Evolution of Consciousness and Culture*，Cornell University Press，1977.

尼尔·波兹曼

《童年的消逝》

　　《童年的消逝》由美国批评家和教育家尼尔·波兹曼（1931—2003）在 1982 年初次出版。波兹曼深感电视媒介对儿童的纯真本质具有侵蚀性，电视的出现与普及正在潜移默化地影响孩子们的"童年"，并导致"童年"逐渐消逝。该书凝聚了波兹曼对媒介与文化问题的观察，体现出他本人对电子媒介的警醒和隐忧。

一、成书背景

　　尼尔·波兹曼出生于美国纽约，1953 年在纽约州立大学弗雷德尼亚分校获得教育学学士学位，其后分别于 1955 年和 1958 年在哥伦比亚大学师范学院获得硕士学位和英语教育学博士学位。20 世纪 50 年代，麦克卢汉应邀到哥大作报告，当时读硕士的波兹曼首次与之相识，此后两人保持了长久的友谊（林文刚，2007：10）。1959 年起，波兹曼在纽约大学教育学院任教，1968 年晋升为教授。他在麦克卢汉的鼓励下开设媒介环境学课程，并于 1970 年在该学院创建了媒介环境学课程博士点。该博士点培养出了保罗·莱文森、约书亚·梅罗维茨、林文刚等媒介环境学派的中坚学者。1998 年，媒介环境学会正式成立。同年，他被任命为媒介环境学普利特戈德教授。

　　波兹曼一生著作颇丰，共有 25 本著作，其中独著 13 本，合著 10

本，合编 2 本。20 世纪 60 年代至 70 年代，其著作主要集中于探讨语言及教育问题，如《语言学：教学革命》（1966）、《作为颠覆活动的教学》（1969）、《疯话，蠢话》（1976）等。从 1979 年《作为保存活动的教学》起，波兹曼写就了一系列涉及媒介环境、技术批判的研究著作，包括《童年的消逝》（1982）、《娱乐至死》（1985）、《技术垄断：文化向技术投降》（1992）等。

从上述学术履历可以发现，波兹曼是一位教育学出身并且长期致力于教学实践的学者。那么，他是如何由关注教育转向关注媒介环境的呢？作为在《童年的消逝》之前出版的一部著作，《作为保存活动的教学》可以帮助我们理解波兹曼是如何将教育与媒介环境联系起来的。波兹曼在《作为保存活动的教学》中借教育之由谈及媒介环境，他用"恒温器观点"表明教育的目的是要在它所服务的社会/文化里做到保持文化偏向的平衡，而文化偏向又受到每个时代里媒介信息环境偏向的影响，因此，教育的主要任务就是弄清这些偏向，知道用什么办法来使之平衡（林文刚，2007：169—170）。通过这种方式，波兹曼用媒介环境学的理念将教育和媒介联系了起来。在他的理念中，信息环境构成了一个社会的文化，如果当下信息环境的偏向会扭曲青年的心智和人格，它就必须得到遏制，教育就是那个发挥调解作用的力量。因此，波兹曼对媒介环境学的关注与推进在一定程度上源自他对教育和文化发展问题的思考。

正因为关注教育和文化，波兹曼敏锐地察觉到当时美国电视的普及正在塑造一个新的媒介环境。电视不加区分地传播成人信息，不断制造视觉刺激和即时满足，无法给予儿童成长需要的专注能力和逻辑思维，对教育而言具有极强的威胁性。这样的现实背景摇响了波兹曼心中的警铃，他将教育作为出发点和落脚点，始终警惕电视这类新兴媒介所创造的媒介环境给教育教学、社会文化乃至个体造成的影响。《童年的消逝》就是他在此种思虑之下写就的成果，书中融汇了他对媒介偏向的理解和对儿童教育的隐忧，是他建构媒介环境理论的初步探索。

二、电视导致童年的消逝

国内学术界一般将《童年的消逝》《娱乐至死》《技术垄断》称为波兹曼"媒介批判三部曲"。《童年的消逝》作为其中的第一部，以"童年"的消逝作为媒介技术影响人类行为、心理、文化、社会的例证。其后，对电视媒介的批判在《娱乐至死》中进一步深化，《技术垄断》则将视野拓展到更宏观的技术层面。在《童年的消逝》中，他发现了电视媒介的消极偏向并敏锐地将这种偏向与童年的消逝联系在一起，进而提出"电视媒介正在导致童年消逝"的结论。

具体而言，波兹曼首先明确童年不是客观存在，而是一种社会建构的产物，然后用两条线索编织起全书内容，一条讲述的是印刷术如何创造了童年，另一条则分析电子媒介（尤其是电视）是如何使童年消逝的。该书的章节脉络即围绕童年的起源和消逝两大主题展开。

童年经历了怎样的历史进程呢？波兹曼在书中写道，童年的概念在希腊时期萌芽，希腊人虽然没有给童年一个明晰的定义，但发明了"学校"这个概念。罗马人在此基础上发展出超越希腊的童年意识，一个重要的标志是罗马人开始把成长中的孩子与羞耻观念联系起来。至此，与童年诞生密切相关的学校教育体系、羞耻观念逐渐建立起来，童年的概念也在这一时期萌芽。但很快，童年就遭遇到中世纪的荼毒。在中世纪，人的读写能力消失、教育消失、羞耻心消失，导致发展起来的一点点童年概念烟消云散。直到16世纪，由于印刷和社会识字文化的出现，一种新的传播环境形成了。印刷创造了新的成年定义，即成年人是指有阅读能力的人；相对地，便有了新的童年定义，即儿童是指没有阅读能力的人（波兹曼，2011：26）。印刷带来"知识差距"，在有读书能力的人和没有读书能力的人之间产生了明确的界线（波兹曼，2011：39）。未成年人必须通过学习识字、进入印刷排版的世界，才能变成成人（波兹曼，2011：49）。此后，学校教育、服饰、文学、家庭形式等领域都出现了区别儿童与成人的专门设置。就这样，成人通过建立不同等级的知识和技能，创造了自己与儿童之间的区隔，而这一切都是由印刷术的应用所催生的一个全新的符号环境带来的。

在波兹曼看来，童年是一种环境的结果。在这个环境下，一些专为成人控制的、特定形式的信息以儿童能理解的方式，分阶段地提供给他们。在这一过程中，童年概念的维护有赖于信息管理和有序的学习过程（波兹曼，2011：89）。然而，19世纪30年代，打破这种符号环境的媒介出现了，即电报。塞缪尔·莫尔斯（Samuel Morse）发明的电报开始争夺原来属于家庭和学校的信息控制权，它改变了儿童所能享用的信息的种类、信息的质量和数量、信息出现的先后顺序以及体验信息的环境（波兹曼，2011：89—90）。之后的1850年至1950年间，照相机、电话、留声机、电影、收音机、电视等一个接一个被发明出来的媒介不断改变着美国的传播结构，电子革命与图像革命同时到来。图像诉诸情感而不是理智，要求观众去感受而不是去思考，并且以急速扩张的方式侵占原本由印刷文字占领的观众时间。一个重要的问题是，由这些电子媒介建立起来的新符号环境并不能支持童年概念的存在所需要的社会和知识的等级制度。因此，童年面临逐渐消逝的局面。

波兹曼着重分析了电视这种电子媒介，因为电视正是集电子与图像于一身的代表，从它身上可以看到童年与成年之间的界限是如何被破坏的。一方面，电视无法区分信息使用权，儿童因此拥有了通往成人世界的视窗；另一方面，电视无法生产深度内容，不能促进受众思考。如此一来，成人赖以成为成人的标准变得模糊不清。波兹曼列举了很多电视的媒介特性，例如：它以当下为中心，不能揭示时间的持续性；收看电视的环境往往不要求遵守任何公共行为规则，不要求专心致志；电视是被图画和故事主宰的；等等。波兹曼对此持消极态度，认为电视的这些特性会导致人们思考能力下降、政治参与意识减弱，会使美国文化向"娱乐化"方向发展。波兹曼为此忧心忡忡，他提出"成人化的儿童"概念，用来定义那些在知识和情感能力上还没有完全发育成熟、在特征上跟儿童没有显著区别的成年人（波兹曼，2011：120）。

书名中的"消逝"指的是儿童与成人的边界正在模糊。在电视广告、电影、儿童文学中，儿童往往被描绘成微型成人，他们在兴趣、语言、服装或欲望上的表现和成人没有什么区别。同时，儿童化的成人也不断涌现，电视上和生活中时常出现不认真工作、不抚养儿童、不参与政治、不信仰宗教的成人，其模型与儿童无异。除了影视形象外，服装、饮食、游戏、语言、举止等生活中的方方面面都表现出成人和儿童相融的信号。

至此，波兹曼从媒介入射角入手考察了童年形成和消逝的历史。他试图论证以电视为代表的新兴电子媒介正在破坏由印刷媒介建立起来的符号环境，产生的后果之一便是儿童与成人之间的区隔在某种程度上被消弭。

三、《童年的消逝》中的媒介观

《童年的消逝》表面上在讨论童年的概念如何逐渐消逝，实则折射出波兹曼本人的媒介环境学思想。20世纪七八十年代，波兹曼的学术重心向媒介环境学转移，他为这个新兴的研究领域培基建制，开拓声誉。在波兹曼之前，英尼斯、麦克卢汉、埃吕尔等前辈已经为媒介环境学的部分思想理论打下了基础，波兹曼吸收和借鉴了他们的思想观点。相比《娱乐至死》直接凝练理论，提出"媒介即隐喻""媒介即认识论"这样的思想，《童年的消逝》中的理论观点更多地散落和穿插在行文之间，需要进一步总结和提炼。

波兹曼在书中展现出来的媒介观主要有两点：其一，每一种媒介都具有它独特的物质结构和符号特征，这些独特性会影响信息的组织方式以及人的思维观念；其二，媒介即环境，媒介本身构成社会文化的信息符号环境，这一环境通常会形塑社会成员的观念和行动。

关于第一点，波兹曼在书中没有使用"偏向"这一概念，但他对印刷媒介、电报、电视各自特点的解读与英尼斯的视角相近。英尼斯在《帝国与传播》中赋予媒介以偏向性，认为羊皮纸、石头这类时间偏向的媒介性质耐久，有利于在时间上延续；空间偏向的媒介耐久性逊色，质地轻，有利于在空间上延伸，如莎草纸、纸张。波兹曼认为印刷强调线性书写、逻辑序列，创造了文字的排版布局，给予了作家表达个性的空间；电报呈碎片化且不连贯、生产效率高，超越了空间和人类速度，无法让传播者表达个性；电视必须 24 小时不间断播出，画面转瞬即逝，难以承载深度内容，喜欢制造噱头，平等地向所有观众传播同样的内容。一方面，媒介的这些固有物质结构和符号特征对信息发挥着规范性的作用，决定着什么信息被编码和传输，如何被编码和传输，又如何被解码（林文刚，2007：30）。另一方面，媒介的特性会影响人的思维和观念。波兹曼在《童年的消逝》中直接引用英尼斯的观点作为理论依据："传播技术的变化产生三种结果：它们改变了人的兴趣结构（人们所考虑的事情）、符号的类型（人用以思维的工具），以及社区的本质（思想起源的地方）。"（波兹曼，2011：32）波兹曼认同英尼斯的判断，后者认为，"一个人为了某个特定且有限的目的创造了一台机器，可一旦机器造好后，它有自己的主张，它不仅相当能够改变我们的习惯，而且还改变我们的思维习惯"（波兹曼，2011：32）。波兹曼由此思考印刷媒介给个体带来的变化，他发现，印刷激发了作家的自我意识，促使了第一个记者职业、第一部色情作品的批量生产者的产生；对于读者而言，印刷也使读者与社会环境脱离，退回自己的心灵世界（波兹曼，2011：38）。他还发现，印刷的线性逻辑序列使逻辑和清晰两种观念受到推崇，印字排版成为信息权威性的体现（波兹曼，2011：41—43）。

关于第二点，波兹曼认为童年是一种环境的结果，这里的环境主要指符号环境。林文刚将"媒介即环境"分解为"作为感知环境的媒介"和"作为符号环境的媒介"。前者指人通过媒介来感知或建构外部世界，关注媒介如何改变人的感官比例，这样的变化又如何改变我们接收感觉资料的方式；后者把每一种媒介设想为由一套独特的代码和句法构成的符号环境，关注媒介固有的符号结构在人的感知、意识或心灵活动过程中究竟扮演什么角色（林文刚，2007：27—28）。波兹曼在《童年的消逝》中没有明确区分这两种环境，他论述印刷和电子媒介时更多强调的是作为符号环境的媒介，强调由电子媒介塑造的充斥娱乐内容、视觉刺激的信息符号对童年的伤害。简言之，印刷媒介建立起来的符号环境要求个体具备识字、阅读、思考和判断能力，这样的符号环境能够在儿童与成人之间建立一道信息鸿沟，维持成人的秘密和儿童的纯真。然而，电子媒介主导的符号环境不再能延续成人与儿童之间的信息等级制，电视将成人世界的丑陋、人性的弱点统统暴露出来，受众进入电视符号环境不需要任何门槛。电子媒介的符号环境是对人人平等的、以图像和故事为表现形式的、维持最一般智力水平的……这种符号环境下的文化不可避免地将导向娱乐化，童年赖以存在的知识差距不复存在。

在《作为保存活动的教学》中，波兹曼对媒介环境学有过这样的定义：媒介环境学研究信息环境。它致力于理解传播技术如何控制信息的形式、数量、速度、分布和流动方向，致力于弄清这样的信息形貌或偏向又如何影响人们的感知、价值观和态度（林文刚，2007：171）。这个定义可以比较凝练地体现波兹曼这一阶段的媒介观。波兹曼把媒介的符号环境一定程度上等同于文化，或者说在他的行文中没有对两者进行严格区分。因此，在波兹曼的观念中，当一个社会的主导媒介不能营造一个良好的符号环境时，情况是令人担忧的，童年的消逝只是电子媒介造成的众多后果中的一个。

四、评价与反思

在《童年的消逝》中，波兹曼设定了一个重要的议题，此后讨论媒介与儿童的几乎所有议题可能都无法真正绕开这本书。后来的知名学者，如大卫·帕金翰（David Buckingham），甚至是半个世纪后的施蒂格·夏瓦，在讨论同类问题时，都将《童年的消逝》中的观点作为重要的对话对象。

教育学背景、人文关怀的立场导致波兹曼对电视媒介持明显的消极态度。他在书中对电视进行了多场负面"审判"。波兹曼之所以如此介怀电视，一方面因为他教育学出身的学术敏感与价值立场让他对一个社会的文化中极为突出的媒介保持强烈关注，试图调节文化中出现的不平衡；另一方面因为他自始至终坚定的人文关怀，使得他在面对电视强大的技术权力时不可避免地站在批判立场上。波兹曼没有继承麦克卢汉的媒介中性立场，反而认为应该在道德伦理的语境中去研究媒介。他判断媒介好坏的标准是，一种媒介在多大程度上有助于理性思维和民主进程的发展、在多大程度上能够使人获得有意义的信息，以及在多大程度上增强或减弱了人的道义感和向善的能力（林文刚，2007：45—49）。根据这些标准，电视确实乏善可陈，波兹曼自然对电视持较为负面的态度。不过，虽然波兹曼对电视的态度看起来很强硬，但他也并非不知道要考虑时间和人为因素。电视当下会导致童年消逝，但一百年后的情况可能会不同（林文刚，2007：45—46）。同一种媒介如果使用方法不同，可能会呈现完全不同的效果（波兹曼，2011：176）。这些都是他曾经说过的话。因此，不能一味谴责波兹曼只看到电子媒介消极的一面而忽视其可能的积极面向。

与电视相反，印刷媒介得到了波兹曼的认可和拥护。他在书中赋予印刷媒介以优先地位。他在批判电子媒介的消极偏向可能导致的社会恶果时，无形中将印刷媒介放在了电子媒介的对照面，给两种不同特性的媒介附加了价值判断，读者能够明显感受到波兹曼对印刷媒介以及文字的青睐。他拥抱印刷文化，批判电子与图像文化，试图用童年正在消逝这一严峻的现实警示人们不要一头扎进娱乐幻想。他一生都坚持手写稿件，用实践传达着自己的态度。事实上，波兹曼的这种对比式批判反映了他"往回看"的批判方式。把新媒介环境带来的不安转换成对老媒介时代稳定秩序的向往，似乎只有回到过去才能化解当下的困境，通过保存印刷文化才能抗衡电子媒介的消极偏向，这也是许多批判学者采取的路径。但笔者不太赞同这种态度，在笔者看来，能够满足人们需求的媒介一旦出现并被广泛使用，自然不会轻易消逝，与其将解决方案投注到过去，不如努力"向前看"，在解构电子媒介消极偏向的同时试图发现它们的积极面向，发挥新媒介有利于社会文化发展的良性效用。

《童年的消逝》隐含着一条由媒介与文化勾连起来的历史脉络。波兹曼的叙述从口语传播一直到电子媒介，是一条完整的媒介发展史线索，与之相交的是童年概念的起源与消逝这一文化演变史线索。波兹曼将媒介作为童年的历史变化的动因，这种书写方式与英尼斯描绘媒介与帝国演变史的写法相似。传播媒介在《帝国与传播》中被理解为隐藏在历史进程、社会组织和人们感知系统背后的重要动力，并且是推动历史运转的核心。帝国的演化和媒介形态的演化构成了一对相互缠绕的螺旋结构，二者相互对应且相互作用。将媒介作为行动者，从媒介的视角撰写历史，在以人为行动者的主流视角中显得具有突破性和创造性，然而这种写作方式也容易招致来自两个方面的攻击。

一方面，对于保守派的学者而言，如此注重媒介技术的历史书写，难免被指责为"媒介中心主义"。波兹曼确实将童年的消逝归因于印刷媒介向电子媒介转变导致的童年赖以存在的信息环境被破坏。按照经验学派的思维定式，他们必然将波兹曼的观点归入媒介中心主义和技术决定论的阵营。另一方面，对于激进派学者而言，波兹曼的媒介观似乎又显得太保守，仅仅将媒介看作一种信息环境而非环境本身，说明媒介环境学的媒介观仍然没有理解媒介技术对其所在时代时间、空间、权力和秩序的组织和建构作用。

对于前者的指责，当下学界正渐渐形成共识，那就是这种指责应当被重新审视。保守派学者轻易地给探索媒介技术这一深刻而复杂的命题的学者划分阵营，这件事本身就值得当代学者谨慎对待并理性地思考保守派学者的批评是否妥当，以及媒介技术本身的复杂性。

对于后者的指责，我们不得不认真对待，因为波兹曼在这个问题上确实不如媒介技术哲学领域的学者走得远，也不如他们那般具有想象力。这就是为什么基特勒、德布雷、彼得斯、保罗·亚当斯等当代学者的著作总是绕不开麦克卢汉、英尼斯或芒福德这几位巨擘，却不提及波兹曼的原因。这也是马休·福勒等当代欧洲媒介生态学家公然宣称不与以波兹曼为代表的媒介环境学为伍的重要原因。不过仔细想想，在20世纪80年代，大概谁也不能否认波兹曼将童年的消逝与媒介环境变迁联系起来的创造性。另外，书中关于印刷和电子媒介特性的解释和阐发在当时也具有新意，这些都是波兹曼学术思想中不可磨灭的闪光点。《童年的消逝》体现出了波兹曼媒介环境理论的萌芽，读者阅读《童年的消逝》时不仅要看到其电视批判方面的思想火花，还应该理解作者观点形成背后的原因，在看到创造性的同时发现他的局限性。

（方婕好）

参 考 文 献

〔美〕林文刚编:《媒介环境学:思想沿革与多维视野》,何道宽译,北京:北京大学出版社,2007。

〔美〕尼尔·波兹曼:《童年的消逝》,吴燕莛译,桂林:广西师范大学出版社,2011。

拓 展 阅 读

Neil Postman,*Teaching as a Conserving Activity*,Delacorte Press,1979.

〔美〕尼尔·波斯曼:《技术垄断:文化向技术投降》,何道宽译,北京:北京大学出版社,2007。

尼尔·波兹曼

《娱乐至死》

　　乔治·奥威尔在《一九八四》中预言文化将因极权的监控和压迫而枯萎，奥尔德斯·赫胥黎则担心文化会因过度媚俗而毁灭，究竟哪一则预言可能成为现实？尼尔·波兹曼在 1985 年出版的《娱乐至死》中给这个问题提供了一种答案，他认为赫胥黎的预言更可能成为现实，文化将被人们热爱的娱乐控制并摧毁。《娱乐至死》讲述了以电视为主导媒介的美国文化正在经历娱乐化危机，电视媒介将破坏由印刷媒介建立起来的文化传统，使美国的政治、新闻、商业、宗教、教育等领域均成为娱乐的附庸。《娱乐至死》的问世给波兹曼带来了较高的学术声誉，它也被视为北美媒介环境学理论的重要代表作之一。

一、成书背景

　　在 20 世纪 60 年代及之后的很长一段时间内，电视机在美国获得广泛应用，几乎成为每家每户必备的家用电器之一。这造成的后果便是以图像为基础的电视迅速侵占了原本属于印刷文字的公共话语领域。电视的突出表现引起了不同取向学者的关注。这一时期，关于大众媒介内容的效果研究和批判研究占据了美国传播研究的主要版图。前者走实证主义路径，研究媒介内容对受众短期行为的影响，如有关电视暴力的研究、意见领袖的提出等；后者从政治经济学视角出发，关注政府与市场对媒介的控制、媒介的所有权归属，以及所有权的集中或信息的垄断对社会信息环境造成的影响。《娱乐至死》正是在这样的现实和理论背景下诞生的。该书体现了一种独特的传播视角，既不同于效果测量，也不同于权力批判，而是回到了电视媒介本身，从"媒介即环境"的角度反思电视带来的社会后果。

如果说《童年的消逝》是波兹曼在媒介环境学这一领域的初探之作，那么《娱乐至死》则是他对媒介环境学进行理论建构的一次重要尝试。1968 年，波兹曼在美国英语教师学会理事会的讲演稿《改革后的英语课程设置》中首次提出"媒介环境学"这一概念，其中已经可以看出波兹曼对媒介环境学的初步定义："媒介环境学考察媒介传播如何影响人的感知、理解、情感和价值；考察我们与媒介的互动如何促进或妨碍我们生存的机会。其中，'环境'一词的含义是对环境的研究：研究环境的结构、内容以及环境对人的影响。毕竟，环境是一个复杂的讯息系统，这个系统把某些思维、感觉和行为的方式强加于人。"（转引自林文刚，2007：153）1970 年，波兹曼在纽约大学教育学院创建的媒介环境学专业博士点直接推进了该学派的制度化进程。波兹曼被任命为该博士点的负责人。他本人及他的学生特伦斯·莫兰、克里斯琴·尼斯特洛姆成为纽约大学媒介环境学专业的初代建设者。然而，这一学科点的建设只是在教育学领域产生了影响，在教育学之外并没有引起学界的重视。波兹曼需要建构一套关于媒介环境学的总体理论，对媒介环境学的理论视角、研究对象、基本立场等进行规范，与此同时，也需要推出一系列媒介环境学的代表性理论成果。而《娱乐至死》就是这么一部代表性的研究成果，它在波兹曼建设媒介环境学派的过程中具有特殊意义。"在一定程度上，《娱乐至死》的成功成了一个载体，推动媒介环境学闯入传播学的领地，至少使它一步走进了北美主流的传播学研究领域。"（林文刚，2007：24）

《娱乐至死》分为两个部分，共十一章，以先阐述理论后分析现象为写作方式。在第一部分中，波兹曼首先用两章铺陈了他继《童年的消逝》之后更成熟的媒介环境学理论"媒介即隐喻"和"媒介即认识论"，为之后分析印刷媒介与电视媒介奠定了理论基础。从第三章开始到第二部分的六章，波兹曼运用他的媒介视角分别分析印刷机统治下的以及电视机统治下的美国。电视机统治下的美国是他着重描绘的部分，他总结了电视媒介独特的偏向，并选取宗教、政治、教育三个领域具体地呈现了电视如何将一切内容改造成娱乐形式。

二、媒介即隐喻

波兹曼指出，已有研究或从马克思主义视角出发将娱乐化现状归咎于资本主义发展阶段，或从弗洛伊德理论切入将其视为人的潜意识显化的产物，而他试图在这两条路径之外提出媒介的视角。在波兹曼看来，"媒介即隐喻"，媒介本身就是一种暗示。

在讨论"媒介即隐喻"的思想前，波兹曼先讨论了"会话"这一概念。"会话"既指语言，又指一切使某个文化中的人得以交流信息的技巧和技术（波兹曼，2015：7）。波兹曼之所以强调"会话"概念，是因为他想要将焦点放在会话的形式上，提醒读者会话的形式对于会话内容的影响。在他看来，作为整体的文化可以被视作多次会话的组合，理解了会话形式对会话内容的影响，就能探究某个文化中用于交流的媒介对于该文化精神重心和物质重心的形成所造成的影响。《娱乐至死》考察了公众话语的方式如何规范乃至决定其内容，比如电视上话语的表现形式是形象而不是语言，因而电视无法表现严肃的政治哲学；再如电报和其他能够承载"今日新闻"的媒体形式本身决定了"今日新闻"得以存在。由"会话"这一概念可以看出波兹曼对"媒介"的看法，即他在一定程度上将其与会话工具（或者说文化对话的载体）等同，他在书中提及的媒介有语言、绘画、象形符号、字母、电视、钟表等。同时，波兹曼也指出，"媒介"不完全等同于"技术"，"技术一旦使用了某种特殊的象征符号，在某种特殊的社会环境中找到了自己的位置，或融入了经济和政治领域中，它就会变成媒介"，技术和媒介的关系就是机器和这台机器创造的社会文化环境之间的关系（波兹曼，2015：102）。因此，"媒介"在波兹曼的语境中，一方面被放置在与文化的关系之中，它是承载会话的形式；另一方面蕴含着组织周围其他力量的能力，以建构

"环境"的方式影响社会中的其他领域，这也是媒介之所以成为媒介的原因。

"媒介即隐喻"的说法，主要借鉴了麦克卢汉的"媒介即讯息"的论断。"媒介即讯息"说的是，每一种媒介都为思考、表达思想和抒发情感的方式提供了新的定位，从而创造出独特的话语符号。麦克卢汉认为，"媒介即讯息"强调媒介不仅传达信息，媒介本身就蕴含着信息，它成为人类理解世界的方式。波兹曼对麦克卢汉的观点进行了修正。波兹曼认为，"信息"是关于世界的明确具体的说明，而媒介（包括那些使会话得以实现的符号）却没有这个功能，它们更像是一种隐喻，用一种隐蔽但有力的暗示来定义现实世界（波兹曼，2015：11）。这种隐蔽性正是媒介的独特之处：媒介指导人们看待和了解事物的方式，但它的介入却往往不为人所注意。波兹曼列举刘易斯·芒福德关于钟表的论述和柏拉图关于文字的论述，说明钟表把时间再现为独立而精确的顺序，文字使大脑成为书写经历的石碑，这些都是难以发觉却悄悄影响着人类思维方式、改变着文化内容的例子。"媒介—隐喻"的关系启发读者思考信息的象征方式、来源、数量、传播速度以及信息所处的语境（波兹曼，2015：15）。

三、媒介即认识论

在"媒介—隐喻"关系的基础上，波兹曼进一步提出"媒介即认识论"。所谓认识论，波兹曼在书中指的是人类对真理的定义以及这些定义是如何形成的。他认为真理的定义至少有一部分来自传递信息的媒介的性质。一个特定语境下的特定事物或概念之所以能获得普遍意义，在于它能产生共鸣，而共鸣来源于隐喻，隐喻使得一个事物或概念从原来的语境延伸到新的语境中，正是这种关联性使得某些事物或概念有了新的阐释意义，并在产生共鸣之后被大众认同，真理的定义大抵经历了这个过程。媒介在其中发挥了什么作用呢？非洲部落首领把谚语和俗语作为依据来审判纠纷，而美国法庭认为书面材料才是适合解决法律纠纷的依据，媒介—隐喻关系在这里就把两者区分开来。同样地，在大学里，书面文字被学术界认为比口头语言更接近真理。因此，对于真理的认识同表达方式密切相连。波兹曼发现了媒介的认识论作用，他明确指出了该书的论点：首先，一种重要的新媒介会改变话语的结构。实现这种变化的途径包括鼓励某些运用理解力的方法、偏重某些有关智力和指挥的定义以及创造一种讲述事实的形式，从而使某个词语具有某种新的内容。其次，如今面临的现实是，电子媒介决定性地、不可逆转地改变了符号环境的性质。在如今的文化里，信息、思想和认识论是由电视而不是铅字决定的。最后，以电视为中心的认识论正在污染公众话语——对话所采用的政治、宗教、信息和商业的形式。波兹曼反复强调，随着印刷术退至文化边缘以及电视占据文化的中心，公众话语的严肃性、明确性和价值都出现了危险的退步。

曾经的美国不是这种局面。在 16—19 世纪的美国，以铅字为基础的文化逐渐占据主体地位，美国人民对阅读和演讲这两种由铅字演化而来的活动甚是痴迷。几乎所有公众事务都通过印刷品来组织和表达，包括表达态度、表达思想、制定法律、销售商品、创造文学和宣扬宗教等，铅字日益成为所有话语的模式、象征和衡量标准。以铅字为基础的公众话语是严肃的，理性的，富有逻辑且意涵丰富的，就像林肯和道格拉斯竞选辩论时使用书面语进行演讲，他们表达强有力的逻辑命题，听众也是用理解而不是激情去回应。直到 19 世纪末期，铅字被另一种公众话语，即电视取代。电视带来了一种与印刷术格格不入的话语方式：抛弃逻辑、理性、连贯性，娱乐成为唯一的表现形式。在电视上，宗教内容被改造成传教士的表演，政治竞选逐渐采用电视广告的形式，教育也被《芝麻街》《咪咪见闻录》这样的节目打造成娱乐。波兹曼在该书最后将解决问题的希望寄托于学校，希望通过培养学生的媒介意识，使学生能够深刻而持久地意识到信息结构的改变，并对某些媒介保持警惕，以这种仅有的办法应对电视带给我们的娱乐危机。

四、评价与反思

《娱乐至死》和《童年的消逝》具有某些相似性，例如同样将印刷媒介和电视媒介放在对立面上，同样给予两者价值判断，同样认为媒介的偏向具有不可忽视的影响力。要了解波兹曼对印刷媒介和电视媒介的态度，就需要理解他教育学出身的学术背景和学术旨趣，以及由始至终的人文关怀。关于书中的媒介观点，需要结合波兹曼媒介环境学的思想继承以及他建设学派的努力来认识。

波兹曼并不讨厌作为技术的电视，但是对作为文化对话载体的电视感到深深的担忧并抗拒。波兹曼始终在媒介与文化的关系之中来理解媒介，认为每一个社会的文化中都有一个主导性媒介，这一主导性媒介从形式和环境上塑造着文化的方方面面，处于文化中的人的思维方式和社会组织也由业已内化的主导性传播媒介塑造。而如今的主导性媒介——电视——创造的认识论不仅劣于以铅字为基础的认识论，而且是危险和荒诞的（波兹曼，2015：31）。波兹曼给出这样的价值判断是基于他对电视造成的文化危机的深刻认识。波兹曼关注学校教育、关注每一阶段文化的承载形式，这是他的教育学本行带来的素养和敏锐性。事实上，波兹曼一生都在关注文化与媒介的关系，他在《作为颠覆活动的教学》中思考让教学与新媒介结合，探索新的教学方式。到了《作为保存活动的教学》，他再次反思对新媒介的态度，思考如何才能使信息环境平衡，教育应当在其中发挥怎样的作用。在《童年的消逝》和《娱乐至死》后，波兹曼又将视野从媒介扩展至技术，分析技术对文化造成的三个阶段的影响。文化始终是波兹曼思考问题的出发点和落脚点。

波兹曼的思想来源主要是英尼斯和麦克卢汉。在波兹曼的论述中能够明显看到英尼斯媒介偏向理论的影子。《童年的消逝》已经论述了"每一种媒介都具有它独特的物质结构和符号特征"这一观点。《娱乐至死》同样秉持这种观点，对印刷媒介和电视媒介的不同倾向进行了分析和总结。不过，英尼斯的视角更为宏大，他从政治、经济、地理等角度铺陈大量历史事实和例证，进而将传播媒介与社会文明的变迁联系起来。在他的论述中，媒介是隐藏在历史进程、社会组织和人们感知系统背后的重要动力，但不是唯一的影响因素，媒介始终被置于特定的历史条件下，是在特定的社会结构与权力下发挥作用的。而波兹曼的视角相对微观，聚焦在媒介形式对内容造成的影响上。电视注重形象且不能传播丰富的意涵，电视内容是不连贯且没有时间深度的，因此电视固有的媒介形式导致它只能承载娱乐性内容。可以说，波兹曼继承了英尼斯的媒介具有偏向的观点，也试图将媒介作为某种社会变化的影响因素，但是他的继承显然简化了英尼斯的原意。这从两个方面可以看出：其一，波兹曼简化了英尼斯宏大理论中论述媒介时兼顾的军事、政治、贸易、地理等文化演进过程中的背景因素，把媒介作为推动文化改变的唯一因素，这就很容易遭遇"媒介中心主义"的批评。其二，波兹曼将英尼斯的"传播与历史"这一宏观主题缩小至"形式与内容"，这既是波兹曼试图将媒介偏向理论与微观经验相结合所做的努力，同时也是长期从事教育语言学研究的学者与经济学出身的英尼斯之间在研究视角上的差异。

麦克卢汉是波兹曼的另一大理论资源，"媒介即隐喻"正是在麦克卢汉"媒介即讯息"的基础上提出的。波兹曼的贡献就在于将媒介影响的隐蔽性展现了出来，同时他用"环境"这一概念来表示这种"隐喻"发挥作用的方式。这对于当时的美国传播研究来说是具有突破性意义的，因为这直接将"媒介"的内涵从实体化的媒介组织扩展至抽象的媒介关系，使"媒介"能够脱离实体化和功能主义倾向，转向隐喻和技术哲学层面的思考。彼时美国传播研究的两大取向——效果研究和批判研究——或强调媒介的实体性和功能性，或强调媒介作为一种实存的意识形态机器，都是建立在媒介实体化的基础上，将媒介作为一个具体的物来理解。这样一来，进入效果研究和批判研究视野的，其实是媒介组织，是媒介的角色与功能，是它对受众造成的影响，是它作为政府公器或市场企业所代表的权力。波兹曼试图在以上两种取向之外开辟一条新的路径，"媒介即隐喻"是他为媒介环境学在美国传播研究版图上开疆拓土的理论尝试。

可惜的是，波兹曼的努力还不够彻底，他差一步就可以跨入媒介物质性研究的大门，但他始终没有迈出这关键性的一步。同样受到麦克卢汉启发的德国学者基特勒勇敢地迈出了这一步，创造出了传播研究的新范式。究其原因，这还是与波兹曼对媒介的理解存在着内在的矛盾有关联。

尽管波兹曼在定义媒介的时候把能否创建"环境"作为区分媒介和技术的依据，试图让媒介从某一个具体的媒介物上跳脱出去，以作为环境的媒介为分析对象，从隐喻的层面来解释媒介，但是《娱乐至死》没能实现他的理论设想，该书呈现的效果仍然将视角落在了作为"物种"的媒介上。波兹曼将媒介等同于电视，在书中铺陈了大量电视媒介侵蚀社会不同领域的经验细节，没有展现出媒介作为隐喻邀约不同主体、社会关系、权力、时间和空间的能力，作为环境重新建构不同事物之间的关系以及意义的能力。造成这种局面的原因可能是多方面的。波兹曼致力于把媒介环境学制度化，意味着他需要建构出这个学科的统一的理论视角、基本立场、研究对象、分析方法等以使学科能够延续，但他在将麦克卢汉与英尼斯的媒介理论进行操作化时在理论与经验的衔接上出现了偏差。波兹曼无法再现英尼斯的宏大分析，也难以做到麦克卢汉的理论抽象。由波兹曼作为示范固定下来的分析思路影响了媒介环境学派的后继学者，他们相继寻找媒介物种进行研究，比如梅洛维茨的媒介情境理论研究的仍然是电视媒介，保罗·莱文森的《手机：挡不住的呼唤》讨论的是蜂窝式移动电话。而这恰恰是媒介环境学渐渐式微的重要原因。

回顾《娱乐至死》这本书，它是波兹曼电视媒介批判的代表作，凝聚了波兹曼在媒介环境学理论方面的思想观点。用隐喻来思考媒介确实有利于打开媒介研究的视野，但波兹曼没能完全展现这种想象力。他留给了我们后续思考的空间：媒介究竟应当如何去定义？对这个问题的回答将进一步启发传播学者厘清当下的媒介研究。

（方婕好）

参 考 文 献

〔美〕林文刚编：《媒介环境学：思想沿革与多维视野》，何道宽译，北京：北京大学出版社，2007。

〔美〕尼尔·波兹曼：《娱乐至死》，章艳译，北京：中信出版社，2015。

拓 展 阅 读

〔美〕尼尔·波斯曼：《技术垄断：文化向技术投降》，何道宽译，北京：北京大学出版社，2007。

罗伯特·洛根

《字母表效应：拼音文字与西方文明》

为什么抽象的理论科学没有在中国兴起而是在西方壮大？著名的"李约瑟之问"吸引了无数中外学者的探索和思考。1977 年，麦克卢汉和他的亲密伙伴、媒介环境学的第二代主将罗伯特·洛根在多伦多大学给出了他们的回答：拼音字母表缔造了西方文明的思维滥觞，是西方文明发展尤其是理论科学兴起的决定性因素。在麦克卢汉"媒介即讯息"的警语背后，人类早就习以为常的媒介——字母表蕴含着怎样的信息？它又是如何塑造人类的思维结构的？字母表可以解释一个人的心理感受吗？除此之外，也许还有另一种路径，即通过观看西方的"字母表效应"，来反观汉语的抽象和隐喻特质。无论我们试图回答哪个问题，洛根都是绕不开的关键人物。

一、成书背景

罗伯特·洛根（1939—　）1965 年获得美国麻省理工学院博士学位后在美国伊利诺伊大学香槟分校和加拿大多伦多大学进行博士后研究。1967 年，洛根开始在多伦多大学物理系执教，1968 年晋升为教授，2005 年退休，现为多伦多大学名誉教授。在多伦多大学任教期间，除了日常的物理学教学以外，洛根在 1971 年开设了跨学科通识课程"物理学的诗歌和诗歌的物理学"，此后四十多年坚持开课，乐此不疲。

1974 年，洛根在多伦多大学创建"角马俱乐部"，提倡跨学科研究，并与马歇尔·麦克卢汉合作撰写论文《字母表乃发明之母》。1977 年，洛根成为老特鲁多总理的政策顾问和麦克卢汉的科学顾问。1979 年，洛根又与麦克卢汉合撰《传播和世界问题的双重问题》一文。从 20 世纪 80 年代开始，洛根重点转向传播学、媒介理论、语言学、系统生物学和信息论研究。洛根文理兼通，涉猎学科十余种，截至 2020 年，他发表论文 130 余篇，著作 16 部，并深受麦克卢汉和哈罗德·英尼斯的影响，成为媒介环境学多伦多学派的第二代主将，是麦克卢汉媒介理论和跨学科思想的坚定捍卫者。

在《字母表乃发明之母》一文中，麦克卢汉和洛根试图在历史中寻找"人的根基"，特别是"西方文明的根基"，并一直追溯到了拼音字母表这一"独特的文字系统"。在这篇文章中，作者将字母表视作西方文明的"发明之母"，并断言拼音字母表是西方文明形成和发展过程中最重要的决定因素之一。他们发现，在世界上主要的三种文字系统——拼音文字、音节文字、语标文字中，拼音文字是最晚近也最简洁的文字，即拼音字母表可以用最少的符号、以最抽象的方式编码口语，这种抽象能力随之引发了一系列思想变化，并深刻地影响了西方文明。他们将这种现象称为"字母表效应"（The Alphabet Effect）。这篇文章也成为后来洛根写作《字母表效应：拼音文字与西方文明》一书的基础，并作为第一章被收入该书。1986 年，《字母表效应》问世。洛根在书中指出，《字母表效应》一书的写作目的正是挖掘并理解麦克卢汉在《谷登堡星汉璀璨》中的一句警语——"通过将无意义的符号与无意义的声音联系在一起，我们已经构建了西方人的形与义"（麦克卢汉，2014：120）。不难发现，《字母表乃发明之母》和《字母表效应》是对麦克卢汉《谷登堡星汉璀璨》中诸多思想的进一步演绎和梳理。正是在这种渊源中，《字母表效应》的成书逻辑也逐渐清晰起来。

早在 1962 年，麦克卢汉就在《谷登堡星汉璀璨》的前言中指出，表音字母引发的思想和社会组织形态大变革未能引起人们足够的重视，是"历史学家的研究空白"，这可以被视作《字母表乃发明之母》和《字母表效应》的起点。而麦克卢汉也在前言中谈到了叙述的问题，为

《字母表效应》一书的成书结构提供了逻辑。他以德国经济学家约翰·卡尔·洛贝尔图斯（Johann Karl Rodbertus）的社会经济史研究为例，指出洛贝尔图斯早在 1864—1867 年就意识到从"自然经济"到"货币经济"的转变绝非简单的技术问题，而是整个社会结构转型的问题。可是问题就出在洛贝尔图斯没能"进一步解释货币贸易和以物易物分别以不同的方式决定着社会的结构"这一问题，从而引发几代人的争论。德国经济学家卡尔·布赫（Karl Bücher）则从原始社会逐步推演经济发展过程，最终解决了这一问题，而这正是洛根在 1986 年写作《字母表效应》一书时采用的叙述方法。洛根抛弃了惯常的历史回溯视角，而是从文字的滥觞——计数的符木和泥板记账的符物（token）开始，逐步推演拼音文字的形成和发展过程，从拼音字母表的诞生和印刷术对字母表效应的放大效果，到电力时代语境下的拼音字母表效应，完整展示出一部拼音字母表的媒介史。2004 年，洛根的《字母表效应》第二版问世，增补了非字母表文字的内容（如汉字、日文、玛雅文字）和作为东亚本土拼音文字的韩语字母，以此提供了非字母表文字的案例，并照顾到了非西方的本土拼音字母表。这一方面是为了回避西方中心主义的指责，另一方面则为自己和读者补上了防止偏狭的"对照组"。

二、字母表效应

文字系统就是对口语进行转写的媒介系统。自从有了文字，原来转瞬即逝的口语得以驻留纸面（或沙地、泥板、莎草纸、羊皮纸等），人们言说的内容和思维被对象化，成为可以被分析的语料，人得以反观自己的思想。人类借助文字实现了"灵肉分离"，认知者与其文字的分离使得悬置的文本具有客观性，实现了思辨能力和信息储存能力的跃升，这是各种文字系统的共性。但洛根指出，"经过编码的信息并不重要，重要的是编码的过程本身，这个编码的机制影响深远，成为新思想的跳板。其他文字系统的确存在，但它们都未能为抽象思想提供思想沃土，也未能像字母表那样成为组织信息的有效工具"（洛根，2012：1）。

洛根比较了三种文字系统的编码方式，"字母表给每一个音位编码，而音节文字给每一个音节编码。语标文字则用一个语标描绘整个语词"（洛根，2012：3）。字母表无疑是最具抽象力的，整个转写过程经历了两个抽象层次——先将语词拆分成无意义的音素，再用无意义的视觉符号（字母）标记无意义的音素。于是，拼音字母表实现了用最少的符号标记最多的语词，也就是麦克卢汉所谓的"无意义的符号和无意义的语音的结合"。经过两层抽象的转写，拼音字母表蕴含了强大的抽象力，与此同时，也遮蔽了其强大的思维效应。而实际上，洛根说："拼音字母表就是一种心理阈下现象。"（洛根，2012：3）

作为信息环境中不可或缺的一部分，我们往往将字母表的存在视作理所当然。洛根则并不这么认为，他指出："英语（或罗马）字母表的26个字母不仅是通向阅读和书写的钥匙，而且是通向信息组织全部理论的钥匙。"（洛根，2012：1）在口语和文字不断的转码中，"字母人"获得了新的能力：分析；编码和解码；将声觉符号即语音转换为视觉符号；以演绎方式思维；给信息分类；在拼音化的过程中给语词排序；等等。字母表从来都不只是字母表，字母表的使用者从来都不只是在借助字母表读写而已。事实上，字母表的使用者习得了字母表的"副产品"，而这些技能又将深度形塑字母表使用者的思维，并进一步影响"字母表社会"，这就是"字母表效应"。正如麦克卢汉所说，传播媒介从来就不是被动抑或中性的信息传输管道，而是"活生生的动力漩涡"，将会催生新的社会模式和新的感知现实，"字母表效应"正是一例。

不同文字及其传播模式的差异也会导致思维模式和社会形式的差异，这种影响可以在中西方社会大相径庭的思想理路中看出来："西方思想抽象，偏重理论；东方思想具象，偏重实践。"（洛根，2012：4）"中国逻辑建立在类比和归纳基础上，而不是以匹配和演绎为基础，匹配和演绎正是西方许多字母表文化的基础。中国的数学偏重代数而不是几何。中国的技术成就堪比任何其他文化，但中国人从来就没有系统地利用开发这些技术，而系统地开发利用技术正是西方工业革命的特征。中国人创造了一套繁复的司法体系，却没有产生典型的法典。他们用独到的方式应对空间和时间，但这一方式不是笛卡尔的方式。他们是精神世界深刻却又思想神秘的人，但他们并不信一神教。"（洛根，2012：

44—45）洛根认为，"这些差异在一定程度上是文字差异引起的，这是语标文字对字母表（或纯拼音）文字的差异"（洛根，2012：45）。这也可以在一定程度上回答"李约瑟之问"：抽象的理论科学之所以没有在中国兴起而是在西方壮大，文字系统的差异在其中发挥了重要作用。

洛根和麦克卢汉认为，字母表、典章化的法律、一神教、抽象理论科学、形式逻辑和个人主义共同构成了西方思想抽象特点的基础，并深刻影响了西方文明的构成和发展。不过，他们并不认为字母表与西方思想构成直接的因果关系，也无意建构一种因果决定论，而是将字母表视作西方众多创新思想产生的重要动因（agent）。

洛根对以上西方主要创新成果与字母表之间的关系进行了细致的论述，如字母表对两河流域典章化法典形成的影响、对希伯来人过渡到一神教的推动、对希腊科学和逻辑思想的激发、对阅读公众的形成的推动以及字母表与默读对个人主义的助力等。洛根试图织成一张大网，勾连字母表与西方诸多创新成果之间的强关联，对"字母表效应"进行了细致的论述。

值得注意的是，在字母表的诸多"正效应"之外，洛根发现字母表的抽象力和由它衍生的逻辑思维也会抑制西方人的想象力。洛根指出，"希腊人成了自己逻辑那种线性的、非此即彼取向的奴隶"（洛根，2012：116），尽管希腊科学里含有诸多现代抽象科学的元素，却始终未能完成"对自然的纯数学描绘"，这正是因为字母表提倡的抽象理性和逻辑思维，排斥了经验主义特别是实验研究的导向，并且未能甚至排斥建立零的概念。巴门尼德悖论的提出，将世界划分为经验和理论的二元领域，并进一步拒斥经验，而字母表带来的逻辑和理性让希腊精神拐入思辨和哲思的道路，从而让近代科学得以实现的基础——演绎逻辑、数学理性与实验研究、经验主义、基于技术的机械主义——与抽象科学的整合被延宕了两千多年。这种"非此即彼的思维障碍"直到文艺复兴时期方得以消除，于是近代科学的潜力才被释放出来。

三、字母表效应的历史演化

洛根显然认为，随着媒介的不断发展，字母表效应也处于不断变化的过程中。总的来说，他认为随着技术的发展，字母表效应经历了"伊甸园—失乐园—重返伊甸园"的过程。

印刷机进一步提升并放大了字母表效应，以近代科学、宗教改革、个人主义、民主制、民族主义、技术发展和工业革命为内容的近代世界伴随着印刷机昼夜不停的运转顺次而来。印刷机对字母表效应的放大具体体现在两个方面，即实在和非实在的影响。洛根指出，印刷机让字母表文本更易于获取，这对文化普及、教育发展和打破知识垄断意义重大，这些都是实在的影响。更重要的是，印刷机引入了规整有序、精确到位的标准化文本，读者感知文本的方式随着排版方式的变化而变化，强化了字母表效应的非实在（感官）影响。在这个意义上，麦克卢汉说，手抄书和机印书是迥然不同的传播媒介。在印刷机的加持下，字母表效应的分类和分析功能被进一步强化，其组织有序、精确到位、标准化和系统化的确定性，从机印文本扩散到整个近代科学、学术研究、出版工作和人的感官思维中。

电子时代到来后，字母表效应受到了巨大的冲击，这首先是因为电子媒介成为书写体系的媒介，而书写体系则成为电子媒介的内容。洛根指出，"字母表并未失去力量，但电子信息的增加稀释了它的威力。它还承担着新的功能。在组织和内容两方面，电子媒介都依靠印刷媒介，都以文本的形式出现……在电子构形的信息环境里，有关字母表未来的问题不是生存的问题，而是市场份额的问题"（洛根，2012：171—172）。这种说法显然与麦克卢汉"旧媒介成为内容，新媒介成为形式"的观点一脉相承，似乎在电力时代，字母表只能苟延残喘、"虎口夺食"。洛根随即搬出"大脑的偏侧优势"理论，指出"理性、逻辑、线性、序列性、数学、分析等左脑模式是书面传播形式的特征，受拼音文字表强化，尤其受印刷形式的拼音字母表强化。直觉、类比、模式识别、非线性、同步性、整体性等右脑模式既与口语传播模式相关，又与电力信息传播模式相关"(洛根，2012：172)。洛根认为，分别基于左右脑模式的印刷媒介和电力媒介都是利弊参半。

像麦克卢汉一样，洛根将复兴书写系统的希望寄托于能够实现左右脑模式整合的技术，而计算技术似乎是最佳解决方案。以文字处理为例，字母表文字使得计算机的文字处理简便易行，这正是字母表灵活性和持久性的体现，洛根举了汉语的例子，在快捷的计算机及其背靠的技术体系、便利的字母表和世界通行的游戏规则面前，汉语也进行了拼音化；而计算机文本可以随处调动、纠错、编辑的特性，使人们不再盲目顺从于线性和序列模式，所以强化了左脑功能。与此同时，电脑操作事实上处于"视频环境"中，即画面处于快速切换和刷新变动的状态，从而不断强化右脑功能。在洛根看来，计算技术呼唤了左脑模式与右脑模式、印刷媒介与电力媒介的整合。字母表效应在计算技术的时代有可能走向复兴。

随着字母表效应的不断演化，语言也因此不断演化。洛根指出："语言是具有能动性的活生生的有机体，在不停地成长和演化之中。口语不仅增加词汇量，而且生成新的语法形式，演化出新的符号表征和表达的形式。"(洛根，2012：178)洛根随即将这种"语言的能动性"的成果演绎为"语言演化链"，"口语、文字、数学、科学、计算技术和互联网是6种不同的语言形式，各有特色，互相依存。它们构成一个演化序列，后起的形式派生于先行的形式，包容了先前语言形式的元素"(洛根，2012：180)。这里依旧可以看到麦克卢汉"旧媒介成为内容，新媒介成为形式"的回响。洛根认为，区分以上六种彼此相异的语言形式的标准主要有二：语义和句法特征。他在书中对六种语言形式的语义和句法进行了分别阐述。他还猜想，谷歌将成为第七种语言，数据空间则成为第八种语言。至于演化的逻辑问题，洛根指出，"每一个新层次标注系统的出现都是因为必须应对新水平的复杂性，而新的复杂性是由于信息超载引起的"(洛根，2012：26)。当经济社会的发展迎来更加庞大的信息量时，新的语言形式就开始孕育和成型，并在确立自身地位后以适当的方式容纳既有语言形式，即"一种新语言是在先行语言的树干上长出的新枝"(洛根，2012：183)。

四、评价与反思

《字母表效应》是洛根对麦克卢汉观点的一次扩写。这也体现出，媒介环境学的知识谱系在麦克卢汉一代学人之后日益封闭，几代学人在既有的知识体系中间打圈，反复强调诸如口语文化与书面文化、视觉偏向与听觉偏向、新媒体与旧媒体等一对对二元关系，陷在结构性思维中无法脱身，重复着创新乏力的"知识再生产"。《字母表效应》和洛根本人亦不能摆脱这种循环。纵观全书，麦克卢汉的影子俯拾皆是，"媒介即讯息""传播媒介作为活生生的动力漩涡""旧媒介作为内容，新媒介作为形式""媒介是人的延伸"等观点反复出现。洛根也在第一章中直言，《字母表效应》的写作目的正是在于挖掘并理解麦克卢汉在《谷登堡星汉璀璨》中的一句警语。在"后视镜"思维的帮助下，洛根梳理出一部以拼音字母表为中心的媒介史，然而这只不过是媒介环境学历史取向的又一次"老生常谈"，并未跳脱上述一系列"媒介环境学母题"。唯一不同的是，麦克卢汉充满想象力的"镶嵌画"式写作转变为清晰的"洛根叙史模型"——越发清晰的作为物种的字母表媒介背后，是理论想象力的贫乏，这与麦克卢汉的初衷相去甚远。

从理念和技术实践的先后关系的角度切入，笔者要提出的问题是：到底是拼音字母表释放了抽象的力量，还是西方现代性的发展道路释放了字母表内含的可能性？字母表、典章化的法律、一神教、抽象理论科学、形式逻辑和个人主义，这些所谓的西方文明根基之间究竟有什么样的关系？读完这本书，读者会发现它们彼此的关系依然是暧昧不清的。我们又如何解释，既然字母表效应伴随字母表的诞生而诞生，为什么在漫长的中世纪，字母表的抽象力从未彰显？洛根承认，印刷机的作用堪比字母表本身，它为精神生活带来急剧变革，字母表效应被机印文本放大和强化了，个人主义、视觉偏向、默读方法、科学思想、抽象性、标准化和规范化被树立或进一步强化。问题是，这些现象到底是经由印刷机强化的字母表之功，还是印刷机背靠的西方现代性发展的必由之路？理念和技术实践谁先谁后，值得我们进一步思考。

罗伯特·洛根
《字母表效应：拼音文字与西方文明》

从理论定位的角度来看，洛根对字母表效应的谨慎态度值得肯定。洛根坦言，"我们不想说，字母表和其他创新有直接的因果关系，然而我们断言，在这些璀璨的创造革新里，拼音字母表（或其他音节文字）尤其扮演了非常活跃的角色，为这些创新的相互促进奠定了基础，构建了框架"（洛根，2012：5），"字母表效应"无法解释社会宏观层面的问题，也无法与个人微观心理建立联系，只能被放置在中观理论的层次上，在结构性的层面解释问题。洛根对字母表效应的讨论，自始至终没有脱离"同时代人的观念变迁""催生某种思想观念的推动力"这一层面。我们可以说，洛根已经很好地实现了该研究的价值，即将字母表的可能性解释清楚，将字母表这一媒介视角带到人们面前。

最有争议的还是洛根所讨论的字母表的抽象力问题。洛根所说的抽象力基于字母表音义分离，基于字母表的语言在运用中不必与实际物一一对应。但抽象力的来源有很多种，例如会意和形声是汉字独特的"抽象方法"，汉字借此克服自身的象形偏向带来的知识垄断；汉语日常语境中各种各样的隐喻也是一种"抽象"。由此看来，《字母表效应》的抽象观有过于狭窄之嫌。

（林 鑫）

参 考 文 献

Marshall McLuhan and Robert Logan，"Alphabet，Mother of Invention," *ETC：A Review of General Semantics*，1977（4），pp. 373-383.

〔加拿大〕罗伯特·洛根：《字母表效应：拼音文字与西方文明》，何道宽译，上海：复旦大学出版社，2012。

〔加拿大〕马歇尔·麦克卢汉：《谷登堡星汉璀璨：印刷文明的诞生》，杨晨光译，北京：北京理工大学出版社，2014。

〔加拿大〕马歇尔·麦克卢汉：《理解媒介：论人的延伸》，何道宽译，南京：译林出版社，2019。

拓 展 阅 读

Robert Logan，"The Alphabet Effect Re-Visited，McLuhan Reversals and Complexity Theory，"*Philosophies*，2017（4），pp. 1-8.

何道宽：《罗伯特·洛根：麦克卢汉思想圈子硕果仅存的跨学科奇人》，《国际新闻界》，2018（9）。

〔加拿大〕罗伯特·洛根：《理解新媒介：延伸麦克卢汉》，何道宽译，上海：复旦大学出版社，2012。

〔加拿大〕罗伯特·K. 洛根：《什么是信息：生物域、符号域、技术域和经济域里的组织繁衍》，何道宽译，北京：中国大百科全书出版社，2019。

〔加拿大〕罗伯特·K. 洛根：《心灵的延伸：语言、心灵和文化的滥觞》，何道宽译，北京：中国大百科全书出版社，2019。

弗里德里希·基特勒

《留声机 电影 打字机》

在移动互联网时代，离开了像手机这样的技术物，人就很难通达现实世界，用使用者与工具的二元关系去形容人与媒介技术的关系显得越来越不合时宜。弗里德里希·基特勒用他独特的技术哲学视角分析了媒介技术对于人的观念和行为方式的深层变革具有的决定性影响，其著作《留声机 电影 打字机》就是全面展现基特勒媒介技术观的代表性作品。基特勒对媒介技术的高度重视在 21 世纪之前引发了强调主体主义思想的欧美学界的巨大争议，甚至同样研究媒介技术的欧洲媒介化社会理论领域的学者为了与基特勒划清界限，纷纷给他贴上了技术决定论的标签。然而，在互联网基础设施兴起的今天，基特勒的看法似乎显现出独到的解释力，因而出现了一大批追随者。《留声机 电影 打字机》以留声机、电影和打字机这三种 19、20 世纪之交的代表性电子媒体为切入口，深入分析了电的媒介体系的问世（或者说由电创生的书写体系）是如何摧毁以印刷为中心的书写体系的。

一、成书背景

基特勒 1943 年出生于德国东部，当时正值二战，战火在基特勒幼年的记忆中留下了不可磨灭的印象。关于战争的隐喻是基特勒作品的一大特色，这与他早年的经历关系密切。1963 年，他进入弗莱堡大学学习德语、罗曼语和哲学，毕业后留在弗莱堡大学德语系任教。当时学生运动四起，但基特勒对学生运动丝毫不感兴趣，他更愿意在自己的房间听披头士乐队或平克·弗洛伊德的摇滚乐。《留声机 电影 打字机》一书中处处能够看到他对这些流行音乐的描述和分析。基特勒也非常愿意在房间独自阅读他喜欢的学者如海德格尔、尼采、福柯等人的著作。与法国邻近使得基特勒能够前往法国参加福柯、拉康等人的讲座，并深受启发。海德格尔的思想几乎构成了基特勒思想的基调，而福柯等人对他的影响也在《话语网络 1800/1900》等著作中得以体现。

表面上看，《留声机 电影 打字机》是基特勒对麦克卢汉《理解媒介》一书的致敬：在书中，他多次提到麦克卢汉的观点。两者也有很多相似的地方，即他们原本是文学领域的研究者，但最终转向了媒介，语言学的背景也都对他们的媒介研究产生了重要影响，甚至他们的叙事风格也有一些神似。但也有人认为，两者看问题的方式完全相反：与基特勒相比，麦克卢汉完全是人文主义的；如果麦克卢汉认为媒介是人的延伸，那么在基特勒看来，问题恰恰相反，人应该是媒介的延伸。在这个问题上，基特勒始终都是海德格尔技术哲学的坚定支持者。有人甚至认为是德国式的"政治正确"让基特勒更多地用麦克卢汉的原话来表达海德格尔的技术观。

基特勒的学术生涯分为三个阶段：在第一阶段，他专心研究话语形成的机制及话语渠道，可以将这一阶段的研究表述为"话语网络1800"；在第二阶段，他转向研究媒介技术，可以将这一阶段的研究表述为"话语网络1900"，《留声机 电影 打字机》就诞生于这一阶段；在第三阶段，基特勒转向古希腊研究。他在这三个研究阶段的核心关切都是传播。在基特勒看来，福柯所说的不同时代话语的断裂并不是自然而然的，这种断裂是由媒介技术体系的革新造成的。围绕电出现的各种媒介机器，如留声机、电影和打字机结束了以印刷媒介体系为中心的话语网络1800，开启了电子媒介时代。相比基特勒其他深奥的理论著述，《留声机 电影 打字机》更像一本书写媒介发展史的故事书。如作者本人所说，"原来仅呈现在书本中的数据流……离我们越来越远。在这种情形下我们所剩的只有回忆，也就是说，留下的只有故事"（基特勒，

2017：2）。基特勒正是这样的故事记录者，这些故事涉及文学、精神分析、战争等众多领域。他善用隐喻、双关等修辞手法，这使他的文字显得隐晦、深奥，却也为理论著述增添了乐趣。书名中的三种媒介代表了声学媒介、光学媒介和文字媒介三种传输不同数据流的媒介形态，并分别对应着书中的三个章节，所有的故事均以媒介技术为线索，隐含着基特勒对技术与人的关系的思考。

二、媒介的分流与同一

要理解基特勒的思想首先需要明确基特勒眼中的媒介是什么。同麦克卢汉一样，基特勒对媒介传递的内容毫无兴趣，他关注的是媒介技术本身。但不同于麦克卢汉将电、铁路、货币等事物都当成媒介的泛媒介研究取向，基特勒关注的是传输和生成讯息的媒介技术。

基特勒从具体的媒介物入手讨论媒介的组织，但讲述的核心不是该技术物本身，而是该技术物背后的抽象和整体的技术体系，是技术终端背后的基础设施。留声机对应的是传输声音数据的声学媒介终端，电影、打字机这两种技术终端则分别对应着偏向光学和文字两种数据流的抽象媒介形式。就具体叙事而言，基特勒将媒介置于技术发明过程中，并将技术的出现置于整个科学发展史的背景中加以讲述。他讲述的每一种技术均处于一部完整的传播史中，这部传播史从书写开始，经过声、光、电子的分流，最终汇集于数字技术。横向来说，他研究的是媒介技术所处的整个传输系统，如包含精神分析师、精神病人和留声机的精神分析体系，或包含尼采及其秘书以及打字机的书写系统，即一种媒介域，包含与之发生关联的一切相关系统，人与媒介技术发生关系时，便也处于媒介整体之中。

在基特勒看来，新技术的出现催生了新的数据流形式，这种数据形式改变了人的思维方式和存在方式。留声机传输声学数据，并且更贴近真实的数据流。在留声机发明之前，声学数据需要依靠文字记录，被符号驯化的读者通过想象将符号还原成音乐。但留声机能够直接记录声音，听者不再需要想象，能够直接接触到真实的声音事件，媒介技术代替了文字符号系统。留声机也深化了人对大脑和中枢神经系统的理解，有科学家受到留声机原理的启发，认为如同唱针在金属盘上留下刻痕，外界刺激是在大脑细胞上留下的看不见的痕迹，这些痕迹就是记忆。留声机无法筛除噪音，它记录的是绝对的真实，没有思考后的理性组织，也无法识别具有特殊地位的人声，因此被留声机记录下的不是语言，而是语言发出的过程，是疯狂和无意识。当精神分析师面对留声机时，自己的无意识也被这一"忠诚"的工具记录了下来。于是，面对留声机的精神分析师是慌乱错愕的，因为精神分析的工作就是"在自己的无意识和病人的无意识之间建立起直接的沟通"（温斯洛普-扬，2019：80），留声机却将本被精神分析师垄断的分析语料无差别地呈现在病人面前，他们只能高呼救命。

与留声机一样，电影也传输着"真实"的数据——图像数据，而文字时代的图像数据同样需要依靠符号和想象。把电影首先与战争联系在一起，很明显反映了幼年时的战争记忆对基特勒的影响。战争中的光和色冲击着战士的内心，敌人已经不再是活生生的人，而是一个个幽灵。"隐形的敌人仅现身几秒，如幽灵般的幻影，几乎无法被杀死：幽灵那虚幻的永生将他们置于保护罩之下。"（基特勒，2017：153—154）通过特技、蒙太奇与剪辑，电影骗过肉眼，将现实变为幻象，让想象和幽灵得以回归。电影看似在复制真实，实则是在制作真实，精神病医生无法准确地捕捉患者疯狂的过程，但好的演员却能在摄影机中制造疯狂。这里已经显现出基特勒技术主体性转向的前兆：电影消解了真实与幻想的距离，也"模糊了人与机器之间的界限，分不清谁是真疯，谁在装疯"（基特勒，2017：168）。

在"打字机"一章里，基特勒再一次将媒介技术与战争相勾连，"打字机变成了语篇的机关枪。这种技术的基本动作自然也就包括敲击和触发器，以自动化的、分散式的步骤完成，与转轮手枪和机关枪的弹药传送或者电影放映过程中的胶片传送如出一辙"（基特勒，2017：225）。但打字机瞄准的不是战士或实体的人，而是书写，或者说是灵魂。基特勒引用海德格尔的论述来表达书写与人的存在的关系：人类通过"手"与世界联结，作家通过手来书写，字迹是人存在的痕迹。当

"手"的工作让渡给打字机时，存在与人的关系就发生了改变。因此，打字机改变的是人的存在方式，即文字时代延绵不绝的书写权威。然而，打字机发明之初只是为了使"那些受过教育但不幸失明的父亲，让他们用文字和书信体的真理为他们那些道德上盲目的儿子带来启迪"（基特勒，2017：221）。正是这台书写机器，为了"重提歌德时代的语篇规则：权威和作者，手写与重读，创作者的自我欣赏和读者的驯服遵从"（基特勒，2017：221）而生，最终却彻底推翻了书写王国。最先改变的是性别位置，由男性垄断的书写特权被打破，隐藏在"打字机"后的女性"打字员"（在英文中这两个词都是 typewriter）进入书写生产，此前女性只是书写的灵感来源和读者，"分别被限制在输入和输出位置的女性，成为话语生产不可分割的一部分"（温斯洛普-扬，2019：83）。随后，教育和家庭结构发生了巨大变革，大量女性离开了家庭，教育从语言、书写和母亲的声音转变为打字机按键和标准化字体。于是，以男性权威为中心的书写体系彻底被打破，书写的权力系统最终被媒介技术系统取代。

　　表面上看，基特勒花了大量篇幅从声学、光学和文字等角度谈电力时代媒介的分流，但其实醉翁之意不在酒。在"打字机"的最后一部分，基特勒将关注对象转移到数字技术，这时我们才发现，无论是声学、光学还是文字媒介，归根结底，都是数字媒介。它们都将一切还原为数字，这种数字技术的同一性隐含着基特勒的恢宏观点：数字技术是历史的终结。

三、主体性的消解

　　如前文所述，媒介阶段是基特勒的第二次转向，在此之前基特勒关注的是以书写为中心的话语网络。媒介先是分化了不同类型的数据流，随后又通过数字技术将数据统一于新的符号系统。温斯洛普-扬将基特勒的传播史归为"在哲学上影响重大的 1-3-1 结构：一种原始的统一（精神化的语言）发生了内部分歧并最终分裂（模拟的分化加上打字机的机械化），但这个对立被更高层次的统一性（比如数字的复杂性）战胜了"（温斯洛普-扬，2019：93）。留声机、电影和打字机三个媒介便是中间的"3"，留声机和电影将声音和图像的模拟信号分化，最终归于后一个"1"，即数字技术将一切信号统一。那么，这种高度的标准化和同一性对于人的主体性意味着什么？

基特勒认为，在话语网络1800的时代，人是具有主体性的，数据传输和制造依靠人的书写，印刷机加快了书写速度，但并未对书写造成实质改变。此时人的存在方式如海德格尔所说，"手是人的基本特性，因为文字作为手的基本国度是人类本性的基础。铭刻下来并受到关注的文字是它的书写形式，即字迹"（转引自基特勒，2017：231）。人的存在与书写和文字密不可分，打字机消解的是手写字体，留声机和电影则分化了文字本身的意义，于是它们消解了人的主体性。

《留声机 电影 打字机》一书以技术对文学、战争、哲学等领域的影响为明线，以技术对人的主体性的消解为暗线。留声机和电影将声学数据和光学数据分流，声学和光学不再依靠人们对文字的想象，转为留声机和电影模拟出的声音和图像系统时，书写系统的统一性被打破了。打字机将书写变为"盲人写作"，作者无须依靠眼睛确定书写位置和间隔，只需敲动键盘，文字便自动出现在纸上，基特勒将打字机的写作方式称为"自动化书写"（基特勒，2017：237）。于是作者与文字分离了，原本象征着人类存在的手写笔记被打字机的标准字母取代了，书写中再也看不出人的痕迹，人将灵魂让渡于打字机，通过打字机表达自身。文本与意义断裂了，旧的话语体系中的连续性和统一性也被打破了，声音、图像以及标准排版以彼此分隔的方式形成新的传播体系，新的话语网络产生了。过去，话语网络的核心是人，新的话语网络核心则是传输中的各种数据流。作为核心的媒介技术根深蒂固地影响着人类世界，人浸润在由媒介形成的新的话语网络中，以媒介为中心的思维方式和存在方式得以形成。

在该书的末尾，基特勒甚至谈到了人工智能。"在人工智能面前，媒体的所有魔力都已消失，回归基础。"（基特勒，2017：284）这里的"回归基础"指数字技术将被媒介分流的数据再次统一，声音、图像和文字又被转换为统一的字符，但这次不再是人类的书写，而是中央处理器计算得出的符码。书写时代，人们将真实编码为符号，再通过想象将符号还原为真实，以完成话语传播；到了数字时代，计算机代替了人的传输功能，数据在电脑主机中汇总，人们看到的只是解码后的界面。于是，"信息机器就超越了人类，它们所谓的发明者。计算机本身变成了主体"（基特勒，2017：299）。

至此，曾经处于历史中心的人类，失去了他们的主体性和优先性。但基特勒并不认为是技术物取代和消灭了人类，在他眼中，技术物与人类一样，都是数据传输和生成的对象。有学者评价基特勒的观点为："我们并非被某个静止的技术物所决定——必须拒绝这种庸俗唯物主义的决定观，决定者乃是一套意义/资讯生成机制，在这套机制中，包括人在内的所有存在者皆为媒介，他们在意义/资讯生成过程中扮演中介者的角色。"（于成，2019）这套意义生成机制，按照温斯洛普-扬的说法，就是"在象征界之间建立直接的联系，而不用求助和依赖于想象界"（温斯洛普-扬，2019：94—95）。因此，人与物在数字的世界里，尤其是二进制的世界里实现了真正的平等，因为在二进制眼里，只有 0 和 1，即存在与不存在的区别。

四、评价与反思

近年来，基特勒的论断似乎逐渐得到新媒介发展的印证，越来越多的人关注并讨论基特勒，掀起新的媒介研究热潮。吴璟薇等对比了麦克卢汉和基特勒的媒介理论，指出基特勒更关注"传播的物质性和技术的自主性"（吴璟薇等，2019）；于成分析了《留声机 电影 打字机》中的方法论线索，将基特勒对媒介的定义类比为海德格尔所谓的"用具"（Zeug），认为基特勒以"时间轴操控"的方式理解和阐释媒介，"把以物质性为基础的过程（操作过程、中介过程）作为先验，从初期技术细节着手展开思想史、文化史或者技术史的论述"（于成，2019）。林思平则顺着基特勒的思路，思考了科技发展至今，电脑与人的关系问题（林思平，2017）。之所以有那么多中国学者讨论他，一个重要的原因是："基特勒既可以说是最复杂难解的当代德国理论家之一，也无疑位居最具争议的德国理论家之列。基特勒的作品很难阅读，更难翻译，在讨论他时也几乎不可能绕开对他的普遍争议。"（温斯洛普-扬，2019：6）

基特勒的启发性主要体现为他媒介本体论的视角。基特勒并非第一个讨论媒介技术对人的主体性的消解的学者，但他并不强调媒介技术与人的二元对立，而是把二者置于同一平台来讨论。因此，媒介获得主体性并不是简单的技术取代了人，而是历史发展的必然走向，"人类大脑的处理设备不过就是一个更好、更复杂的反馈循环中的过渡阶段，……在媒介与身体相遇的漫长历史中的某个时刻，曾经有主体的位置，或许也有过对主体的需求"（温斯洛普-扬，2019：94）。当数字技术承担起信号处理和传输任务时，这一反馈循环的中心便不再是人，而是技术了。更进一步，基特勒的技术并非孤立的技术，而是承载着特定数据流的抽象宏观的媒介技术，基特勒并不认为某一样具体的技术就能创造巨大的变革，而认为重点是数据流的整体性改变。数据流从书写变为声、光、标准化字母，再由数字技术转化为统一符号，如今成为4G、5G背景下更快、更多样的数据模式，与其说技术决定了人类社会，不如说引发剧烈变革的是数据模式的断裂。

将技术作为历史中心的基特勒自然难免被称为技术决定论者，而技术决定论者则难免被认为反人文主义、反启蒙，甚至他对战争的强烈关注还被认为有日耳曼人的军事拜物教情结。这一方面确实因为基特勒的表达过于夸张，甚至多少有点挑衅，但另一方面也因为人本主义或人文主义的思想过于强大，扼杀了不同视角的创造力和表达空间。

技术决定论本身面临着污名化。胡翼青从"技术"概念和"决定"关系两方面为技术决定论正名，他的观点也同样适用于基特勒。基特勒笔下的"技术"并非某种具体的技术，这一点在前文已有说明。并且，"决定"关系也并非直接的因果关系，而是如胡翼青所说，"对于个体而言，技术环境先他而存在并限定了他的潜能，决定了他的时空观与社会存在方式"（胡翼青，2017）。基特勒并不否认人在技术面前的主动性，但重要的不是人是否能够操纵或利用机器，而是媒介如何影响人们选择和使用媒介（无论是否有意识），以及技术逻辑的先在性如何影响了人的思维方式和人类社会。如基特勒在该书前言所说："媒介决定我们的现状，是受之影响，抑或要避之影响，都值得剖析。"（基特勒，2017：1）媒介技术与人处于互动的关系中，媒介对人的决定作用以媒介的先在性为基础，人的成长与发展离不开媒介塑造的场域。所以，从人文主义角度出发的批评，并没有真正击中基特勒的要害。

因此，《留声机 电影 打字机》既可以被视作一本有想象力的技术杂谈，也可以被视作提供了深刻理论见解以及理解媒介新视角的媒介哲学名著。如果以基特勒的视角去理解手机，当下的互联网基础设施不仅融合了声、光等多种媒介数据流，也融合了货币、通信等新数据形式，曾经依靠电脑完成的工作如今手机也能胜任，如拍摄、文字编写等，手机不仅统一了数据流，也将数据流变成了虚拟的、流动的数字信号，即使技术实体消失了，数据依然存在。在当今的媒介环境下，以人为起点的思考方式已经失去了其解释力，我们需要以技术为起点的理论视角。以技术为起点并非否定人的价值，而是另辟蹊径，重新思考传播历史中人处于什么位置，以及人与技术是何种关系。

（王瑜婷）

参 考 文 献

〔德〕弗里德里希·基特勒：《留声机 电影 打字机》，邢春丽译，上海：复旦大学出版社，2017。

〔加拿大〕杰弗里·温斯洛普-扬：《基特勒论媒介》，张昱辰译，北京：中国传媒大学出版社，2019。

胡翼青：《为媒介技术决定论正名：兼论传播思想史的新视角》，《现代传播》，2017（1）。

林思平：《电脑科技媒介与人机关系：基德勒媒介理论中的电脑》，《传播研究与实践》，2017（2）。

吴璟薇等：《人类、技术与媒介主体性——麦克卢汉、基特勒与克莱默尔媒介理论评析》，《全球传媒学刊》，2019（1）。

于成：《看指不看月：〈留声机、电影、打字机〉方法论线索》，《传播研究与实践》，2019（2）。

拓 展 阅 读

Friedrich Kittler，*Discourse Networks 1800/1900*，Stanford University Press，1990.

Friedrich Kittler，*Optical Media*：*Berlin Lectures 1999*，Polity Press，2010.

约书亚·梅罗维茨

《消失的地域：电子媒介对社会行为的影响》

电子媒介的使用将如何影响人们的社会行为？随着技术的快速发展与普及，这个问题自第二次世界大战后便已经成为广受关注的话题。整个 20 世纪 80 年代，它都为人津津乐道。不仅是传播研究，整个社会科学领域都或多或少对此有所回应，《消失的地域：电子媒介对社会行为的影响》就是回应这一问题的一部著作。这部出版于 1985 年的作品的独特之处在于，它试图嫁接两种初看之下风格迥异的理论，并以此为基础建构以"媒介空间"为坐标的"媒介场景"理论体系，在诸多同类研究中独树一帜。

一、成书背景

《消失的地域》的作者约书亚·梅罗维茨是美国新罕布什尔大学的传播学教授。按照他本人的介绍，这部学术作品的雏形形成于 20 世纪 70 年代末期，当时的梅罗维茨正在跟随波兹曼攻读博士学位。梅罗维茨的博士论文讨论了电视节目中包含的各种规则、框架与人际交往行为中的规范之间某种结构上的相似性，并因此大量阅读了当时的两位明星学者马歇尔·麦克卢汉和欧文·戈夫曼（Erving Goffman）的著述，这构成了他此后在媒介理论和人际行为理论之间架设桥梁的起点。

确切来说，在梅罗维茨的语境中，"媒介理论"特指麦克卢汉围绕媒介技术变化可能引发的社会影响所提出的一系列观点。在梅罗维茨看来，这位在当时毁誉参半的理论家的著作虽然缺乏严密的体系和严谨的论证过程，读起来与传统意义上的学术作品相去甚远，但却以自身独特的洞察力预言了 20 世纪 60 年代末不断涌现的一系列社会现象和行为方式，例如传统民族主义情感的消退与人类的"重新部落化"，青年、少数族裔和其他边缘文化群体兴起并要求获得更多的话语权和社会权利从而动摇了传统权威的根基，等等。梅罗维茨对于麦克卢汉的批评在于，后者并没有充分说明媒介引发这一系列广泛社会变化的机制和原理，而仅仅是用文学化的表达，将其描绘为某种新的媒介进入既有文化后带来的新的"感官平衡"。在梅罗维茨看来，以颇具神秘主义色彩的"媒介是人的延伸"这一论断为框架解释 20 世纪 60 年代以来美国乃至整个西方世界光怪陆离的文化与社会现象显然是不充分的。

不过，尽管梅罗维茨明确提到的仅仅是麦克卢汉，但事实上整个媒介环境学派的思想传统都在他的理论中留下了印记。抛开具体观点，梅罗维茨从这一学术传统中继承的最重要遗产实际上是对媒介技术本身的关注。用麦克卢汉的话来说，就是所谓的"看门狗"比喻——过去的媒介研究者太过关注媒介所搭载的内容，想当然地将传输信息的介质视为一种透明中性的存在，从而忽略了技术带来的人类感官比例的变化本身导致的社会生活和交往行为的变化。这种失误就好似被丢来的肉片吸引而放走小偷的看门狗，没有切中问题的要害。也正是在这种意义上，麦克卢汉提出了"媒介即讯息"的观点，而这实际上也被视为媒介环境学派这一学术共同体的共识。早期研究者如哈罗德·英尼斯在《传播的偏向》和《帝国与传播》中就探讨了石碑、泥板等易于保存的"时间偏向"的媒介与莎草纸、兽皮等不易保存但便于传输的"空间偏向"的媒介各自支持和塑造了何种形式的帝国政体及其文化传统（伊尼斯，2003：27）。而麦克卢汉思想的后继者，梅罗维茨的导师尼尔·波兹曼则在《童年的消逝》中指出，由于电视媒介依托的口语文化绕开了书写文字在识字者和文盲、具有阅读理解能力的成年人与尚未掌握这一技能的儿童之间的区隔和界限，使得儿童能够轻易地接触到成年人所收看的电视节目，并且对图像所传达的信息的理解与成年人并无二致，因此年龄和代际的分野日渐模糊，出现了一批"成人化的儿童"（波兹曼，2009：234—237）。诸如此类的论断直接作为讨论点在媒介导致人的社会行为和角色扮演方式变化的案例出现在梅罗维茨的著述中。因此，在某种程度上可以说，梅罗维茨在《消失的地域》中以"媒介理论"所指代的不仅限于麦克卢汉的某些具体观点，还应当包括媒介环境学派所共享的将媒介技术而非内容作为中心的研究视角。

对《消失的地域》有重要影响的另一位思想家则是在 20 世纪六七十年代在美国家喻户晓的著名社会学家戈夫曼。戈夫曼在 1959 年出版了名著《日常生活中的自我呈现》，一举跻身美国最重要社会学家的行列。在这部作品中，戈夫曼的"拟剧理论"已经呈现出它的基本轮廓。借用芝加哥学派的先驱人物托马斯的情境概念，戈夫曼把社会生活比喻为一个大舞台，而每个个体都是演员，他们要么在前台表演，要么在后台卸妆。总体而言，在前台表演的个体总是更注意自己的形象整饰，以期完成完美的形象呈现，满足观众的期待；而在后台的个体则完全相反，他们的行为更接近私密空间本真的自我形象。戈夫曼将角色扮演理论发挥到前无古人后无来者的地步，深深地吸引着几代美国社会科学研究者，梅罗维茨也不例外。戈夫曼的"前台—后台"隐喻以及对"情境""框架"和"角色距离"等概念的论述构成了梅罗维茨的基本社会观。

在《消失的地域》开篇，梅罗维茨用自己一次大学旅行后的经历作为实例说明戈夫曼对其社会行为发生学观点的影响。他发现当自己和父母、同学等不同的人分享旅行见闻时，会不自觉地选择讲述不同的故事，而讲故事的风格也会随之发生变化。但梅罗维茨认为这并不能被称为撒谎，而只能说"告诉了他们不同的事实"。这种有选择性的表达恰恰是绝大多数人在日常交往中所做的，虽然大多数人会认为存在一个相对统一的自我，并坚信具有一套与之相对应的、前后一致的行为方式，但梅罗维茨指出这并不是人们社会行为的实际表现。之所以会产生这种看法是因为人们总是倾向于关注在不同的特定场景中自身相对稳定的行为方式，例如一个人作为学生在课堂上总是表现得安静，而作为教授时总是要在课堂上站出来引导讨论，而没有注意到同一个人在他的生活中总是会在不同场合无意识地改变其行为方式。在他本人的故事中，他在讲述同一段旅行经历时根据在场的是教授还是自己的朋友，会呈现出勤勉的"修学旅行"和充满浪漫主义色彩的冒险两种不同的面貌，而讲故事时所使用的语言风格、手势动作甚至是其中所使用的俚语的数量也会随之发生变化。

于是，梅罗维茨萌生了让麦克卢汉和戈夫曼"在一起"的想法。他站在麦克卢汉的立场上问戈夫曼：当下社会生活中"前台"与"后台"的机制是怎么形成的，是不是可能与电子媒介技术息息相关？这问题一出，《消失的地域》也就呼之欲出了。

二、媒介场景理论的提出

今天，大量提到梅罗维茨的论文主要是想使用"媒介场景理论"作为理论框架解释日趋复杂的互联网媒介场景对个体的影响，而这确实是《消失的地域》最重要的理论贡献。

梅罗维茨认为，戈夫曼对于社会生活是一出"多幕戏剧"的比喻可以非常形象地描述和解释这种行为规则及社会交往方式在不同场景下的变化。在不同的社会场景中，每个人都会扮演不同的社会角色，人们的行为也会根据角色设定的不同而发生变化。值得注意的一点是，这种角色设定在很大程度上是由特定场景下在场观众的组成所决定的，而人们在自觉或不自觉的情况下多少能够意识到这一点。正是在这个意义上，戈夫曼将社会生活比喻成一个戏台，人们作为演员，其全部社会行为的呈现某种程度上都可以被理解成一种角色扮演。这种表述为梅罗维茨观察和解释社会生活提供了全新的视角。

不过梅罗维茨注意到，戈夫曼在强调人们在不同的剧幕之间不停切换身份和角色时，都需要通过学习和遵守一系列特定场景的行为规则来维持其在这一场景中的表演，但与此同时并不会威胁到他们在其他社会场景中的不同表演。这其实也意味着，由于某种"社会脚本"的存在，戈夫曼所描述的社会角色扮演看似是动态的，实际上需要以相对稳定的社会秩序作为基础，这些秩序包括相对固定的行为规则、角色设定、社会背景以及来源和构成相对固定的观众群体。个体可以通过学习和遵守这些社会传统，以及反复进行练习和预演来维持其角色扮演的稳定。因此，在戈夫曼的语境中，特定角色扮演所需的脚本相对于进行这种扮演而言是固定不变的。

在梅罗维茨看来，正是戈夫曼理论中角色脚本相对于社会场景的稳定性，导致这种形成于 20 世纪 50 年代的思想无法很好地解释美国的社会生活在 60 年代呈现的混乱局面。戈夫曼在研究人们的社会行为时所采用的方法是，找到演员，将其归类，这样自然而然便可以观察到不同角色扮演的规律。梅罗维茨认为这种理想化的设想在 60 年代末期的美国社会显得有些虚幻，他看到当时的人们虽然仍然在扮演角色，但他们的行为不同于以往，以前属于"幕后"的生活越来越多地暴露在公共生活的舞台之上，记者和学者抛弃以往所秉持的"客观性"理念，将个人经验和主观感受倾注于作品之中，而政治人物则在电视镜头前向全体国民展示自己的手术伤疤。与此同时，一种跨地域的"青年文化"逐渐兴起，比如嬉皮士运动等。在梅罗维茨眼中，这种文化最大的特点在于跨越了阶级、种族、宗教信仰等传统的界限，而这实际上也是梅罗维茨在使用戈夫曼的理论解释 60 年代的社会现象时遭遇的最大困惑——传统的角色扮演中所包含的那种"分寸感"消失了。伴随着场景区隔的消解，固化在特定场景中的一整套角色扮演规则也一同消失了。

正是在这个意义上，"场景感的消失"（no sense of place）成为全书的起点。梅罗维茨所说的"place"并不是单纯物理意义上的地点和场所，而是包含了这一空间之中的所有社会关系、文化背景和人际互动。也就是说，人们对于一个场景的界定，还包含了这一空间之中对于可能成为其表演"观众"的人群的判断和认知。因此，空间与空间之中的社会关系共同构成了场景的组成部分。也恰是在这一论断的基础上，梅罗维茨指出 20 世纪 60 年代美国社会生活中场景感的消弭在很大程度上是电子媒介介入所导致的结果。举例来说，在过去，私人生活是一个与公共生活相区隔的领域，属于社会生活的后台。但是，在电子媒介特别是电视出现后，名人的生活越来越多地暴露在公众面前。正因为无数坐在电视机前的观众的存在，卧室这一曾经属于私人领域的场景在电子媒介时代被推向前台，具有了公共性。人们开始公开讨论明星和政治领袖的个人癖好和私人生活，并认为这些私下的行为同样会影响他们作为公众人物的形象。不仅如此，由于电子媒介的匿名性，传统上人际互动中可见的范围现在也变得不可见了。公众人物在面对摄像机镜头时，不再能够有效地预测他的观众。电子媒介允许来自不同群体的公众无差别地收看同样的电视节目，这在某种程度上相当于打开了过去相对封闭的场景边界，允许本应被区隔在不同场景中的观众同时涌入同一个场景，由此带来的角色扮演的混乱和困惑也就显而易见了。

在以上推论的基础上，梅罗维茨提出了自己对于在麦克卢汉的媒介理论和戈夫曼的拟剧理论之间建立某种理论联结进而解释20世纪60年代电子媒介带来的全新社会现象的设想——社会生活和人际互动中存在的"媒介场景"是梅罗维茨理论体系中的核心概念，他认为电子媒介影响社会行为的途径并不是通过改变麦克卢汉口中神秘的"感官平衡"，而是社会成员进行角色扮演的社会舞台的重新组合，以及随之而来的人们对于不同场景及其中行为规则的理解的变化。通过"媒介场景"这一概念，梅罗维茨试图在对于媒介技术的研究与以面对面交流为主要讨论对象的人际交往研究之间建立某种勾连（梅罗维茨，2002：4）。梅罗维茨认为，电子媒介并不是通过内容，而是通过改变社会生活的"场景地理"影响公众，而这一点在传统上只注重分析媒介内容对社会行为产生的影响的研究框架中是难以被发现的。

进而，梅罗维茨深入讨论了以电视为代表的电子媒介所造成的独特的"媒介场景"。通过对比印刷媒介与电子媒介的差别，他详细讨论了新媒介介入由原有媒介形成的既有信息系统之后，特定社会的"媒介矩阵"将发生何种变化。在这种对比的基础上，梅罗维茨认为电子媒介与传统的印刷媒介相比，能够在更大程度上将不同类型的人群整合到相同的信息世界之中，并带来公共领域与私人领域之间界限的模糊。除此之外，电子媒介还极大地削弱了社会场景和物质地点之间的关联性，导致以往被认为天经地义的物理"位置"和"地点"与社会场景之间的分离。

三、电子媒介场景及其后果

电子媒介的出现改变了社会生活前台与后台之间边界的性质，使原本各自独立的场景相互融合，这导致了一系列后果。

从个人自我呈现的层面来看，"前台—后台"的结构中产生了一个融合和带有灰度的"中台"（也称"侧台"）区域。在这个区域中，观众可以同时看到传统上属于"后台"和"前台"的行为。最为典型的一个实例是电子媒介出现后，电视直播让过去通常不会在观众面前展示的行为暴露在摄像机镜头前，例如政治人物的口头禅、无意识的小动作等。梅罗维茨因此也指出所谓的"中区"行为其实确切而言具有某种后台倾向，并且行为暴露在电子媒介中的时间越长，这种倾向越明显。这在一定程度上解释了为何电视节目中越来越多地出现人们的卧室、私人生活、个人癖好等过去秘而不宣的内容。"中台"这个概念是麦克卢汉和戈夫曼理论最容易找到共鸣的切入点。在讨论角色距离这一概念的时候，戈夫曼曾经谈到过一种最为极端的角色错乱现象，也就是当前台和后台两种场景不经意交汇时可能给人带来的尴尬场面，比如妻子碰巧撞见丈夫与初恋情人在一起的场面。而麦克卢汉也多次谈到政要遇刺时，保镖们在电视镜头前迟钝的反应，因为他们分不清这是在拍电视还是现实。其实这两种情形都是中台，戈夫曼所描述的场景毕竟罕见，而麦克卢汉所描述的场景——"晕镜头"则比比皆是。最容易建构中台情境的当然是电视，是电视让中台的场景变得无处不在。

与场景融合导致的中台相对的另一种变化是原有场景的分裂，这将导致每个区域的行为变得更加极端。电子媒介通过提供风格迥异的节目和信息，将社会原有的信息系统分割成为不同的部分，非正式的后台风格和正式的前台风格之间的差异可能更加明显，这就带来了"深后区"和"前前区"的行为。这两个概念的提出在一定程度上可被视为梅罗维茨在聚焦于电子媒介介入后社会行为所发生的变化时对戈夫曼拟剧理论的补充和拓展。

除了场景的变化，梅罗维茨还讨论了场景之中角色扮演的改变。他提出了群体身份的角色、社会化的角色和权力等级的角色三种角色类型。三类角色中社会化的角色特别强调一个人通过学习某种技能或参加训练实现的从一种角色向另一种角色的转变，而权力等级的角色强调了社会身份中所包含的不平等的一面，与平等的、可以被共享的群体身份的角色形成对照。值得注意的是，梅罗维茨所提出的三种角色类型虽然相互独立，但并不意味着它们不相容，事实上它们可以同时出现在一个人身上。实际上，梅罗维茨更侧重于将三种类型结合在一起分析某种社会角色的属性。在他看来，这三种角色的结合可以覆盖社会角色的各个方面，而它们的重新组合又将改变社会生活的整体结构（梅罗维茨，2002：49）。梅罗维茨通过归纳新媒介出现后角色扮演的一般变化规律，认为媒介可以通过改变信息和特定知识的可接触性，以及不同场景的可接近性等方式改变社会角色的性质。

梅罗维茨还从电子媒介场景的角度，重点分析了美国 20 世纪 60 年代以来亚文化群体兴起的问题。在他看来，亚文化群体成为一种显著的文化现象同样是电子媒介带来的信息系统和社会场景重组导致的结果。电子媒介以前所未有的方式消除了过去存在于群体之间的区隔，让越来越多的少数群体意识到同伴的存在，并积极寻求获得与其他群体相同的社会权利，由此带来了 20 世纪 60 年代学生运动、女权运动、少数族裔抗争等亚文化影响下风起云涌的社会运动。不过，这些社会运动并没有撼动美国社会的秩序，对此，梅罗维茨提供了两个颇具启发意味的观点。一方面，他提醒读者注意所有的少数群体对自身权利的主张其实都在不同程度上消解了他们的群体身份。主流社会的认可消除了亚文化群体的文化特质，从而达到了收编亚文化群体的目的。另一方面，梅罗维茨也颇为冷静地指出，群体间区隔的消除并不会顺理成章地带来一个美丽的大同世界，电子媒介最初带来的并非民主，反而恰恰是混乱。信息系统的融合让过去不为人所觉察的阶层差异毫无保留地呈现在观众面前，但却并不承诺在现实的社会生活中提供消除差异的有效手段。这种反差在短时间内很可能导致社会成员的不满。在该书的结论处，梅罗维茨相当谨慎地评价了当时已经普及的以电视为代表的电子媒介与计算机这一新兴电子媒介对于民主制度的进步能够提供的支持，他提醒读者对于技术可能带来的原有社会秩序的失效保持警惕，并且小心技术成为当权者进行社会控制的新型武器。

四、评价与反思

《消失的地域》一书体现了梅罗维茨的学术智慧。这部书不见得提出了什么开创性的见解，但它的视角极其巧妙。通常，两种在不同学科中成长起来的理论，是很难被嫁接在一起的，即使嫁接也很容易被人指责为生搬硬套。然而，梅罗维茨对麦克卢汉和戈夫曼理论的整合，可以说是极为成功，从未被认为有不自然之处。他不仅看到了两者可以被嫁接在一起的共同理论渊源——社会学芝加哥学派的理论互补的可能性，而且看准了两者能够无缝对接的接口所在，即"中台"。所以，《消失的地域》所开创的视角和得出的结论显得非常精致，颇有说服力。在传播学术史上，只有基特勒将海德格尔的技术哲学和福柯的话语断裂加以结合而生成的关于话语网络的讨论能够与之媲美。因此，该书1985年出版后，在1987年就获得了全美广播电视教育工作者协会和广播教育协会颁发的"最佳电子媒体著作奖"和美国语言传播协会颁发的年度图书金奖。在新媒体时代来临的今天，媒介场景理论的适用范围显得更广阔，已经成为一种特别常用的解释框架。

但是，也正因为如此，梅罗维茨的研究显得过于"小家碧玉"，在理论格局上缺乏真正的战略眼光。比如，他对麦克卢汉理论体系不合主流学术传统的指责，就体现了他在大局观上的局限性。也正是因为这样，尽管他对媒介环境学的思想有自己的批判，但都没有触及根本的痛处。客观地说，梅罗维茨无意也并没有对媒介环境学的基本观点实现什么突破或构成什么挑战，他在这一知识传统中扮演的是尽职尽责的继承者角色，仅仅试图基于前人的成果做一些延伸和拓展。

事实上，用严谨和小心来形容梅罗维茨是比较合适的。他看问题不走极端，而且不断表现出自反性的特征。比如在《消失的地域》中，梅罗维茨强调用一种联系的视角来看待新技术的出现，而不是片面地夸大电子媒介出现后发生的社会变化。一方面，他看到任何一种新的媒介都不是横空出世，也不是孤立地存在于世间。正如他通过"媒介矩阵"这一概念所阐发的观念，新技术影响社会的方式并非创造一个新世界，而是介入由原有技术构成的社会体系，与原有体系互动、冲突、融合，继而导致原有体系的重组和变迁。也正是在这个意义上，梅罗维茨没有简单地将电子媒介的社会影响描述为颠覆性的革命，而是认为场景依然存在，只不过在电子媒介出现后不再必然与原有的物理性地点联系在一起，或者可以同其他的物理性地点发生关联，带来场景边界的重构。另一方面，梅罗维茨也看到在电子媒介时代，人们的社会行为本质上依然是一种角色扮演。尽管传统权威的失落、前台行为与后台行为的融合以及青年文化群体的兴起让人们形成了一种正在"做自己"的感觉，但梅罗维茨相当冷静地指出，这实际上只是一种新的角色扮演方式而已，只是将过去看不见的行为变得可见，将旧的表演替换为新的表演。戈夫曼用以理解社会行为的拟剧理论框架在电子媒介时代到来之后依然具有解释力。

作为媒介环境学思想传统的传人，梅罗维茨不可避免地会遭遇是否持"技术决定论"或"媒介中心论"的质疑。关于这一点，梅罗维茨其实在《消失的地域》的结尾做出了回应："我们没有保留自由选择，仅仅是因为我们拒绝看到和研究这些限制我们行为的东西……我们选择了不去看我们所塑造的环境，如何反过来对我们进行重塑。"（梅罗维茨，2002：320）梅罗维茨认为，媒介一旦被发明和使用，就会通过塑造以这些媒介作为中介的交往行为来影响人们的社会生活。这种影响方式之中包含着大量的个人自由和个人风格，他所讨论的只是某种一般规律。在梅罗维茨看来，放弃研究这种一般规律反而是对于生活中潜在的额外自由的放弃，因为这相当于选择对我们所塑造的环境如何反过来对我们自身进行重塑视而不见。这种理解技术的角度，实际上是《消失的地域》在具体的观点和概念之外，为后世的传播研究者提供的宏观思考。

此外，梅罗维茨注意到了媒介如何不断改变虚拟或曰表征的空间与现实空间之间的边界，相关讨论勾连并拓展了戈夫曼将社会空间作为一种独特场景加以剖析的空间化的社会分析，放大了媒介在其中作为一种关键性的物质条件发挥的调节作用。在这一点上，梅罗维茨的思想与西方 20 世纪 60 年代末人文社会科学的"空间转向"亦有呼应。发端自欧洲内陆语言哲学领域的"空间转向"在其"理论旅行"的过程中，与英

約书亚·梅罗维茨
《消失的地域：电子媒介对社会行为的影响》

美人文取向的地理学研究相遇后，研究者的注意力被重新引向了城市、社区等实在的地理空间。在这一波讨论中，核心议题之一即媒介技术作为一种不断变化着的物质条件，如何不断重新区分、划定真实的空间与想象的空间。这不仅是梅罗维茨在《消失的地域》中论述的重要主题，也是卡斯特尔、索亚等西方左翼空间问题研究者所关心的要点。

梅罗维茨在媒介环境学的系谱中是一位非常重要的学者："梅罗维茨是媒介环境学派独树一帜的研究者，他的学术成果虽然不多，但是极有分量，正是他的媒介情境理论为媒介环境学研究注入了新的活力，重新振兴了媒介环境学派。"（胡翼青，2022：252）这个评价总体而言是比较中肯的。

（张婧妍　胡翼青）

参 考 文 献

〔加拿大〕哈罗德·伊尼斯：《传播的偏向》，何道宽译，北京：中国人民大学出版社，2003。

胡翼青主编：《西方传播学术史手册》（第二版），北京：北京大学出版社，2023。

〔美〕尼尔·波兹曼：《娱乐至死·童年的消逝》，章艳、吴燕莛译，桂林：广西师范大学出版社，2009。

〔美〕约书亚·梅罗维茨：《消失的地域：电子媒介对社会行为的影响》，肖志军译，北京：清华大学出版社，2002。

拓 展 阅 读

〔美〕爱德华·索亚：《第三空间：去往洛杉矶和其他真实和想象地方的旅程》，陆扬等译，上海：上海教育出版社，2005。

〔美〕曼纽尔·卡斯特：《网络社会的崛起》，夏铸九、王志弘等译，北京：社会科学文献出版社，2001。

〔美〕欧文·戈夫曼：《日常生活中的自我呈现》，冯钢译，北京：北京大学出版社，2008。

唐·伊德

《技术与生活世界：从伊甸园到尘世》

　　《技术与生活世界：从伊甸园到尘世》是美国哲学家唐·伊德最为系统和周密地阐述其技术哲学思想的纲领性著作。在书中，伊德为欧洲现象学的分析方法注入了浓厚的美国实用主义色彩。在克服人与技术主客体二元论的基础上，他将技术是生活世界的基本构成部分——技术是人来到尘世就与之共存的，没有技术的生存只存在于伊甸园的想象当中——作为思考的起点，并使用大量经验现象和具体实例，展开了对技术与人的关系以及技术在人类社会和文化中所扮演角色的诠释。伊德在《技术与生活世界》中对人—技术四种关系的阐述以及对技术具身性和技术意向性的探讨成为技术哲学、传播学、教育学等领域的重要思想资源。

一、成书背景

　　唐·伊德（1934—　），当代美国科学技术哲学家，也被认为是美国最重要的现象学家之一。伊德继承了胡塞尔、海德格尔、梅洛-庞蒂、保罗·利科等人的现象学思想，后又与他们所引领的先验现象学和存在主义现象学分道扬镳，转而结合美国以约翰·杜威为代表的实用主义传统，形成了自己独特的后现象学思想体系。

　　1934年，唐·伊德出生于美国堪萨斯州的一个农民家庭，在德美混合的农村社区度过了自己的少年时代。他的父亲、叔叔和邻居都或多或少与技术打着交道，这使他自小就接触到了包括飞机、拖拉机等在内的各种类型的技术工具。虽在乡村接受教育，但他不同于同龄人，在读书期间学会了欣赏歌剧和文学创作。1956 年，在堪萨斯大学进修演讲和戏剧专业的伊德获得了文学学士学位，此时的他对加缪、萨特、克尔凯郭尔等人的存在主义哲学作品有着浓厚的兴趣。后伊德获得安德沃牛顿神学院的奖学金并在那里研究神学，1960 年被任命为麻省理工学院的牧师。1964 年，伊德获得波士顿大学哲学博士学位。攻读博士学位期间，伊德师从保罗·利科，并在 1970 年出版了他的第一部专著《解释学的现象学：保罗·利科的哲学》，该著作同时也是第一部系统研究保罗·利科的英文著作。在研究生涯的发展过程中，他的兴趣重点转向了胡塞尔、海德格尔和梅洛-庞蒂等人的现象学。随后，伊德在南伊利诺伊大学获得了第一个终身职位，并在那里工作到 1969 年，接着转到纽约州立大学石溪分校任职，陆续担任系主任和院长直至退休。作为纽约州立大学石溪分校的杰出哲学教授，伊德为学校引入了存在主义和现象学的课程，并成立或指导了技术科学研究小组和技术科学研讨会。

出于对知觉现象学的兴趣，伊德曾出版两部著作，分别为研究听觉经验的《倾听与声音》(1976) 和研究视觉现象的《经验现象学》(1977)。1979 年，他的著作《技术与实践》出版，该书通常被认为是北美第一部关于技术哲学的英文著作。之后，伊德在技术哲学的领域不断深耕，著有《技术与生活世界》(1990)、《工具实在论》(1991)、《后现象学》(1993)、《技术中的身体》(2002)、《让事物"说话"：后现象学与技术科学》(2008) 等著作。此外，他还主编了"印第安纳技术哲学丛书"，在西方技术哲学界产生了深远的影响。

伊德广为人知的学术成就是他勾勒的后现象学思想体系。显然，后现象学这一名号既体现了伊德与欧洲现象学的关联，也表明了他同一般意义上正统现象学的割席。在他看来，20 世纪的科学、技术和哲学都经历了经验转向，这意味着当代技术哲学研究不再只关注总体的技术，也关注技术的特殊性，不再对技术怀有敌托邦的情绪，而能客观地理解技术文化现象，不再将技术看作预先给定的、不可控的角色，而以经验的、具体的方式探讨技术和各种社会力量间的关系。在这一经验转向的背景下，伊德汲取了胡塞尔、海德格尔和梅洛-庞蒂等人现象学思想中有关技术论述的部分，并超越正统的现象学和实用主义，转而在技术哲学领域以更加实用主义的现象学方法，对作为物质文化的多样而具体的技术进行研究。用他的话说，一方面，融入实用主义的现象学能够避免现象学那种反科学的、沉溺于观念论和唯我论的主体性哲学的缺陷；另一方面，实用主义又能通过现象学严格的分析方法、对具身和人类身体知觉的深入思考、对生活世界的动态理解等理论资源极大地丰富自身（伊德，2008：30）。由此，结合现象学和实用主义并在技术哲学的经验转向背景下生成的后现象学便初具雏形。而除了技术哲学以外，伊德对历史、社会学、声音研究、科学与技术研究等领域也做出过不同程度的贡献。

二、现象学视野中的人与技术

《技术与生活世界》是技术哲学研究领域无法绕开的经典著作。伊德在书中综合运用了哲学、历史、文化、心理学等多种方法，结合现象学和诠释学，以人文的视角探讨了技术在日常感知与体验、人类历史与社会当中发挥的作用，对技术和人的关系进行创造性的辨析和分类，将多元文化对技术的影响予以概括性呈现，深刻揭示了人与技术不可分割、相互形塑的紧密关系。总的来说，伊德试图通过此书解决如何从生活世界出发识别人—技术的含混关系、如何从文化诠释视角看待多元文化中的技术实践等问题。

书名中的"生活世界"事实上是胡塞尔在《欧洲科学的危机与超越论的现象学》一书中提出的术语，现象学所讨论的生活世界意味着要回归人类生活的种种经验，将人和世界看作关系性的系统。伊德认为，这种相对论方法的优势在于，第一可以避免那种大而化之、忽视各种技术的特殊性和差异性的极端立场，第二可以突破有关技术是否中立的争论框架，第三可以保留技术哲学研究中的实践面向。以生活世界为起点，伊德展开了他对人—技术关系以及技术的文化嵌入性的分析。一方面，他看到了技术尤其是当代技术嵌入人类生存境况，并关系到人类具体生活形式以及未来长期发展的重要性；另一方面，他也认识到哲学研究长期以来很少将技术作为核心议题，从而遗留下许多待商榷探究的问题。他试图避免之前有关技术的争论中常见的两种极端思想，即认为技术无所不能的乌托邦思想和认为技术百弊丛生的敌托邦思想。前者在 19 世纪盛行于对未来充满希望的全球主义者当中，而在全球主义日渐凋敝的今天被人工智能的拥护者所信奉，后者则在 20 世纪，尤其是 60、70 年代期间占据主流，以赫伯特·马尔库塞、雅克·埃吕尔（Jacques Ellul）等人为代表，认为技术具有强大的自主进化和主导社会的能力且与自然相对立。伊德希望建立一个能够更好地观察技术以及人与技术关系的视角，基于一种将技术视为文化的工具的立场具体地解决各类问题。正如他所说的那样，《技术与生活世界》是"一本试图重新构造技术问题的著作，必须考虑到多元文化的背景，而技术文化就是在这种多元文化的背景中成型的和将要在其中成型"（伊德，2012：前言 6）。

为了给这种新的看待技术的视角确定基础，伊德多次将伊甸园的神话故事作为理想模型，来表明人类其实无法脱离技术工具而单独生活。他在阐释人类从伊甸园到尘世的过程时指出，"对于人类来说，没有技术的生存只是一种抽象的可能性。如果没有技术也能生存，那么这种环境必须是那种孤立的、被保护的和牢固的乐园……但是，无论是从经验上来说还是从历史上来说，都没有这样的人类生活的形式，因为早在有史可载之前，人类已经离开了所有的乐园，承继了尘世地球"（伊德，2012：14）。换言之，无论是远古还是当代，人类的活动总是嵌入技术，人类的历史是一部与技术不断互动共进的历史。在讨论技术对身体知觉的中介作用时，伊德再次借用伊甸园的故事论证技术的意向性。在他看来，新的工具往往能够赋予人类新的知觉世界的维度，而不同技术特有的意向性则影响了人类能够在何种方向、何种程度上体会到技术对人知觉的转化。除此之外，伊德还以对伊甸园生活的想象对比突出人类高技术文化的多样性和复合性。

纵观全书，伊德首先对现象学和诠释学传统进行了回溯和反思，尤其关注海德格尔、胡塞尔和梅洛-庞蒂思想中的技术维度，同时通过透镜对视觉的调节、钟表对时间知觉的转变、航海对空间知觉的重建等实例，论证了生活世界中的具身技术如何形塑人的知觉实践，以及不同形态的技术工具如何嵌入人类的文化实践。随后，伊德在第五章正式提出自己的理论精华，他延续前文对技术具身的思考，以严谨的现象学方法辨别了人—技术的四种关系，即具身关系（embodiment relations）、诠释学关系（hermeneutic relations）、他异关系（alterity relations）和背景关系（background relations）。最后，伊德用文化诠释学的视角，结合技术史和技术人类学研究，以全球各地不同历史时间段的人类文化实践论证技术的双重含混性、多元稳定性等特点。其中，成像技术是他解释技术嵌入文化并影响当代生活世界的重要例子，他也提出用保护环境、去除技术科学神话等方式更好地管理我们赖以生存的尘世。

三、人与技术的四种关系

伊德对人—技术关系的分析是以胡塞尔、海德格尔和梅洛-庞蒂的现象学为起点的，虽然胡塞尔等三位现象学大师均未直接在技术哲学的视角下论证过人与技术的关系，但三者的思想中均有对人与技术内在关系的分析向度，这为伊德建构人—技术关系的现象学有莫大的指引作用。在伊德看来，海德格尔的工具分析充分表明了用具对其所处情境的依赖，用具在实践中往往不被使用者所察觉，而只有在被损坏时才昭显其在使用中的"抽身而去"的状态；胡塞尔的生活世界分析将依靠知觉来体验的前科学世界和依靠数学思维来处置的科学世界二分，忽视了微观知觉和宏观知觉之间的相互关系；梅洛-庞蒂注意到了身体与被感知世界之间技术的中介作用，如妇女可以不通过计算便令其帽子上的羽饰同障碍物之间保持距离，盲人可以通过手杖突破身体的限制，延伸感知的范围。在这三人的基础上，伊德对技术与身体知觉的关系进行了更进一步的分析。他认为微观知觉和宏观知觉之间的连接方式是多变的和含混的，技术在知觉过程中则以几近消失的状态发挥其中介功能。伊德用望远镜、窗户、眼镜、钟表等大量生活世界中的真实案例，说明技术能够放大或者缩小知觉，以一种介于透明和不透明之间的状态转化人对时间和空间的经验，从而为人类提供一种新的完形心理。

技术与人的身体知觉的相互作用被伊德以具身性（embodiment）过程指称，这种人—技术关系便是具身关系，用公式可描述为"（人—技术）→世界"。在具身关系中，物质化的技术或人工物直接融入人类身体对外在环境的经验，改变着人类的知觉能力，成为人感知世界的中介工具和转化机器。以眼镜为例，眼镜在人用视觉经验世界的时候已然成为人体自身的一个组成部分，如果不刻意去关注，人并不会时时刻刻注意到眼镜的存在，此时的眼镜是一种具身技术，连接着人工物和使用者。依此类推，盲人的手杖之于触觉、助听器之于听觉也都同眼镜之于视觉一样，与知觉融为一体并帮助形成人与技术的具身关系。可以看到，技术唯有在使用时不被人类所明显察觉的情境中才是具身的，而技术具身也由此引发了人类对技术的矛盾态度：一方面，人们希望技术在实践过程中彻底透明化从而达成完全具身，这样人就既能与技术融为一体，又能体尝到身体与世界的无中介无限制连接；另一方面，"现实的或物质性的技术总是具有部分透明性或准透明性（quasi-transparency）"（伊德，2012：80），技术不可能全然消失而不对人类知觉产生任何影响。通过使用变更的方法，伊德揭示了具身关系中技术同时具有的放大/缩小、解蔽/遮蔽的效应。

人以类似阅读的行为和知觉模式与世界发生关系，这种人—技术关系是诠释学关系，用公式可以表述为"人→（技术—世界）"。在诠释学关系中，人们虽然阅读到的是技术的表象，但是与表象同构的技术本身也成为知觉的对象，此时技术本身便获得了透明性。在对钟表的分析中，伊德就已指出，"钟表的时间知觉是一种诠释的知觉"（伊德，2012：66），人们通过钟表间接地解读时间，在看表知时间的过程中，时间的意向性实际上已经参与到人的感知行为中，人们往往将钟表本身当作时间的化身，此时对钟表文本的阅读便隐形了。对温度计示数的读取也从反面表明了可读技术与人的诠释学关系。寒冬处于室内的人可以看到屋外温度计上的数字并因此了解外面的寒冷程度，但是他的身体完全感觉不到寒冷，此时人的身体知觉并非冷，他对冷的知觉源自对温度计文本的诠释。在诠释学的关系中，技术所表象的文本填补了意向性的空白，人们会觉得阅读和诠释世界是在人与世界直接相连的前提下发生的，而事实上技术同世界只是在物质性层面实现了知觉难以辨别的结合，世界被技术转化为可读的文本，技术其实仍然处在人与世界的中介位置上。

当技术对人而言具有准他者性（quasi-otherness）的时候，人—技术的关系便是他异关系，可以用公式描述为"人→技术—（—世界）"。具有准他者性的技术不同于客观主义描述的作为对象的技术，后者带有主客体二分的立场，容易对技术产生敌对倾向。例如，在海德格尔的例子中，被损坏或遗失的锤子成为"对象"，然而此时的锤子已不再处于人和技术的关联中。准他者在人和技术的关系中讨论技术的自主性和能动性，这种技术的主动程度还是要由人来确定，且技术不会成为一个完全外在于人的客观对象。在他异关系中，人工物常被人格化，被赋予拟人的、仿人的意义，技术的意向性在他异关系中也能够得到体现。人工智能是一种典型的准他者。一方面，它能够同人类比，在某些方面具备与人相似的功能；另一方面，它又无法完全成为人，不能化作真正的他者。在他异关系中，世界成为情境和背景，技术则作为有焦实体和前景与人产生联系、被人关注。

技术从前景退居幕后，变成近似环境的存在时，人—技术便进入背景关系。此时切身生存于技术环境中的人，往往把环境的各种组成部分当作自然而然的存在而不予察觉。事实上，任何人类场景都会充斥着各种各样的技术，但我们一般很少注意到它们。以家庭场景为例，当天气过冷或过热的时候，一直保持运作的空调很少会吸引人们的注意力，此时的空调实现了其技术功能的抽身而去，以一种不在场的方式显现在人们生活的背景之中，而只有当空调运转不畅时，人们才会聚焦于作为前景的空调。"背景起到场域的作用，通常不在焦点位置，但是却调节着居民的生活情境……在察觉这些区别时，失效又能发挥重要的索引作用。"（伊德，2012：116—117）

具身关系、诠释学关系和他异关系构成了一个连续统，三种关系的共同点是技术都处于实践过程的中心位置，而具身关系和诠释学关系的区别在于知觉在人—技术关系中所处的位置。当技术以准透明的形态具身于人的时候，技术和身体经验就能融合，将世界文本呈现给人类以完成诠释；而当技术以准他者的形态他异于人的时候，人也可以在世界背景中对技术进行阅读和阐释。也就是说，具身关系和他异关系位于连续统的两端，而诠释学关系可以作为居中者连接两种关系。比起前三种人—技术关系中的技术，背景关系中的技术更多是以间接的方式对人类经验世界产生影响。

四、评价与反思

欧洲的现象学常常带有对现代科学技术高速发展的不安情绪和对前工业技术时代的浪漫主义幻想，伊德认为这并不利于反思当代技术所呈现出的种种问题。不同于从其他哲学视角反思技术的传统，伊德试图将技术本身作为哲学反思的主体，将人和技术的共构关系作为理解技术的基本前提，摒弃一些现象学思潮中对技术力量的预先设定，在技术决定论和社会决定论之外寻找一条能够理解具体的、物质的、文化的技术的路径。承继现象学颠覆主客体二元论的出发点，伊德得以避免落入将技术置于客体的位置予以审视的窠臼。而深受美国实用主义学术传统的影响，比起传统哲学推崇的形而上的思辨，伊德更希望将具体的技术与具体的情况联系起来，以务实的态度处理各种技术文化实践。在这种现象学和实用主义的巧妙合流中，伊德得以用相对的、关系的视角对不同使用情境和文化实践中的技术进行经验性的考察，较为深刻地阐释人与技术的关系机制。他在梅洛-庞蒂等人的理论基础上对技术具身性、技术意向性的进一步思考，则能够同麦克卢汉的媒介理论、吉布森的可供性理论形成对话，成为传播学思考媒介与人和世界之关系的重要思想资源。

不过，更进一步来看，伊德想要克服的是实用主义的经验研究和形而上的抽象思辨之间的矛盾。他认为技术哲学应立足于实践经验的、具体案例的分析，这样才能更好地理解当代复杂、多元、含混的技术；而形而上的思辨在处理现实问题的时候往往具有专断性和随意性，像海德格尔那样具有浪漫主义色彩的技术反思毋宁说是一种对现实的逃避。然而，伊德的偏误就在于，他和传统现象学对技术的思考已经不在一个维度。不论是胡塞尔、海德格尔还是梅洛-庞蒂，他们的现象学都是为在本体论的层面澄明人的存在之本身，技术在他们的语境中是本体论意义上的技术。伊德恰恰相反，他想用丰富的实证案例佐证技术现象的多元，因此就得居留在认识论的层面对技术的经验事实进行考察，这也是实用主义主导下的技术研究必然会产生的结果。当两种学术范式所讨论的技术不处于同一个维度的时候，伊德对二者的杂糅便会引发诸多悖论和问题，如：现象学想要探究技术的本质，而伊德却直言技术没有本质可言；现象学对人和技术关系的根本内核进行思辨，而伊德更倾向从人和技术打交道的具体实例中进行类比和归纳。虽然伊德的技术研究中充满了历史的、文化的、人类学的等多种分析，但没有对技术基本概念的廓清和界定，没有对技术本体论的思考和建构，因此其确立技术哲学研究纲领的雄心壮志终究难以实现。

（赵婷婷）

参 考 文 献

〔美〕唐·伊德：《让事物"说话"：后现象学与技术科学》，韩连庆译，北京：北京大学出版社，2008。

〔美〕唐·伊德：《技术与生活世界：从伊甸园到尘世》，韩连庆译，北京：北京大学出版社，2012。

拓 展 阅 读

〔法〕梅洛-庞蒂：《梅洛-庞蒂文集·第2卷·知觉现象学》，杨大春等译，北京：商务印书馆，2021。

雷吉斯·德布雷

《普通媒介学教程》

　　随着互联网的日益普及，关于文化和技术的讨论越来越多。文化与技术之间究竟是怎样的关系？雷吉斯·德布雷提出的"媒介学"（médiology）概念就给这个问题提供了一个可以尝试的思考途径。德布雷在媒介学中不仅强调了文化与技术的关系，还呼吁人们从媒介学的视角出发形成一种对文明史的认知路径。1991年，德布雷的《普通媒介学教程》的出版，标志着这种认知路径的正式问世。

一、成书背景

　　1940年，德布雷出生于法国巴黎一个律师家庭，他的父母在当地颇有名望。德布雷曾以第一名的成绩考入巴黎高等师范学院，在其就读期间，深受路易·阿尔都塞（Louis Althusser）的影响，从而奠定了他对左派思想的浓厚兴趣。德布雷的一生不仅与学术相关，还有着丰富的革命与政治实践经历。1965年，还是一名中学哲学教师的德布雷受菲德尔·卡斯特罗（Fidel Castro）的邀请前往古巴，正式开启了他的拉美革命之旅。在此期间，他不仅成为卡斯特罗的座上宾，还跟随切·格瓦拉（Che Guevara）开展游击战训练。1967年，德布雷被捕入狱并被关押4年。出狱之后，德布雷遇到了前智利总统萨尔瓦多·阿连德（Salvador Allende），并写作了《智利革命》（1972）一书。自1981年起，返回法国的德布雷开始投身政界，他受命于法国总统协助处理国际事务，被任命为南太平洋委员会总书记，随后又成为法国政府委员会申诉长。经过多年的实践，德布雷逐渐意识到，政治家其实只需要知识分子的名声，而不需要他们的意见。90 年代中期以后，满怀失望的德布雷最终离开政坛，重返高校。

1979 年，德布雷在其著作《法国的知识权力》中第一次提到"媒介学"这个词。在这部"描述性的随笔"中，德布雷预告了自己即将对媒介学这项"更加广泛的理论工作"进行集中探讨（德布雷，2014b：前言 35）。以此为起点，德布雷于 1981 年出版了《政治理性批评》，并将其视作"媒介学的基础"，通过对意识形态动员机制的讨论，申明了媒介学的本意就是"挖掘'意识形态'这个大家再熟悉不过的术语"（德布雷，2016：3）。1991 年，德布雷以早前讲授媒介学的系列课程为基础，整理出版了《普通媒介学教程》一书，迈出了媒介学宏大写作征程中的重要一步。在这本书中，德布雷不仅延续了先前关注的政治话语、意识形态等话题，并且开始了媒介学理论框架的搭建工作。2001 年，该书获得法兰西学术院颁发的莫朗文学奖，并于同年再版。此后，德布雷继续围绕媒介学开展理论研究工作。1993 年，德布雷向巴黎一大提交了哲学博士学位论文《图像的生与死：西方观图史》，从图像切入，以媒介学分析法重新书写了西方思想史。1994 年，德布雷提交了申请博士生导师资格的论文《媒介学宣言》。1996 年，他创办了以"媒介学"为核心主题的学术期刊《媒介学手册》。

二、"媒介学"的基本概念

要介绍这样一本内容庞杂的书并不容易，但若想化繁为简，便可从德布雷围绕"媒介学"提出的一系列颇具原创性的概念切入，逐一解读它们如何奠定了媒介学的理论气质。其中，首要的问题便是弄清德布雷究竟如何理解媒介。

德布雷极力撇清媒介学与 19 世纪六七十年代市场上兴起的"大众媒体学"之间的关系，强调"媒介学"中的"媒介"（médio）绝不等同于媒体（médias），而是指"在特定技术和社会条件下，象征传递和流通的手段的合集"（德布雷，2014b：4）。在德布雷看来，一张桌子，一杯咖啡，一间阅览室，乃至所有技术物件、物质载体、社会机构，只要它们作为散播的场地和关键因素，作为感觉的介质和社交性的模具，就能够进入媒介学的领域。在此，媒介这个概念的重点既不是信息，也不是技术物，而是中介行为（德布雷，2014a：10）。这就直接涉及德布雷对媒介学的定位。德布雷在《普通媒介学教程》中开宗明义地提出，"媒介学自认是媒介化的学问，通过这些媒介化，一个观念成为物质力量"（德布雷，2014b：3），因此，媒介就是使观念、话语、精神实体化的传递装置，是"精神世界与物质世界之间的异质界面"（Vandenberghe，2007），而媒介化则是媒介发挥中介作用的动态过程。以此观之，媒介的概念范畴应当先于并大于媒体，前者是观念世界、意识形态得以实现的动力机制，后者实际只是媒介化进程当中一种特殊的、后来的延伸（德布雷，2014b：3）。

当"媒介"意在指涉一种中介行为，讨论观念如何通过媒介化拥有物质力量之时，媒介学的研究对象准确来说就应当是"传递"（transmission）而非"传播"（communication）。《普通媒介学教程》的确涉及许多有关大众媒体的问题，媒介学也的确关注传播，关注人、物、信息与观点的运输与扩散，但这并不是问题的全部。较之传播而言，传递不止表示一种基于技术介质的信息流动，也强调其中蕴含的媒介化过程。如果说传播是在同一时空范围内完成的运动，那么传递则强调在不同时空范围内进行，以及这些流动带来了何种社会与文化后果。用德布雷在《媒介学引论》中的观点进一步来看，传递"是以技术性能为出发点（即通过媒介载体的使用），一方面，将这里和那里连接起来，形成网络（也就是社会）；另一方面，将以前的和现在的连接起来，形成连续性（也就是说文化的延续性）"（德布雷，2014a：5）。也就是说，传递需要通过技术、组织、制度等多种载体的中介才能完成，并且可以极其深远地作用于社会心态、集体记忆乃至时代精神。这便是为何德布雷认为"传递"属于历史范畴，而媒介学则与历史学家的工作息息相关。

德布雷提出，媒介学研究的是历史转化而非历史年表。当传递发生时，作为出发点的技术势必带来对文化的扰动，最终完成媒介化，即赋予某种主观要素以物质力量。可以说，"媒介学的中心是发现技术和文化的互动结构"（陈卫星，2015）。为了实现这个目的，在德国动物学家恩斯特·海克尔（Ernst Haeckel）提出的生态学的启发下，德布雷以一种关系式的生态思维方式创制出"媒介域"（médiasphère）这个概念。他认为，媒介域指的是"一个信息和人的传递和运输环境，包括与其对应的知识加工方法和扩散方法"，它同时是一个技术结构和制度结构（德布雷，2014b：262，271）。简单来说，媒介域指的就是媒介技术所创造的宏观环境系统，它说明了"传递技术及其制度配置如何被牵连进信仰的改变，也就是社会秩序的确立和改变"（陈卫星，2015）。

媒介域决定了时代的本质特征，"每个媒介域都会产生一个特有的空间—时间组合"，"一个特定媒介域的消亡导致了它培育和庇护的社会意识形态的衰退"（德布雷，2014b：262，272）。媒介域的提出，正是为了实现从媒介学切入来认知文明史的目的。以主导媒介为依据，德布雷将文明史划分为逻各斯域（logosphère）、书写域（graphosphère）和图像域（vidéosphère）。逻各斯域是一种不加掩饰的神学时代，在这个阶段，人类思考的主体性只是传递收到的真理。文字来自上帝，经由上帝口授、人类记录再口授而形成。而书写域指代活字印刷时代，也称"形而上学时代"。这一时代出现了大量的书写者与艺术家，人们开始用眼睛进行阅读，负载知识流动的印刷品深刻地改造了社会观念，而德布雷本人亦是书写域的坚定拥趸。在图像域时代，书籍被从象征的底座赶下台，人们开始注重视听媒介。需要注意的是，三种媒介域之间并不是线性更替，一个媒介域时代的出现不代表旧媒介的消亡，比如电视没有彻底消灭广播，而互联网也没有取代电视，"在我们的灵魂中，同时有一个书法的东方，一个印刷的欧洲，一个大屏幕上的美国"（德布雷，2014b：458）。媒介域的转换反而存在着明显的临界效应，通过印刷品我们可以更好地了解手写本的角色，通过图像我们可以更好地了解文字的角色，而模拟记忆（电视、广播等）常常借助随后的数字技术（激光读取）完全显形。因此，在媒介域交界之时，人们方能更好地理解旧媒介。

三、"媒介学"的运用

在德布雷的设想中，媒介学应当是一门可以操作的工具式学问，譬如德布雷创办的学术期刊《媒介学手册》当中便有许多文章对媒介学提出的诸种原理做出了验证。在《普通媒介学教程》一书当中，展示媒介学运用的案例亦比比皆是。

鉴于媒介学一以贯之的中心任务是关注一种观念如何演变为事件，获得实体，德布雷分析的对象常常就是某种宗教或政治主张。在《普通媒介学教程》的第四、五章中，德布雷对基督教的信仰机制进行了集中分析。基督教何以能将其教义广泛传布，并且受到很多人的追随？从媒介学的路径出发，应该将原因归于基督教的媒介化。德布雷甚至认为基督教就是"由媒介化制造的宗教"，而媒介学只是反映在非宗教领域当中的"一个迟缓的基督学"（德布雷，2014b：98—99）。

在三个一神论宗教中，只有基督教生产出了造物主的神人同形图像，通过可见的图像令视觉与道德交合，赋予信徒们注视上帝的机会，感官形式成为圣灵的载体。不止如此，精神物借助生动的色彩、线条与塑像，便于流通的装订本，以及有趣的节庆活动、游戏与神话故事得以传递。物质、文化、组织机构以及社会制度的相互耦合在基督教的媒介化过程中扮演着重要角色，它们令神圣以"平易近人"的方式直接解释图像在基督教当中的作用，以触手可及的方式步入日常生活，亲吻众生。相较而言，基督教的化身能力在宣传力上明显优于犹太教的抽象能力，犹太律法不会化身于个人，而只能由时间和记忆承载，因此缺乏散播的弹性（德布雷，2014b：117）。这与"上帝"一词在拉丁文中的原意有关，该词原指"脱离、距离化"，代表的是一种厌恶、无情与冷漠（德布雷，2014b：119）。而基督教在这个方面进行的改造可谓大获成功，基督教的神奇之处在于"在两个字眼中间总有第三者的位置"（德布雷，2014b：119）。比如圣徒和简单信徒之间总有一个二等圣徒的位置，再如天堂与地狱之间总有一座苦乐桥，等等。"数字三"作为一种隐喻，意味着居间调节，它串联起无数个类似的链条，从圣母、圣灵、神父到教理初学者，再到《圣经》、教会，都被纳入这种链条，作为中介装置、传递机器与彼此发生相互作用。如此一来，基督教就克服了一神论在界面问题上的弱点。从这个角度来说，"基督教的天才之处就是中间人的天资"（德布雷，2014b：120），基督教的秘诀在于它掌握了制造媒介角色、启动中介行为、聚合共同体的要义。德布雷通过这个案例，验证了媒介学的一项重要假设——"一个'主义'不只是论题和信念的一个实体。而是一个生活环境、一个安全的掩蔽所、一个互助和社会保护的家庭"（德布雷，2014b：162）。

除宗教分析之外，德布雷对媒介学的又一代表性运用体现在《普通媒介学教程》第十章倡导的"公民媒介学"之中。对德布雷而言，公民媒介学的发展是媒体技术革新的必然结果。由于各式各样的媒体逐渐代替了我们思考，媒体机构越来越深地影响到国家权力的运作，因此，媒体渐渐扮演起这个时代最为重要的媒介化机制的角色，当下的媒介学也必须着重回应媒介技术引发的诸多议题。这些议题包括新兴媒体的崛起，新旧媒体间的竞争，媒体与集体记忆、社会共识的关系，主流媒体与主流思想的关系，媒体控制与行政管理、社会治理的关系，等等。归根结底，它们指认的是媒介域的存在，即每个时代占统治地位的意识形态都有其自身的媒介学性能指标，与赋予其生命的媒介域相关联（德布雷，2014b：349—350）。考虑到媒介域的存在，政治统治、社会变革就无法与其传递的物质条件、象征的灌输方式相分离，观念通过技术媒介产生的流通将反制观念的生产，"任何集体改造事业都要服从于一个传递技术系统"（德布雷，2014b：351）。

值得一提的是，在公民媒介学中，德布雷贡献了许多入木三分的精练表述，比如他说"国家都不再是媒体的主人，相反媒体成为国家的主人，国家想要生存，就需要它同有思考能力、有使人相信的能力的主人交涉"（德布雷，2014b：350），这说明德布雷看到媒介逻辑完全有能力自主地改造权力结构。他甚至提出，"机器会传递自身的世界观……政治权利的候选人和持有者无法不为机器服务、成为机器的辅助和衬托"（德布雷，2014b：371），就像电视决定了候选人的服饰、位置、词汇和用语，观众也不再要求电视提供深入调查，他们期待的是娱乐和轶事，而电视一度成为一切社会事务、公众议题的必经通道。

概而言之，从媒介学理论体系来看，公民媒介学是媒介域方法在大众媒体批评上的一次运用，凸显了媒介学的实践取向，试图揭示信息传播如何影响政治与社会领域。之所以被命名为"公民媒介学"，是因为公民身份的实现、公民权责的对位愈发依赖技术媒介。实际上，这种关切同样体现在德布雷早先出版的《法国的知识权力》当中，折射出德布雷这位法国左翼共和主义者的现实情怀——基于自身的拉美革命和法国从政经历，致力于促进公民对公共政治事务的参与。德布雷在《普通媒介学教程》中引用了马克思那句著名的话，"哲学家只是用不同的方式解释世界，而问题在于改变世界"，显然，公民媒介学也以后者为自身旨归。

四、评价与反思

《普通媒介学教程》是对媒介学的一次体系化理论阐释，德布雷在其中完成了对媒介学基本概念、理论诉求的初步建构。之所以说初步，是因为这本书在很多方面并不像一部严格意义上的学术著作，德布雷在其中常常表现得更像一位评论家。这或许符合德布雷的设想，他提到，希望这部教程性质的作品面向大学生、普通人而非专家、学者（德布雷，2014b：前言37）。也正如他自己承认的那样，《普通媒介学教程》在逻辑论证上不够严密，在案例列举上过于发散，甚至许多引用也缺乏文献标注。这些特质充分地展示出德布雷才思敏捷和发散开阔的思维特点，客观上却增加了读者的理解难度；更重要的是，他留下了许多言犹未尽之处。相较而言，德布雷此后出版的《媒介学宣言》与《媒介学引论》对媒介学的理论构筑显然更为成熟，在媒介的含义、传递与传播的区别、媒介学与其他学科的边界等诸多问题上谈得更为详尽，表述也更加严谨。从这个层面来看，《普通媒介学教程》虽是德布雷媒介学的奠基之作，却也只是这一理论体系的阶段性成果。

事实上，媒介学自其诞生以来便遭遇了许多争议，这些争议大多类似，指向的是媒介学的理论合法性，如德布雷概念使用松散，方法使用轻率，整个理论体系过于笼统而难以使人信服（Vandenberghe，2007）。其中，与德布雷一度交好又分道扬镳的布尔迪厄对媒介学的犀利评价便颇具代表性，"那些自称掌握了'媒介学'这一门并不存在的科学的人，不经过任何调查，就对传媒界的现状下武断的结论"（布尔迪厄，2000：58）。对照《普通媒介学教程》一书，可以发现这些争议所指倒也不无道理。不过，这并不妨碍媒介学已然展露出自己的思想锋芒。

德布雷的媒介学是一种极具欧陆色彩，尤其深刻体现了法国革命传统的媒介理论，有助于传播学冲破美国主流传播理论的垄断地位。德布雷在媒介学的建构过程中批判地吸收了许多学者的思想，其中包括葛兰西的文化霸权概念，阿尔都塞的意识形态国家机器，福柯的话语与权力理论，布尔迪厄的场域理论，麦克卢汉的媒介思想，等等，在此基础上，又叠加了德布雷本人不可忽视的革命与政治实践经历，媒介学呈现出的结果便是"承认媒介形式的重要性，但同时又强调这种形式和与之相关的意识形态、社会文化和相关组织机构是一个整体，不能分割"（胡翼青、王焕超，2020）。一方面，媒介学的思考方式修正了将媒介视作中性传输信道与工具的传统媒介观，拓展了媒介概念的内涵与外延，从而媒介学可以被看作媒介物质性思潮中的一种，帮助我们发掘物质载体、传播介质的重要性，以"一种媒介学的'唯物论'取代了意识形态的至上性"（米耶热，2008：80）。另一方面，媒介学打破了一系列在传播研究中根深蒂固的二元论，将技术与文化、物质与观念、客观与主观统合起来加以思考，这意味着媒介学的特殊性在于它使用的是一种实践取向的物质性概念，所关注的并不是某个实体的物本身，而是包括载体、介质等物质性维度在内的媒介如何作为社会装置产生中介行为，促成关系汇聚。德布雷对媒介学的设计从始至终都落脚于如何更好地面向意识形态实践，促成时代精神传续，因而媒介学尤其擅长"把包含技术史的文明史和文化史联系起来"（德布雷，2014b：8），以观察媒介如何在技术与文化之间发挥联结、中介、转化之效。

德布雷在媒介学当中展现的理论野心是巨大的。德布雷最终想做的是打破人文社会科学建制上的藩篱，将媒介学定位于处于传播学、符号学、社会学等学科构成的十字路口，以补足它们各自的学科盲区，完成对技术、文化、社会等要素多位一体的考察，以回应文化传承的物质和社会条件，以及社会的生产与再生产。（Vandenberghe，2007）然而，正如法国传播学者贝尔纳·米耶热（Bernard Miège）指出的那样，德布雷似乎总是处在"漠视学院式的划分"与"试图得到大学的承认"所带来的撕扯之中，从而导致其"挑战性的和教育性的企图有时会战胜概念化，因此还是留给读者自己去选择，德布雷的观点或许不像他宣称的那样具有一般性"（米耶热，2008：81）。米耶热的观点提示我们，如果愿意放弃用学院派的精致眼光来打量媒介学，转而变成去捕捉德布雷字里行间潜藏着的洞察力，媒介学的"效用"或许更能得以彰显。毕竟，以《普通媒介学教程》一书为例，其中对许多具体现象、问题的分析中经常能迸发出灵感的火花，在搭建媒介学主体框架之外，还为读者提供了许多可供深入思考的有趣议题。

德布雷将媒介学称为"一项团队运动"（德布雷，2014b：前言40），他不仅乐于看到后辈学人对媒介学的推进与应用，并且曾经提到，与法国相比，原本就没有二元主义传统的中国或许更适合媒介学的发展，中国学者可能更加擅长对技术与文化的互动进行整合性分析。（陈卫星、德布雷，2015）既然如此，中国读者大可走近媒介学加以探查，甚至试着上手运用一番。

（谌知翼　韦君宇）

参 考 文 献

Frédéric Vandenberghe, "Regis Debray and Mediation Studies, or How Does an Idea Become a Material Force?" *Thesis Eleven*, 2007 (1), pp. 23-42.

〔法〕贝尔纳·米耶热：《传播思想》，陈蕴敏译，南京：江苏人民出版社，2008。

陈卫星：《传播与媒介域：另一种历史阐释》，《全球传媒学刊》，2015 (1)。

陈卫星、〔法〕雷吉斯·德布雷：《媒介学：观念与命题——关于媒介学的学术对谈》,《南京社会科学》, 2015 (4)。

胡翼青、王焕超:《媒介理论范式的兴起:基于不同学派的比较分析》,《现代传播》, 2020 (4)。

〔法〕雷吉斯·德布雷:《媒介学引论》, 刘文玲译, 北京:中国传媒大学出版社, 2014a。

〔法〕雷吉斯·德布雷:《普通媒介学教程》, 陈卫星、王杨译, 北京:清华大学出版社, 2014b。

〔法〕雷吉斯·德布雷:《媒介学宣言》, 黄春柳译, 南京:南京大学出版社, 2016。

〔法〕皮埃尔·布尔迪厄:《关于电视》, 许钧译, 沈阳:辽宁教育出版社, 2000。

拓 展 阅 读

〔法〕雷吉斯·德布雷:《图像的生与死:西方观图史》, 黄迅余、黄建华译, 上海:华东师范大学出版社, 2014。

〔法〕雷吉斯·德布雷、赵汀阳:《两面之词:关于革命问题的通信》, 张万申译, 北京:中信出版社, 2014。

贝尔纳·斯蒂格勒

《技术与时间》

　　《技术与时间》是法国哲学家贝尔纳·斯蒂格勒（1952—2020）的成名作和代表作。该作奠定了他日后技术哲学和社会批判思想的基础，出版后引起学界重视，被认为是 20 世纪末法国哲学界最有影响力的著作之一。在该书已经出版的前三卷中，斯蒂格勒将技术置于全部哲学思考的中心，通过回溯历史，阐明人与技术的原初共生关系；通过遍览人类社会技术发展状况，对数字时代的技术问题进行鞭辟入里的剖析。以海德格尔、胡塞尔、康德和德里达的哲学思想为入口，以吉尔伯特·西蒙栋、安德烈·勒罗伊-古尔汉和贝特兰·吉尔（Bertrand Gille）等人类学家对技术的认知为素材，以霍克海默和阿多诺的社会批判理论为参照，斯蒂格勒发展出了独属于自己的一套激进而极富张力的技术批判思想。

一、成书背景

　　《技术与时间》是斯蒂格勒在著名法国哲学家德里达的指导下完成的博士学位论文，共五卷，目前已在国内翻译出版了三卷，分别为第一卷《爱比米修斯的过失》、第二卷《迷失方向》以及第三卷《电影的时间与存在之痛的问题》。

　　斯蒂格勒的人生经历可谓传奇。1978 年，经营着一家酒吧的斯蒂格勒因抢劫银行而被判入狱。据斯蒂格勒所说，他抢银行仅仅只为了拿回属于他自己的钱。在狱中，26 岁的斯蒂格勒正式开启其哲学生涯。他先后阅读了胡塞尔、勒罗伊-古尔汉、海德格尔等思想家的作品，接触了现象学与技术哲学，在现象学和马克思主义、左翼思想的对比中发现了技术的问题。在此期间，斯蒂格勒与法国哲学家德里达相识，出狱后即跟随德里达学习。1993 年，斯蒂格勒于巴黎高等社会科学院完成论文答辩，并获得哲学博士学位。由于斯蒂格勒的哲学学习历程不同于常规，不仅起步晚，而且本人还没有接受过学院内系统和正式的哲学教育培训，"所以，他对文本的互文挪用多少有些不按章法，显示出一般学者通常不会出现的逻辑任意"（张一兵，2017c）。这是《技术与时间》书写方式的突出特点。

作为法国思想界最活跃的人物之一，斯蒂格勒的研究横跨哲学、经济学、艺术、媒介等多个领域，而技术问题则是贯穿他研究生涯始终的核心命题。许多人将斯蒂格勒视为技术哲学家，其实在斯蒂格勒看来，当今社会的技术问题本身就是哲学问题，技术即哲学。斯蒂格勒在《技术与时间》中指出，过去的哲学在很长一段时间里对技术的关照不足，常常把技术排除在思维对象之外，而后来有关技术的思考又往往与从笛卡尔以降的现代哲学相关，即认为"技术是一种控制力，是作为构成者的主观性与作为被构成者的客观性之间的对立"（斯蒂格勒，2012：226）。斯蒂格勒认为，这种将技术与主体对立的思维模式过于常识化且意义贫乏，除了制造人对技术系统的恐慌外毫无意义，而且现代科学技术的发展已然表明，这样的思考范式难以解释生活中的种种新现象。《技术与时间》的写作就是要否思这种技术与主体的对立模式，从根本上抽离主客体二分的传统观念，超越过去对技术刻板的、粗浅的、浮躁的认知，从现象学出发打开一方新的技术哲学研究天地，寻找一条符合当代数字技术之本质的社会批判路径。

根据斯蒂格勒本人的建议，我们不必按照传统的线性顺序依次翻阅三本著作，首先翻阅第三卷未尝不是另一种选择。该卷加入了大量生动鲜活的现实案例，前两卷已经介绍过的诸多研究问题也会在此卷中被重新介绍、深入分析和考察，使读者不必为了理解第三卷而去翻阅前两本书。从某种角度来看，可以说《电影的时间与存在之痛的问题》堪为《爱比米修斯的过失》和《迷失方向》的最佳引言（斯蒂格勒，2012：告读者 1）。

二、第三持存

在《技术与时间》中，斯蒂格勒创新了许多语词与概念以阐发其原创思想。其中，"第三持存"（rétentions tertiaire，又译第三持留、第三滞留）是贯穿他对技术问题的思考与对数字化社会的批判的最重要线索。在斯蒂格勒这里，第三持存的线索源起于胡塞尔的意识现象学，对应"图像的意识"，与其技术本体论有着紧密的联系。斯蒂格勒不断丰富"第三持存"的内涵，并将其渐渐发展为直击时代症候的西方马克思主义社会批判理论。

斯蒂格勒提出的第三持存可理解为如假肢般外在于人且能存储人的记忆的物质载体。在胡塞尔那里，第一持存是所有即刻的、活生生流动的时间的集合，是一种对当下时刻的具体感知。譬如在欣赏一首乐曲时，每一个当即听到的转瞬即逝的音符，对应的便是第一持存所代表的现在。第二持存则存留于人的想象与回忆中，是对第一持存进行遴选后的再次积累与激活。当你记起之前所听到的乐曲，脑海中浮现出的旋律便是第二持存。斯蒂格勒认为，第一持存和第二持存的局限在于，二者"都是发生于人的主观记忆之中的经验性关联，但在实际生活中，由于生物记忆的局限性，人的记忆更多地存在于主观记忆之外的第三种类型的记忆（troisième type de souvenir）"（张一兵，2017a）。如果说第一持存和第二持存关乎人的内部体验，那么第三持存对应的便是技术，第三持存得以让我们通过人的主观经验之外的物质性载体来保留和再现过去，使得消逝的时间多次同样的重复成为可能。

第三持存的提出基础涉及斯蒂格勒在《爱比米修斯的过失》中重点述及的思想——代具（prothèse）、外在化（extériorisation）以及后种系生成（épiphylogénéyique）。面对人与技术的关系问题，斯蒂格勒追溯到人诞生的原初状态，基于爱比米修斯在创世时忘记给人类分配属性这一过失，将人定性为与生俱来就带有缺陷的存在；由于人的本质是被忘记给予属性的，所以人必须借助外在于人的技术属性进行生存与进化，对遗忘之缺陷进行补足。因此，斯蒂格勒认为：在本体论意义上，技术并不是人后天发明的工具抑或受控于人的物品，而是原创之时就与人同构共生的代具，外在于人且为人所依赖；人的进化并非像一般动物一样完全依赖生物性的基因遗传，而是在与技术相互发明的过程中实现了归纳式积累，即后种系生成。必须要强调的是，在斯蒂格勒这里，代具并不是蛇上添足那样外加于人的可有可无的附件，也"不是人体的一个简单延伸，它构成'人类'的身体"（斯蒂格勒，2019：165）；后种系生成亦并非人和技术简单的合并同类项，而是外在与内在耦合的前提下复杂的互构与前进。

人与技术的后种系生成有赖于第三持存及其本身的不断更新，第三持存是人的记忆和生命姿态的外在化。斯蒂格勒推论，早在史前时期，燧石便可被视作人类形成之初的后种系标向，作为人类的纹迹，它能够记载彼时发生的事情，保留大脑所不能外化的东西。书面性的拼音文字是人类文明遗产得以传承的最重要的第三持存，它使出口即逝、口耳相传的口语能够克服时间和空间的距离，给予人通达过去和远方的入口。《爱比米修斯的过失》中多次强调，人是具有一种原初性缺陷的，即爱比米修斯的遗忘之过，文字的代具性则弥补了人类因遗忘而无法妥善保管经验的缺陷。

在这些原创概念的基础上，斯蒂格勒指出第三持存之于人的深刻意义："第三持留是意识的代具。没有这一代具，就不会有思想，不会有记忆的留存，不会有对未曾经历的过去的记忆，不会有文化。"（斯蒂格勒，2012：50）第三持存直接关系到人最根本的存在和延续问题，动物的死亡会造成其个体生命经验的丢失，而一代又一代的人类却能够在走向终结的生命历程中，以第三持存记录思想、文化、经历、经验，实现文明遗产的传播与传递。并且，站在科学技术交融革新的现代来看，"由于第三持留必须不断接受新的代具，而且持留和技术的领域又是不断创新的领域，所以第三持留既是对技术革新所带来的新生活方式的接受，又是对未曾经历的集体过去时刻的持留的接受。技术性代具使后来人能够进入这些持留"（斯蒂格勒，2012：80），由此，借助第三持存连接同一过去的每一个体，通过被嫁接、转移、综合和融合的整体性的第三持存，可以构建出共享相同集体记忆的共同体。

依托工业革命以来飞速发展的技术科学而成长的数字第三持存昭示人类记忆的外化迈入了新的阶段，从记录声音的留声机、唱片，到记录图像的电影、相机，再到视听实时转播的广播、电视，技术物能够越来越完整地保留当下情境，将过去复制到现在。不同于以往任何历史阶段的是，这种能够将过去与现实叠合的第三持存，在人类社会引发了前所未有的断裂与危机，过去能够和人在动态平衡中实现后种系生成的技术，在巨大的加速状态中超出了社会结构运作框架，技术体系俨然成为主宰社会体系的操盘手，由记忆术与科技混合的第三持存不仅仅是停留于与人共生的阶段，还能够自主实现进化，以自动力反制于人类社会。在斯蒂格勒看来，这样的当代技术破坏了拼写文字所铸造的生活模式，作为神经系统外延的第三持存在模拟和数字技术的助产下，衍生出庞大的全球记忆工业体系。

三、记忆工业

如果说工业革命以来技术的急速发展促成了技术体系和社会组织间的断裂，那么20世纪以来模拟和数字技术在记忆机制中的普及应用更加剧了社会的震荡。斯蒂格勒认为，现代技术在实现人类想象和记忆外延的基础上，又开启了神经系统外延的新阶段，"信息工业和程序工业（二者共同构成通信工业）是神经系统外延和想象外延的具体化"（斯蒂格勒，2010：114）。斯蒂格勒所说的程序工业与霍克海默和阿多诺所指的文化工业大意相同，这种工业通过视听媒介掌控人们的意识，将人类日常生活的时间和空间彻底颠覆并重新配置。在时间上的表现为消除时间间隔，以实时取代延迟。譬如古代以文字为媒介时，信笺的传递需要日夜等候，人与人之间的沟通具有滞后性，而现代广播、电话的出现得以让对方在千里外亦能与自己如面对面一般同步交谈。在空间上的表现为非领土化，只要共有相同的连接线，人与人、地区与地区便能迅速网络化，譬如互联网的横空出世打破了地域间的区隔。程序工业所表现出的这些特征，实为构成其工业基础的第三持存所具备的特征。斯蒂格勒分析指出，"第三持留既有空间性，又有时间性，而且它调整了区分空间与时间的可能性"（斯蒂格勒，2012：100）。正是因为第三持存的此种特性，数字化媒介技术体系对人类意识的工业化生产才成为可能。以电影和电视为例，斯蒂格勒揭露了第三持存化意识为记忆工业之材料的过程。

在斯蒂格勒看来，观看电影的时候，"我们的意识所经历的时间将完全在被声音、音响、台词和语音联系在一起的图像的运动中流逝"（斯蒂格勒，2012：11），观众的意识流与作为一种时间流的电影本身相重合，"产生了'过去时刻'和'现实性'相结合的效应"（斯蒂格勒，2012：25）。结果就是，"我们在此已经无法区分现实与虚构，无法区分感知和想象"（斯蒂格勒，2012：29）。通过电影第三持存所打开的世界，我们的时间成为他者的时间。斯蒂格勒认为，"这一切之所以成为可能，是因为意识的整个结构都具有电影特质"（斯蒂格勒，2012：32），意识是在第一持存、第二持存和第三持存的交融中被遴选、剪辑、重组的蒙太奇，个体的意识流随电影时间流的运动本质是一种"接受"的过程。

而作为电影技术之升级的电视，又在以下两个方面进一步实现了第三持存对观众意识的操控，"一、作为远程传播技术，电视使某一观众群体得以在领土各个角落同时观看同一个时间客体，使诸多大型时间客体（媒体节目表）的构建成为可能；二、电视具有信号捕获技术和现场直播技术，它使该观众群体得以在某一事件发生的同时，在领土的各个角落集体体验这个被捕获的事件。此时，电视所传播的是一种即时性时间客体"（斯蒂格勒，2012：43）。也就是说，我们的意识不仅能够进入第三持存的时间流，与媒介时间投映融合，还能因实时共享同样的时间客体，在一瞬间实现意识流的汇聚，成千上万的意识可能会同时遴选、"调控"和"接受"同一第三持存，"因此，第三持留的空间性使这些意识几乎被物质化，而且在任何情况下都会使它们'物化'，所以意识群体才可能会变成'观众工业'，即程序工业的原材料。这样一来，一个广袤的意识市场在 20 世纪末完成了构建"（斯蒂格勒，2012：100）。

斯蒂格勒反复强调"接受"在意识市场形成中发挥的重要作用，认为人类在"接受"的过程中统一于由以第三持存为质料构建起的庞大的记忆工业体系，"对技术的接受和对既成的过去时刻的接受使一个共同的未来得以投映，从而也使某个'我们'得以构建"（斯蒂格勒，2012：123）。在模拟、数字和生物技术融合的超工业化（hyperindustrialisation）时代背景下，媒介体系强化了人类意识的共时化、标准化、同一化进程，"我们"的意识随第三持存的调节而变化，工业持存体系不仅控制"我们"想什么，还以消费主义的指引控制"我们"要什么，这样的"我们"实际上是丧失个性化的群体，这种"个性化的丧失导致了普遍的人生苦痛"（斯蒂格勒，2012：6），即第三卷标题中出现的"存在之痛"。斯蒂格勒认为，如果说19世纪被机械工具所支配的劳工者丧失了手工制作的完整知识和技能，工人被无产阶级化，20世纪广播电视的应用致使民众丧失了生活的知识，导致感知情感的无产阶级化，那么，现如今如灾难一般的象征符号的工业化批量生产，则导致了消费者的无产阶级化。与此同时，人们的"理论化和慎思的心智官能，被当前的无产阶级化操作器所短路，而这个操作器就是数码第三持存，也就是记忆技术的人造物"（斯蒂格勒，2016：111），换言之，"我们"的心灵也在数字第三持存的支配下无产阶级化了。

斯蒂格勒由存在论到认识论，呼应并超越了海德格尔的"世界的历史性"、胡塞尔的"图像的意识"、康德的"第三重综合"以及霍克海默和阿多诺的"文化工业"，发展出了以第三持存为核心、对数字第三持存筑造的记忆工业的新批判之路，弥补了马克思思想中对技术作为记忆的思考的缺失。不同于全然否定现代文化工业体系的法兰克福学派的是，斯蒂格勒面对超工业社会的技术景观并非持极端消极批评的态度，而是以一个积极探索出路的冒险家的姿态指出，不管是过去尚未数字化的第三持存，还是如今与科学技术结合的第三持存，所有的第三持存本身都是药，而药既有毒性，也有疗效，如果我们不去寻求行之有效的新疗法，那么这些药会荼毒整个人类社会。

四、评价与反思

显然，斯蒂格勒以大量篇幅在本体论层面思辨第二持存的历史轮廓，同胡塞尔、海德格尔、康德等哲学家进行对话，其本意并非创造某个新概念，而是希望以第三持存为基点，展开对数字时代技术问题的激烈批判。在打磨好第三持存这一线索的理论内核后，斯蒂格勒立即将其作为强有力的批判武器。在他的整个学术生涯中，第三持存瞄准的是迷失方向的人类现世，解剖的是当今社会的存在之痛，对抗的是记忆工业与数字媒体的毒性。斯蒂格勒哲学研究的积极性也正在于此——他的哲学思考不是纯粹形而上学的、被动沉稳的。他先追根溯源至人的原初状态以界定一种人与技术的共生关系，后从关于第三持存的批判理论中寻求治疗人类存在之痛的解药，打破的是卢梭对外在于时间的人的起源的想象，告别的是霍克海默和阿多诺对文化工业全面否决的极端态度。他不妄想存在一个超出人世的、剥离了技术的理想环境，而是直面人和技术无法分离也无法单向决定对方存在的事实，正视数字化时代人与技术岌岌可危的关系，重新思考技术问题本身，并努力开辟新的批判之路。

当然，斯蒂格勒对技术问题的思考虽颇具独创性，但也或多或少存在着缺陷或留下了未能解决的问题。首先，斯蒂格勒在第一卷中所提出的技术代具思想昭示了人与技术"本是同根生"的共生关系，对标了自笛卡尔以来的主体和客体二分对立的僵化思维模式。他希望跳出狭隘的技术决定论或人类中心论的视角，然而，其后在认识论层面展开以技术为核心的政治经济学批判时，又不免站在人的主观立场上，对作为客体的技术进行二元对立式批判，技术成为宰制人类、控制社会的主导性力量。那么，为何本体论上的技术和认识论上的技术会产生这么大的断裂，人与技术的关系为何在《技术与时间》三卷本前后有如此巨大的转变呢？斯蒂格勒并未给出清晰的解释。其次，也正是由于斯蒂格勒不自觉地以主体的身份对数字第三持存进行分析，第三持存在他这里很多时候是作为一种客观的、物质性的具体对象而存在。斯蒂格勒将技术作为显在的实存看待，与马克思的关系视角、唐·伊德的知觉视角、芒福德的文明视角等相比更为机械化。张一兵曾对斯蒂格勒实体化的技术思想进行了质疑："在斯蒂格勒对技术性的表述中，他指认了后种系生成的技术的标志是工具和文字，并且他也援引了德里达的'纹迹'的观点，但在他的隐性构境支点里，技术却是可见的对象化的事物，即他所借喻的'一般器官'。这个'一般器官'不是生物机体的器官，而是体外的'义肢'，工具和文字都是这种可见的'假肢'。可是，从马克思、海德格尔开始，对技术的思考都已经从对象性的可见物性存在转移到这种'义肢'在生产和文化活动中的功能发挥，即马克思的物质生产力构序和海德格尔的座架概念的深刻构境。斯蒂格勒关于技术的定位，显然是从非实体主义的关系存在论大大倒退了。"（张一兵，2017b）

总的来说，对于传播学而言，将技术作为哲学思考的全部、颠覆性地反转人与技术主客体二元对立之传统观念的斯蒂格勒，无疑能够为当前的传播研究带来宝贵的新鲜血液。孙玮曾指出主流传播学在当前所面临的困境，认为"在'技术'这个现代社会至关重要的概念上，不同路径的研究跨越学科、专业的边界，长久以来形成高度互动的对话与交锋。难以想象的是，以高度依赖技术的大众媒介为研究对象的主流传播学，却置身于这个技术思潮之外。主流传播学的技术观长期局限于手段—工具论的单一路径中，越来越狭窄、僵化，逐渐丧失在技术议题上与其他学科对话的能力与机会。而且更为严重的是，对自身如此落伍、单一的技术观预设缺乏基本反思"（孙玮，2016：69）。陷于功能主义和效果研究囹圄的传播学很容易丧失理论创新的活力，而斯蒂格勒的技术观是我们超越功能主义的媒介研究框架、开拓传播学研究更宽阔路径的重要思想资源。

（赵婷婷）

参 考 文 献

〔法〕贝尔纳·斯蒂格勒：《技术与时间：1. 爱比米修斯的过失》，裴程译，南京：译林出版社，2019。

〔法〕贝尔纳·斯蒂格勒：《技术与时间：2. 迷失方向》，赵和平、印螺译，南京：译林出版社，2010。

〔法〕贝尔纳·斯蒂格勒：《技术与时间：3. 电影的时间与存在之痛的问题》，方尔平译，南京：译林出版社，2012。

〔法〕贝尔纳·斯蒂格勒：《人类纪里的艺术：斯蒂格勒中国美院讲座》，陆兴华、许煜译，重庆：重庆大学出版社，2016。

孙玮：《从新媒介通达新传播：基于技术哲学的传播研究思考》，《暨南学报（哲学社会科学版）》，2016（1）。

张一兵：《回到胡塞尔：第三持存所激活的深层意识支配——斯蒂格勒〈技术与时间〉的解读》，《广东社会科学》，2017a（3）。

张一兵：《人的延异：后种系生成中的发明——斯蒂格勒〈技术与时间〉解读》，《吉林大学社会科学学报》，2017b（3）。

张一兵：《斯蒂格勒与他的〈技术与时间〉》，《河北学刊》，2017c（4）。

拓 展 阅 读

〔法〕贝尔纳·斯蒂格勒：《南京课程：在人类纪时代阅读马克思和恩格斯——从〈德意志意识形态〉到〈自然辩证法〉》，张福公译，南京：南京大学出版社，2019。

曼纽尔·卡斯特

《网络社会的崛起》

1991 年，因特网正式登上人类历史舞台，不出十年便深刻地影响了全人类的日常生活，一个全新的虚拟社会出现在人们面前。曼纽尔·卡斯特作为已经功成名就的城市社会学家，敏锐地感觉到一种新的社会形态即将来临，并将其命名为网络社会。在 1996—1998 年这短短三年时间中，卡斯特便充满激情地推出了"信息时代三部曲"，而《网络社会的崛起》则是这三部曲的第一部，也是三部曲中传播最为广泛和最受推崇的一部。

一、成书背景

卡斯特 1942 年出生于西班牙阿巴赛特省赫林镇的一个保守派贵族家庭。在就读于巴塞罗那大学期间，因为积极投身反抗西班牙佛朗哥政权的社会运动，卡斯特遭到政治放逐，流亡巴黎。在无法取得巴塞罗那大学学位的情况下，卡斯特转而前往巴黎大学（索邦大学）求学。1964年卡斯特从经济法律系毕业后继续在社会学系学习，并于 1965 年到1967 年间兼任巴黎高等实践学院工业社会学研究室研究人员，在这里，他得到了阿兰·杜罕（Alain Touraine）的指导。1968 年，巴黎"五月风暴"爆发，卡斯特时任巴黎大学（南特校区）社会学的助理教授，而这里也正是运动最为激烈的地方。运动结束后，他因支持并积极参与学生活动被学校解雇，只得辗转到加拿大蒙特利尔大学担任社会学助理教授，并参与了智利阿连德社会主义政府时期的都市研究工作。1970 年，在导师阿兰·杜罕的帮助下，巴黎高等社会科学院邀请卡斯特回到法国，并聘任他为社会学副教授以及城市社会学研究室主任。1979 年，美国加州大学伯克利分校城市与区域规划学系邀请卡斯特担任该系教授，此后他在美国定居。2001 年，他在西班牙巴塞罗那加泰罗尼亚大学担任研究教授，两年后，他再次回到美国，出任南加州大学新闻与传播学院传播学教授。他也是南加州大学公共外交中心的开创者，并受聘为众多著名大学的客座教授以及诸多国际性协会的委员与主席（胡翼青，2023：286）。

卡斯特的国际名望形成于 20 世纪 60 年代末 70 年代初，他以"阿尔都塞主义者的理论角度，在世界性的社会运动所造成的历史转化与理论反省的多重力量交织的形势下，对以芝加哥学派为代表的美国主流的都市社会学进行了认识论批判，造成了都市社会学范型的转移"（卡斯特，2001：12）。在此期间，卡斯特的城市社会学的代表作是出版于 1972 年的《都市问题》。但在 1977 年的英译版序言中，卡斯特宣称自己已经不再是一个结构主义者了。1983 年，卡斯特出版《城市与基础》，以扎实的经验研究为基础的理论思考为他赢得了怀特·米尔斯奖。在此之后，他的研究主题进一步扩展，他开始关注高速发展的科技尤其是信息科技对资本主义社会经济的冲击和影响。在此之后，他独自或与人合作出版了《信息化城市》（1989）以及《世界技术城市》（1994）等书。90 年代中期，针对方兴未艾的全球信息化资本主义建设、网络社会兴起以及身份认同的问题，他写就"信息时代三部曲"——《网络社会的崛起》（1996 年初版，2000 年第二版）、《认同的力量》（1997 年初版，2010 年第二版）以及《千年终结》（1998 年初版，2010 年第二版）。值得一提的是，为了完善他对多元文化语境下网络社会的研究，1983 年到 1995 年间，卡斯特先后在日本、韩国、中国和新加坡等东亚和东南亚国家进行教学研究，以完善他对亚太地区如何被卷入信息科技革命的分析（Castells，2016：6）。

卡斯特的"信息时代三部曲"是对高速发展的信息技术所带来的经

济社会变革最全面和深刻的阐释。三部曲的分工有所不同。他在《网络社会的崛起》一书开篇指出："以信息技术为中心的技术革命，正在加速重造社会的物质基础。"（卡斯特，2001：1）尽管卡斯特赋予了技术以当代社会变革核心要素的地位，他的立场却不是"技术决定论"的，因为"技术决定论问错了问题"。在他看来，技术就是社会本身，"若无技术工具，社会无法被了解或者再现"（卡斯特，2001：6）。法国媒介学家德布雷与卡斯特有着相似的立场，他首先将人类的历史看作记忆传承的历史，认为在这样的历史书写当中，作为技术载体的纪念物具有本质上的优先性。只有在技术的中介实践当中，各种象征符号在时间上的传承和空间上的传播才成为可能，即他所谓的"技术因素和文化价值的相互交错"（德布雷，2014：53）。因此，他号召建立一门研究以技术中介实践为基础的人类传承行为的学问，并称之为"媒介学"。尽管相比于德布雷，卡斯特并没有建立一门信息技术学的野心，然而对技术和社会发展相互交错的关系，卡斯特秉持了相似的观点，认为"技术就其本身而言，并未决定历史演变与社会变迁，技术（或缺少技术）却体现了社会自我转化的能力，以及社会在总是充满冲突的过程里决定运用其技术潜能的方式"（卡斯特，2001：8）。得益于马克思主义的熏陶，卡斯特不仅仅考察信息技术对社会经济发展各方面的影响，而且把技术的作为放置在"生产方式"与"发展方式"的坐标结构中分析。这样，技术与社会的关系及其对经济社会的影响将是整体论式的。因此，他提出了"信息化社会"（informational society）的概念，以区别于仅仅将信息看作社会发展中的一个角色的"信息社会"（information society）。在"信息化社会"中，"信息乃是所有社会的关键……信息的生产、处理与传递成为生产力与权力的基本来源"（卡斯特，2001：25）。而信息的大量生产和快速流动所带来的正是信息化社会的关键特色——网络化逻辑。也因此，卡斯特使用了"网络社会"的概念来描述信息技术所带来的新的社会形态。而描述并理解这一"网络社会"的逻辑也是第一卷《网络社会的崛起》所要解决的问题。

更进一步，在"网络社会"中，"文化服务已经取代了物质财富在生产核心里的地位，捍卫主体的人格和文化，以对抗机关和市场的逻辑，取代了阶级斗争的观念"（卡斯特，2001：27）。网络与自我关系的变化导致了一系列新的文化和集体认同的问题，这些问题集中表现为父权制家庭和民族国家的危机。这些问题是第二卷《认同的力量》着重处理的问题。另外，《认同的力量》还关注了在网络社会中网络与自我的互动关系以及政治权力如何应对由信息科技革命带来的全球化趋势对传统政治权力和代表性的挑战。

第三卷《千年终结》是对前两卷内容的整合性总结，卡斯特尝试在"网络社会"和"认同革命"的脉络中诠释 20 世纪末的历史转化。他进而从宏观的角度探讨了"国家"这一重要角色的变化，提出了"网络国家"（the network state）的概念。这一概念旨在说明为了应对网络社会的挑战，传统的主权国家必须以在国际组织、国家间组织以及国家内组织、区域组织、地方政府以及非政府组织之间分享主权和治理权力的方式运作。因此，在网络社会和信息科技革命的推动下，卡斯特说"现代民族国家作为权力机构的存在方式已经彻底改变了"（Castells，2016：7）。

二、网络社会的崛起及其后果

"网络社会"是贯穿卡斯特"信息时代三部曲"的核心概念。网络社会与其说是信息科技革命带来的结果，不如说是与信息科技革命相辅相成的社会经济革命本身。卡斯特将始于 20 世纪六七十年代的技术社会变革总结为三个相互缠绕的维度：其一是新的信息和传播技术的运用；其二是社会和经济活动的网络化趋势；最后则是由 20 世纪 60 年代以来西方以及被殖民地区风起云涌的社会民权与政治独立运动所推动的"自治文化"的兴起。而这些"自治文化"又得益于互联网和手机通信技术的扩展，被进一步强化了。简而言之，"网络社会"所要标识的正是由新的信息科技革命所推动的网络化传播方式、网络化社会经济活动以及由网络化社会引发的新文化样态。

正如卡斯特在全书第一章所详细阐释的那样，网络社会的理论诞生于对信息技术革命的体验和把握。没有始于 20 世纪中叶的信息技术革命，"网络社会的崛起"也就无从谈起。在卡斯特那里，信息技术革命始于 1947 年位于美国新泽西州的贝尔实验室成功研发出晶体管这一日后被广泛用于信息处理终端的技术载体。之后，以微处理器和微电脑为代表的信息处理终端，以及始于 20 世纪 60 年代基于军事通信建立的通信互联网络的高速发展，成为信息技术革命的两个主轴。

卡斯特认为 20 世纪后半叶微电子学的发展"引发了一场革命中的革命"（卡斯特，2001：50）。1971 年，微处理器出现，一部电脑能够被放在一个晶片上。1973 年，在帕洛阿尔托的 PARC 实验室中，全录公司发明的 Alto，成为 20 世纪 90 年代许多个人电脑软件的母体。1975 年，比尔·盖茨和保罗·艾伦从哈佛大学辍学，建立微软公司。第二年，史蒂夫·乔布斯和同伴斯蒂芬·沃兹尼亚克、罗·韦恩联合在自己的车库里成立了苹果公司，并设计出苹果一号个人微电脑。1977 年，他们将这款电脑升级为苹果二号。同年，微软也开始研发、生产微电脑的作业系统。与微软、苹果几乎齐头并进，IBM 公司在 1981 年研制出自己的微电脑，并且赋予它一个响亮的名字："个人电脑"（personal computer，简称"PC"）。苹果公司发布于 1984 年的麦金塔什（Macintosh）电脑，引进了图形基础和使用者界面技术，使得微电脑真正能够为普通的个人和企业所用。这个时期，以微电脑为代表的信息处理终端开始真正走进普通人的生活，也使得信息科技革命的成果能够真正在全球得到传播与共享。

20 世纪 70 年代，与微处理器和微电脑几乎同步发展的是一种基于节点（node）技术（电子交换器和路由器）与新连接方式（传输技术）的结合而产生的革命性的网络技术，也就是我们今天所熟知的"互联网"技术。世界上第一个电脑网络在 1969 年 9 月 1 日上线，名为"阿帕网"（ARPANET），最初的四个节点设置在加州大学洛杉矶校区、斯坦福研究所、加州大学圣巴巴拉校区及犹他大学。这一网络缘起于 1960—1964 年兰德公司的保罗·巴兰（Paul Baran）设想的概念，被美国国防部高级研究计划局（ARPA）所采用，"这项策略是设计出不易被核弹攻击摧毁的通信系统。以封包交换通信技术（packet switching

communication technology）为基础，这个系统使网络可以独立于指挥与控制中心而运作，所以信息单位会沿着网络寻找自己的路径，而在网络上的任何一点重新组合成有意义的信息"（卡斯特，2001：54）。这项基于军事和情报目的的网络计划是当今互联网的雏形。这一网络于1995 年关闭，之后互联网的使用全面私有化并在世界范围内广泛使用。"1979 年有 3 位学生，分别来自被排除在 ARPANET 之外的杜克大学和北卡罗莱纳大学，创作了修正版的 UNIX 协定，让电脑通过一般电话线路彼此连接。他们利用这个版本创办了一个线上的电脑论坛'使用者网络'（Usenet），很快成为第一个大规模的电子交谈系统之一。"（卡斯特，2001：58）这是第一个基于民用行为而建立的电脑互联网络。而20 世纪 90 年代之后，被广泛使用的万维网（world wide web）是在欧洲核子研究中心发明的，它不以阿帕网为基础，而是奠基于 20 世纪 70年代的骇客文化。

具有高效信息处理能力的微电脑和全球互联网的出现共同将人类推上了信息技术革命的轨道，也由此产生了卡斯特所谓的"信息技术经济"范式。这种范式基于廉价便捷的信息交换。信息技术范式具有五种基本特征：

1. 信息便是其原料；

2. 新技术效果无处不在；

3. 任何使用这些新技术的系统或关系的网络化逻辑（networking logic）；

4. 信息技术范式以弹性为基础；

5. 特定的技术逐渐聚合为高度整合的系统（卡斯特，2001：82—85）。

网络社会的崛起在经济上立竿见影的效果就是创造了一个新经济体："网络化、深度互赖的经济体，逐渐变得能将其技术、知识与管理上的进步应用于技术、知识与管理本身。"（卡斯特，2001：92）在此基础上，全球经济被互通互联的通信技术连接为一个相互依赖的整体。卡斯特进一步提出了一个精确的全球经济的定义："全球经济乃是其核心成分具有制度性、组织性和科技的能力，而可以即时或在特定时间内以全球为规模而运作的经济。"（卡斯特，2001：120）卡斯特以 20 世纪后半叶全球金融市场、商品和服务的国际贸易、跨国公司的国际生产网络、劳动力的国际流动以及科学技术全球化作为经验材料，详细论证了这种正在形成中的全球经济的生态和特征。他将这种网络化的全球经济视作信息技术推动下的"新经济"。然而与此同时，他也敏锐地注意到了这种全球经济潜藏在区域差异之下的不平等性。这种不平等性肇因于新经济实质上是一种资本主义经济。正如卡斯特所说："这是历史上首次整个地球都被资本主义化了，或者依赖与全球资本主义网络的连接。"（卡斯特，2001：185）这直接导致了那些未有足够技术和经济资本的国家、区域和地方社会无法真正与这一网络连接，从而脱离信息化全球经济特有的积累和消费过程。

信息化全球经济是由网络社会中的企业组织运作的，这些企业组织服膺于一种新的组织逻辑，以适应信息化全球经济的需求。此种逻辑最突出的特征就是在新出现的网络化企业中，生产信息实现了网络化处理与全球流动，并且生产、管理以及劳动出现弹性化趋势，以提高生产和劳动的效率。用卡斯特的话说，就是"网络企业使得信息化—全球经济的文化物质化了：它借由处理知识而将信号转变为商品"（卡斯特，2001：215）。也就是说，网络企业是信息时代的信息经济媒介。

如果说网络企业的出现代表了马克思意义上生产方式的转变，那么网络化经济所要求的弹性生产、弹性管理与弹性劳动则代表了生产关系抑或劳动关系的某种转变。基于信息网络技术而重新界定的劳动过程与劳动不再将劳动者固定在一个特定地点的生产线上，而是只要他们的劳动能够无缝连接到信息生产的网络之中，他们就是可以生产价值的。在民主国家，工会和女性劳动者的权利日益扩大；新的职业正在形成；技术变革与创新几乎成为增加就业的唯一途径。"这种高度动态的工作系统会与每个国家的劳动制度互动：对这种弹性工作设限越大，工会的谈判能力就越强，对于薪资与福利影响便越小，但对新劳工而言，进入核心劳动力就更为困难。"（卡斯特，2001：329）

网络社会的崛起所带来的经济社会变革，使网络时代的文化成为可能。当然，与马克思不同的是，卡斯特不仅关注作为经济基础的生产变革，也同时关注以媒介为中介的技术变革对新的文化形塑所造成的影响。与传统马克思主义不同的是，卡斯特甚至赋予"媒介"某种基础性的作用，以说明其对新文化内容根本性的形塑影响。他说："我们的语言便是我们的媒介。我们的媒介是我们的隐喻，我们的隐喻创造了我们的文化内容。"（卡斯特，2001：407）在卡斯特看来，媒介所代表的不仅仅是信息、符号的物质载体，而且是更具有根本性的"传播"本身，有什么样的媒介就有什么样的传播过程和方式，而文化正是由传播过程所构成的东西。卡斯特对比了电视时代和新媒体时代传播方式的异同：如果说，电视时代终结了"由印刷术心智和表音字母秩序所形成的沟通系统"（卡斯特，2001：411），那么，新媒体则实现了书写性媒体（印刷术等）和口语性媒体（广播电视）的融合。不仅仅是融合，新媒体催生了一种新型的互动式虚拟社群，这些虚拟社群聚集在网上，其成员由线下更加区隔、分化的受众组成。尽管卡斯特承认新电子媒介并未完全脱离传统文化，并且虚拟社群的成员也在一定程度上复制了他们线下的区隔和身份认同，但是多媒体却创造了一个更具多元性和包容性的文化场域。在这个意义上，"真实虚拟的文化"不是一种全新的文化，但却是一种同时容纳了多种文化的"新文化"。为了理解这种新文化，必须再转头考察网络时代变化的空间与时间，这也是所有文化欲生存所必需的物质基础。信息通信网络所创造的流动性和瞬时性，使得"大部分的文化表现被纳入以数字化电子生产、分配与交换信号为基础的整合沟通系统里"（卡斯特，2001：465）。这个系统生成了一种全新的时空，具有高度的流动性与拼贴性。传统文化在这个系统里流动、融合，新的文化符码在这个系统里被不断生产、消费。也因此，理解这种文化的关键在于理解这一特殊的时空，而这也是理解"网络社会"根本逻辑的一把关键钥匙。

三、流动的时空

该书的另一重要看点是卡斯特对网络传播技术所重构的社会时空的讨论。

时间与空间的本体论意义从德国古典哲学时期起就得到了特殊的关注，康德将时间与空间界定为"感性直观的纯形式"，时空因此是先天知识的原则，人们所有有意义的感性体验与理性认知都必须在时间与空间的先天形式中才能被直观（康德，2004：27）。康德的时空观是奠定理性主义哲学传统的重要砝码。然而，排除了人的主观感性的时空观将时间与空间看作哲学意义上的绝对之物在后启蒙时代受到诸多思想家的批评。空间的另一层次是其"文化性"或者"生产性"，法国著名空间理论家列斐伏尔就将空间看作"生产的产物"而非自然的事实。空间的生产不同于一般事物的生产，而是"第二自然"的基本特征。换句话说，在列斐伏尔始终关注的"日常生活"中，空间不是被生产出来使用的功能性事物，而是一种始终处在生产与再生产的链条中，并在生产的过程中不断表征自身的"日常生活"实践，亦即承载人类行为的社会生活的一部分。也因此，在列斐伏尔那里，"空间"是集空间实践、空间表象与表征性空间于一体的概念（Lefebvre，1991：33）。这种空间观念影响了后来许多关注空间问题的思想家，比如米歇尔·德·塞托（Michel de Certeau）、戴维·哈维（David Harvey）、爱德华·索亚（Edward Soja）以及卡斯特。卡斯特的"流动空间"也是建基于对空间的社会生产性的预设。因此，在《网络社会的崛起》的第六章，他指出："我分析的焦点是空间与时间的社会意义。"（卡斯特，2001：466）正是在"时空是社会实践性存在"的预设之上，"网络社会"所形塑的特殊时空样态才有了被进一步分析的意义。

时空在网络社会的重构导致了一个新的空间逻辑的产生，卡斯特将这一空间逻辑命名为"流动空间"（space of flows）。与"流动空间"的逻辑相比较的则是"地方空间"（space of places）的逻辑。"地方"（place）与"空间"（space）的对立在德·塞托那里被解读为功能性空间与实践性空间的对立。

> "地方"意味着一个对象参照共生的关系界定自身在空间的位置……它仅仅用来规定同一空间中不同地点的分配以及在同一地点中事物所要遵循的秩序……而"空间"则需要将所有的动态要素纳入考量……这样的"空间"并不局限于一个固定的地点，而是由穿梭在地点之网中的运动构成。"空间"可以说是由运动界定并生产出来的东西（de Certeau，1984：117）。

"地方"的相对稳定性和"空间"的流动性在德·塞托那里是一组结构化的关系。与他相似的是，卡斯特也将"地方"视作工业社会主导性的空间逻辑。而由于信息通信中介和互联网快速发展，这种现代的空间逻辑逐渐被"流动空间"的逻辑所取代。在这里，卡斯特提出的"流动空间"蕴含着独特性，即它并不仅仅像德·塞托认为的那样建基于人的主观运动，也源于信息科技革命带来的时空结构的根本性变革。由此，他给出了"网络社会"样态下"流动空间"的一个核心定义："流动空间乃是通过流动而运作的共享时间之社会实践的物质组织。"（卡斯特，2001：505）而"流动空间"也在这个意义上获得了三个不同层次的物质支持：第一层次是由电子交换所构成的信息回路；第二层次是由其节点（node）与核心（hub）所构成的信息网络；第三层次是占支配地位的管理精英在网络中的空间组织（参见卡斯特，2001：506—509）。在这个意义上，有学者指出，现今在全社会普遍渗透的社会化媒体因为是"基于位置的服务"（location-based service），所以是诠释这种"流动空间"特征的最佳空间实践方式（刘涛，杨有庆，2014）。

"流动空间"的物质性基础是基于电子交换技术的信息回路。这说明信息技术在卡斯特"网络社会"理论的建构中始终具有基础性意义。"流动空间"的第二层次中由"节点"与"核心"所构成的网络除了指涉基于电子科技形成的信息流动网络，同时还标识了这些网络所勾连起来的实体空间。在这些实体空间中，卡斯特尤其关注"巨型城市"（他特别举例说明了珠港澳广深这一"巨型城市"群的发展）的作用，因为这些"巨型城市"是网络社会中"全球网络"的连接点，也是科技和经济社会发展的真实引擎。作为第三层次的精英网络则蕴含了卡斯特的政治经济学批判立场："流动空间"表面上的普惠性和民主性中其实蕴含了更深层次的不平等问题。"真正的社会支配源自下列事实：文化符码已嵌入社会结构的方式，使得持有这些符码便形同开启了通往权力结构的道路，而无需精英共谋阻拦通往其网络的大道。"（卡斯特，2001：510）从布尔迪厄的视角来看，在网络社会中，精英的权力不再体现为强制性地控制进入网络的通道，网络本身会识别那些掌握符号权力（symbolic power）的精英，符号和文化资本成为在网络中自由流动的通行证，而底层人士则被轻易地围困于地方的特殊性之中（Bourdieu，1989）。因此，卡斯特总结道："人民确实依然生活在地方里。但是，由于我们社会的功能与权力是在流动空间里组织，其逻辑的结构性支配根本地改变了地方的意义与动态。"（卡斯特，2001：524）

在"网络社会"中，与空间相关的时间性也发生了根本性变异。卡斯特将"网络社会"的根本性时间特征命名为"无时间之时间"（timeless time）。这种"无时间之时间"是由时间性的两种形式共同构成的：一方面，信息通信科技的瞬时性造就了社会实践与文化表征在全球网络里流动的无时差性，这种同时性（simultaneity）只有在"流动空间"里才能实现，因此，卡斯特言简意赅地表明："在网络社会，是空间组织了时间。"（卡斯特，2001：466）另一方面，在"流动空间"的同一个信息频道里，受众（互动者）可以依据自己的选择将基于流动媒体的各种实践加以拼贴，这些实践所包含的时间性在同一个空间中无限展开。此种时间拼贴"没有开端，没有终结，也没有序列"（卡斯特，2001：561）。因此，它是一种"无时间性"（timelessness）。由此可见，"无时间之时间性"只属于"流动空间"。"流动的空间借由混乱事件的相继次序使事件同时并存，从而解消了时间，因此将社会设定为永恒的瞬间。"（卡斯特，2001：567）在网络社会中，瞬时的资本交易，弹性的时间企业和劳动，虚拟时间中的文化都是"无时间之时间性"的例证。然而，这并不意味着传统时间性的消失，它依旧存在于"地方空间"的逻辑之中，从而和"流动空间"的时间性互动。时间性的根本逻辑转变在于在网络社会中，是"流动的空间性"诱发了无时间之时间，而无时间之时间则扰动传统时间性一起制约了地方的逻辑。因此，卡斯特总结道，在网络社会，是"流变（becoming）建构了存在（being）"（卡斯特，2001：566）。

四、评价与反思

卡斯特的"信息时代三部曲"奠定了其在当代传播研究以及社会理论领域的地位。在理解信息科技影响当代社会结构变革方面，卡斯特及其"网络社会"理论成为绕不开的思想资源。安东尼·吉登斯（Anthony Giddens）更是将"信息时代三部曲"与马克斯·韦伯（Max Weber）的《经济与社会》相提并论，称之为"针对当前社会世界中正在进行的不寻常转化之最有意义的尝试"（卡斯特，2001：封底）。英国《经济学人》杂志更将卡斯特称为"赛博空间（网络）时代第一位重要的哲学家"（Castell，2000：backcover）。

在"信息时代三部曲"的后两部《认同的力量》与《千年终结》中，卡斯特转向更加"在地"的问题。《认同的力量》探讨信息科技带来的民族国家和父权制的危机。卡斯特系统考察了墨西哥、美国、日本风起云涌的地方性运动对全球秩序和民族国家主权的挑战。他将这些挑战视为在信息时代破晓之际，"因为与财富、权力及信息的全球网络产生脱节"（卡斯特，2003a：409），现代民族国家所面临的合法性危机。而在《千年终结》中，卡斯特重点关注了在全球信息化的背景之下，处于全球化网络边缘以及在这个网络中存在的反抗力量，这其中包括他所谓的"信息化资本主义"之下的"第四世界"，比如长期处于被剥削、种族歧视以及军事掠夺中心的非洲，以及作为贩毒等全球犯罪中心的拉丁美洲。卡斯特用了一章讨论在"全球信息网络"之中亚太地区的发展与危机。卡斯特认为"中国必定会进入信息社会，必定有自己的特色"，并且"不会和加州一样，也不应该和加州一样"（卡斯特，2003b：441）。在2006年《传播与社会学刊》刊登的一篇访谈中，卡斯特再次谈到了"网络社会"理论在中国的适用性问题。他首先肯定中国处在全球网络社会之中，同时指出中国社会又建立在自己独特的文化认同之上。因此，中国的个案有其特殊之处。卡斯特总结道："理解中国模式的关键是看国家——中央和地方政权——如何能够（或不能够）将国家主义的体制与正在从全球地方联系中形成的新型阶级结构相勾连。"（卡斯特，2006：6—7）尽管卡斯特似乎给予了中国在"全球网络信息"时代的作用和地位以特殊的关注，但总体而言，卡斯特对于中国这一特殊案例对"网络社会"理论发展的具体作用是语焉不详的。这一点突出表现为卡斯特仅仅将中国当作"全球信息网络"中的一个节点，一个以欧美为主导的信息化资本主义的社会经济结果，而非一个形塑当代全球信息网络的动因。中国对"全球信息网络"的独特利用方式（比如利用劳动力的比较优势和信息网络的通达性在近三十年来成为举世瞩目的世界工厂）影响了"全球信息网络"的变化与发展模式。这一案例更好地体现了"网络社会"甚至"信息网络科技"本身不仅是社会经济变革的动因，同时还是社会经济变革的结果。换句话说，科技与社会的双向互动关系恰恰在中国这样的案例中得到了最重要的体现，要考察网络信息时代科技与经济社会的相互形塑力量，就需要对中国这样的案例进行深入考察，这可以极大地增加"网络社会"理论。在这一方面，卡斯特本人所做的不多，尽管他也对中国表现出了极大的兴趣。然而，可能正如他所说，他想建构的是一个"具有一般意义的理论，在中国的适用程度如何，只能有待中国的学者们，通过在中国的现实中予以应用和修正"（卡斯特，2006：3）。

庆幸的是，卡斯特的"网络社会"理论启发了之后的学者沿着其开辟的道路继续前进。邱林川在卡斯特的基础上进一步研究了改革开放以来，新的信息技术的普及是如何形塑了中国的新一代工人阶级的阶级主体性以及日常生活与劳动的（Qiu，2009）。网吧、小灵通等带有中国特色的网络空间和传播科技为农民工、打工仔以及城市中下层人群接入全球经济网络提供了可能性，而他们与全球信息网络的连接也丰富了全球信息网络的在地性。这些议题都为卡斯特的"网络社会"理论提供了在地化的经验。

卡斯特在 2016 年的一篇自传性思想回顾中清晰地交代了支持他从都市社会学到网络社会之思想探索的核心主轴，即对"在不同的具象表征中具有多维特征的权力"这一主题的持续关注（Castells，2016：1）。这一关注也使得他对网络社会的研究建基于这样一对矛盾："由信息科技推动的全球化之权力与地方性文化身份抗争之权力"之间的角力，即卡斯特所谓的"网络与自我之间矛盾地互动"（Castells，2016：5）。"权力"主题所触及的不仅仅是网络社会之中新型权力关系的样态，还涉及卡斯特在书中阐述的全球各个国家与不同阶级之间的"信息不平等""数字鸿沟"以及由此带来的更具根本性的经济社会地位的不平等性。这一不平等性集中表现为由信息通信科技发展带来的"符号权力"之流动的不平等性。遗憾的是，对于这一权力主题，卡斯特在"信息时代三部曲"中未能深入阐述。卡斯特解释道：这一方面是由于在写作过程中出于身体等因素的考虑必须尽快结尾；另一方面，则是由于这种新的权力关系正处在萌芽和生成的状态（Castells，2016）。对于在网络社会中新的符号和传播权力与传播科技之间的互动及其运作方式问题，卡斯特在 2009 年出版的《传播权力》一书中做了更为系统的阐释。在他看来，信息传播科技所带来的是一种被称为"大众自体传播"（mass self-communication）的新的传播形式。传播者和受众、全球和地方传播以及传统媒体和新媒体都被融合在同一个传播网络中，成为同一个传播流的一部分。科技传播公司而非国家掌控了传播系统的权力，而个人通过出让隐私的方式汇入这个传播网络。在这个意义上，传播与媒介网络成为权力的角斗场。由此不难看出，卡斯特及其"网络社会"理论最大的价值正在于为信息网络和数字社交媒体时代社会经济结构的重组、权力的重新分配以及新文化的再造主题之下更为具体的研究和中层理论的诞生提供了最重要的思想资源。

（李耘耕）

参 考 文 献

Henri Lefebvre, *The Production of Space*, D. Nicholson-Smith (trans.), Blackwell Publishers Ltd., 1991.

Jack Linchuan Qiu, *Working-class Network Society*: *Communication Technology and the Information Have-less in Urban China*, MIT Press, 2009.

Michel de Certeau, *The Practice of Everyday Life*, S. Rendall (trans.), University of California Press, 1984.

Manuel Castells, *The Rise of the Network Society*, Blackwell Publishers, Ltd., 2000.

Manuel Castells, *Communication Power*, Oxford: University Press, 2009.

Manuel Castells, "A Sociology of Power: My Intellectual Journey," *Annual Review of Sociology*, 2016 (42), pp. 1-19.

Pierre Bourdieu, "Social Space and Symbolic Power", *Sociological Theory*, 1989 (1), pp. 14-25.

胡翼青主编：《西方传播学术史手册》（第二版），北京：北京大学出版社，2023。

〔法〕雷吉斯·德布雷：《媒介学引论》，刘文玲译，北京：中国传媒大学出版社，2014。

刘涛、杨有庆：《社会化媒体与空间的社会化生产：卡斯特"流动空间思想"的当代阐释》，《文艺理论与批评》，2014（2）。

〔美〕曼纽尔·卡斯特：《网络社会的崛起》，夏铸九、王志弘等译，北京：社会科学文献出版社，2001。

〔美〕曼纽尔·卡斯特：《认同的力量》，夏铸九、黄丽玲等译，北京：社会科学文献出版社，2003a。

〔美〕曼纽尔·卡斯特：《千年终结》，夏铸九、黄慧琦等译，北京：社会科学文献出版社，2003b。

〔美〕曼威·卡斯特：《学术对谈：中国、传播与网路社会》，《传播与社会学刊》，2006（1）。

〔德〕康德：《纯粹理性批判》，邓晓芒译，北京：人民出版社，2004。

拓 展 阅 读

〔英〕弗兰克·韦伯斯特：《信息社会理论》（第三版），曹晋等译，北京：北京大学出版社，2011。

〔加拿大〕菲利普·N. 霍华德：《卡斯特论媒介》，殷晓蓉译，北京：中国传媒大学出版社，2019。

保罗·莱文森

《软利器：信息革命的自然历史与未来》

如何理解人与媒介技术的关系？到底是技术决定人还是人决定技术？人和技术的关系是二元共生还是二元对立？这些关乎人类主体性的重要问题长期以来一直困扰着媒介研究者。媒介环境学的每一代代表人物也都将此视为必须面对的终极问题。作为媒介环境学第三代学者，纽约学派的核心人物保罗·莱文森在其代表作《软利器：信息革命的自然历史与未来》一书中开门见山地提出了"软媒介决定论"和"媒介进化论"，其目的便是回应人与技术的关系问题。莱文森强调："在考虑媒介影响的过程中，人的选择是一个无时无处不在的因素。"（莱文森，2011：4）纵观全书，人的理性、人的刻意拣选、人的需求、人的谋划成为无处不在的显性因素，这极为鲜明地体现了莱文森具有技术乐观主义倾向的人本主义媒介观。

一、成书背景

保罗·莱文森生于 1947 年，1975 年获纽约市立大学新闻学学士学位，1976 年获新闻学院媒体研究硕士学位，师从约翰·卡尔金（John Culkin）。读本科时，莱文森读过麦克卢汉的著作；硕士期间，莱文森选修过关于麦克卢汉的课程。1976 年至 1979 年，他在纽约大学攻读媒介环境学博士学位，其间经导师尼尔·波兹曼介绍与麦克卢汉结识，此后与麦克卢汉交往较为密切。1979 年，他以博士论文《人类历程回放：媒介进化论》崭露头角，独创了"人性化趋势"和"补救性媒介"理论，奠定了媒介理论家的地位。1985 年，莱文森与妻子创办"联合教育公司"，探索远程教育。1988 年，他以《思想无羁：技术时代的认识论》一书巩固了其美国知名媒介理论家的地位。1997 年《软利器》的出版使他成为世界级媒介理论家。1998 年至 2001 年，他任美国科幻协会会长。他的科幻作品有二十余种，屡次获得科幻文学领域的奖项。他曾在新学院大学、圣约翰大学等校担任教职。自 1998 年开始，他担任福德姆大学传播学教授，并在 2002 年至 2008 年担任系主任。1999 年，《数字麦克卢汉：信息化新纪元指南》一书使他成为公认的"数字时代的麦克卢汉"、新千年的明星学者。新千年以来，他进入了创作爆发期，每年至少有一部有影响力的理论专著或科幻小说问世。2003 年，他在《真实空间：飞天梦解析》中提出：人必须在真实世界和虚拟世界里出入；人类必须飞出地球。2004 年的《手机：挡不住的呼唤》从哲学、社会学和传播学的角度剖析手机热。2009 年，《新新媒介》出版。从 1998 年起，莱文森的社科和文学作品陆续被翻译成 14 种文字。2001 年，由何道宽翻译的《数字麦克卢汉》中文译本出版，及至 2011 年《新新媒介》的中译本出版，莱文森的主要媒介理论著作悉数被译介进入中文世界，引起广泛关注。

《软利器》一书写作的时代，恰逢因特网全面登上历史舞台。新媒介所带来的思想冲击为莱文森提供了不少反思媒介史的灵感。延续博士论文提出的观点，莱文森按照从古至今的次序，依次分析了字母表、印刷机、摄影术等"作为物种的媒介"如何根据人的需求和选择而不断进化，勾勒出一部媒介物种的进化史。在行文中，莱文森还屡次以 DNA、自然选择等概念作比，描绘新媒介相对于旧媒介不断进化、不断被人选择的媒介进化逻辑。2009 年出版的《新新媒介》一书延续了这种叙述方法，被莱文森称为"《软利器》的续篇"。从《软利器》到《新新媒介》，莱文森试图以一本本叠新之作，不断书写在"人性化趋势"的大潮下媒介进化的历史。

二、补救性媒介和媒介进化论

"媒介进化论"是莱文森对媒介技术整体发展趋势的判断。莱文森认为，正如生物随自然选择的逻辑不断进化，媒介技术则是人为了维系生存和满足自身需求而演化。他用"窗帘寓言"说明了这一点。为了随时观察房屋外的情况，人在墙壁上打了洞；但打过洞的墙壁无法抵御狂风暴雨，于是人们用窗户取代了粗暴的打洞；然而，透明的窗户会侵犯人的隐私，偷窥者总在窗外招摇，于是人又在窗户内侧安装了窗帘。这样一来，作为莱文森媒介进化论的核心观点，"补救性媒介"（remedial medium）的观点就呼之欲出了。莱文森认为，一种新的媒介技术的产生总是伴随着其自身无法解决的弊端，因此人们往往会借助新的媒介加以修复、弥补，新媒介相对于旧媒介而言就是"补救性媒介"，它们可以进一步满足人的需求和幻想。而在补救逻辑不断递推的过程中，新旧媒介的兴替连续不停，媒介进化因此成为一种系统内的自调节和自组织，只不过这一系统内"存在着人间接实施的理性"（莱文森，2011：5）。

媒介作为人的感觉延伸是基于人的需求而产生，人的需求也在技术的加持下向着超越耳闻目睹的感官刺激方向前进，反过来呼唤新的媒介技术"补救"自我日益膨胀的需求。除此之外，媒介进化还能对人们失去的东西进行"补救"，比如：印刷媒介强化了人的视觉感官，广播就来补救人的声觉感官；广播进一步强化了人的声觉感官，电视又来补救人的视觉感官；互联网则综合了对报纸、书刊、广播、电视等媒介的改进，是"所有补救性媒介的补救媒介"。就在这种无限"找补"的逻辑中，媒介和人的感官欲望一起狂飙突进，画下一道永无休止的媒介进化路径。

莱文森还揭示了媒介演化的另一重"深刻寓意"："一种新媒介在某一功能上战胜一种旧媒介时，并不意味着那一旧媒介会凋谢和死亡。而是意味着，那一旧媒介被推进了一个比新媒介运行更好的小生境；在此，它与新媒介到来之前的'旧我'有所不同，但它活下来了。"（莱文森，2011：40）莱文森对这种观点也进行了精细的诠释，举了无声电影和广播的例子来说明。在莱文森看来：有声电影必然取代无声电影，因为后者是聋哑人面对的感官环境，不符合大部分人的主观感受，所以无声电影必然灭亡。然而，广播却不会被电视所取代，因为"只听不看是人类广泛而自然的'前技术'传播方式，相反，只看不听却不广泛、不自然。每天晚上，世界被夜幕笼罩却不会寂然无声；合上眼睛无需费力即可关闭视觉，但我们却不能关闭耳朵"（莱文森，2011：85）。通过对比无声电影和广播的不同结局，莱文森强调：媒介的产生、发展和存活在很大程度上跟人的自身偏向有很大的关联。在这里，莱文森的"人性化趋势"理论的影子逐渐浮现出来——与人类习惯不相匹配的媒介技术是不可能生存下去的。

三、人性化趋势和软媒介决定论

1979 年，面对"新媒介和新技术使人失去人性"（莱文森，2011：51）的论调，莱文森在其博士论文《人类历程回放：媒介进化论》中首次提出了媒介演化的"人性化趋势"（anthropotropic）理论，并给出了一个"三元论纲"：

> ① 起初，我们享受虽非意料却也平衡的传播环境（目力、听力和记忆所及的范围）；② 接着，我们促进媒介发展以突破上述环境局限，但在寻求平衡突破中付出了代价，在寻求其他人性要素中做出了牺牲（与真实世界没有任何相似之处的字母表就是一个首要的例证）；③ 不断追求保存并继承自古以来人在延伸方面的突破，恢复人在自然的交流环境中丧失的人性要素（莱文森，2011：51）。

他认为：在人类技术进化的历史中，技术的发展趋势是越来越像人，技术在模仿人、复制人体的感知模式和认知模式；人在技术进步中牺牲的感官要素必将在技术的进步中得到补偿。由此不难看出"人性化趋势"与"补救性媒介"两个理论的强关联性。不过，"补救性媒介"更强调人在媒介演化中进行理性选择，而"人性化趋势"却进一步认为

"一切媒介的性能终将越来越人性化"，无法适应人类自身偏向的媒介将"在争夺人的注意力的竞争中败下阵来"（莱文森，2011：5）。

在《软利器》的行文中处处可以看到进化论的隐喻，比如，如果说决定物竞天择的是上帝，那么人就是决定媒介技术进化方向的"自然选择"。他认为，媒介的演化充分服从人的理性，并像演化中的生物一样潜力无穷，越来越人性化，越来越合理，越来越完美，人类总有办法扬长避短。莱文森直言，"达尔文的模型为我的媒介进化理论提供了一种形象生动的展示方式……从常识出发我们也能知道，社会领域的进化与真正意义上的生物进化远不是一回事，前者总是伴随着更多意想不到的突变、偶发状况，甚至逆进化现象。我所希望阐释的，其实是一种总体性的趋势"（常江，胡颖，2019）。

当"人性化趋势"和"补救性媒介"两个理论并置，被安放在这一条"媒介向前进化、永不止息"的道路上时，莱文森的"软媒介决定论"观点便呼之欲出了。与有些媒介学家认为"信息系统产生必不可免、难以抗拒的社会影响或其他效应"的"硬媒介决定论"不同，莱文森认为"媒介很难产生绝对的、不可避免的社会影响"，相反，它们提供事件发生的可能性，亦即"媒介使事件可能发生"（莱文森，2011：3），事件的状态是诸多因素发挥作用的结果，而不仅仅是信息技术发挥作用的结果。除此之外，在莱文森看来，在所谓"软决定"的过程中，人的选择无时无处不在、至关重要。由此，莱文森将软媒介决定论概括为两个方面："一是信息技术使事情可以然，一是人的努力将可以然变为现实。对于媒介，人有选择的能力——理性、刻意地挑选和谋划的能力。"（莱文森，2011：4）简而言之，人既是媒介技术的消费者，也是媒介技术的生产者，两种身份的边界淡化、模糊以至合二为一了。

四、评价与反思

莱文森的观点很有代表性，可以被看作一种媒介史书写的代表类型，他所采用的进化论视角对媒介史也有一定的阐释力。但是，莱文森的媒介观存在的问题更大。对莱文森理论的扬弃，有助于我们进一步理解媒介。

为了规避人们对麦克卢汉"技术决定论"的指责,以保罗·莱文森为代表的媒介环境学派后继者将麦克卢汉思想中有技术决定论嫌疑的观点通通剔除,并将自己指认为"软媒介决定论者",承认越发透明和完美的媒介正在渗透、建构人类生活,而又将媒介的力量理解为人类理性的渗透过程、人类选择的结果和人类主体性的体现。从知识社会学的角度来看,这些观点尤其符合功能主义和社会达尔文主义者的口味,或者说莱文森没有摆脱功能主义和实用主义的市侩气。保罗·莱文森甚至没有意识到,在麦克卢汉讨论感官比例和"媒介是人的延伸"时,麦克卢汉是一个真正的人本主义者和存在主义者,而莱文森本人才是带有浓重功能主义色彩的机械论者。经过功能主义的阐释,"数字时代的麦克卢汉"恐怕已经和麦克卢汉本人差之千里了。具体来说,莱文森的两个核心观点——"软媒介决定论"和"人性化趋势"——在理论上都站不住脚。

"软媒介决定论"面临的第一个棘手问题是谁在选择技术,也就是选择的主体是谁。"究竟是官员、技术员、学者还是科学家,在对技术进行选择呢?都不是。所有的人都处于一个总体的社会系统之下,从演化史的宏观视野看,是整个社会在选择技术。但问题在于,这个社会体系本身也是技术主宰着的——这也正是埃吕尔所说的'技术社会',芒福德所说的'巨机器'(Mega-Machine),海德格尔所说的'集置'(Gestell)或波斯曼所谓的'技术垄断'(Technoply)。"(胡翌霖,2013)但除此之外,莱文森也不强调个人的力量,"在他那里,选择技术之'谁'也并不是具体的个人,而似乎是一个大写的'人'或'理性'。莱文森可能会说:即便个别的人总是受制于整体的技术环境,但这个技术环境同时又是由'人'选择的"(胡翌霖,2013)。在莱文森的"软媒介决定论"中,主体的缺失和虚妄很难自圆其说。更何况,哪里有什么符合人性的绝对标准?什么是人性化?什么是非人性化?怎么判断?这些都是莱文森无法回应的问题。

"人性化趋势"理论画出了一个技术进步主义的"大饼"。"莱文森错误地设定了某种前技术的'自然状态'的人性,而技术的发展始终是向这一'自然状态'的'回归'。"(胡翌霖，2013) 事实上，莱文森所说的这种静态的"自然状态"是对媒介环境学的一种背叛。因为从英尼斯开始，媒介环境学强调的就是媒介的偏向以及这种偏向对社会的建构，对于行动者如何使用媒介并不关心。麦克卢汉在《理解媒介》中大加抨击将人想当然地理解成技术的使用者的观点，认为："技术的好坏与使用者息息相关"这种观点只有技术白痴才会持有；"技术的人性化即自然化"的判断无非想说，只要使用者对技术的使用符合人性，技术就会造福人类，而这种观点顶多只能说是漂白了的技术白痴的技术观。

从媒介研究的角度来看，如果说麦克卢汉积极地向前迈进了一大步，那么莱文森则是向后退了半步，这主要是因为麦克卢汉对媒介的理解远远比莱文森更深刻。麦克卢汉通过阐释媒介试图纠偏主客体二元论下"人的虚假主体性"，揭示了媒介对人的反制作用。麦克卢汉意在表明：媒介无形无相，但是一种强有力的组织性力量，而媒介使用者往往会被媒介所建构和组织，这是对媒介的隐喻性界定。媒介技术的不断发展未必能够更好地满足人类的需求；相反地，媒介技术越完美，越是容易"抽身而去"，让人感受不到它的存在。人越来越难以意识到媒介技术的存在，媒介与人越来越明显地构成一种具身关系。莱文森恰恰无视媒介的具身关系，而是不断地强调实体化的媒介。事实上，因为媒介技术越发完美和透明，它才会变成一种强大的操控术和权柄，实现对人的宰制。此外，尽管麦克卢汉在《理解媒介》一书中对媒介到底是一个整体性的单数的媒介还是种类繁多的复数的媒介有些摇摆不定，但他在《理解媒介》上半部还是坚持从作为整体的媒介或者说媒介本体论的角度去理解媒介。然而，莱文森完全没有这样的抽象能力，他把媒介理解为不同的物种，而且就是生态学意义上的物种。就这样，媒介存在的意义在莱文森那里被矮化为媒介之间的物种争斗和人与媒介的"使用—满足"关系。

所以，在当下欧洲学者正以媒介的整体观开创传播研究的新局面时，以莱文森为代表的媒介环境学者因为沉沦在功能主义语境中不能自拔，而逐渐失去了关于媒介技术的话语权。更可悲的是，他试图通过"软技术决定论"来规避北美主流传播学者给媒介环境学贴上的"技术决定论"和"媒介中心论"的标签，但实际上进一步强化了人们对这个问题的刻板印象。可以说，莱文森为了让媒介环境学在北美扩大影响想尽办法，做出了让步，可惜并没有取得任何实质性的效果。

（林　鑫）

参 考 文 献

〔美〕保罗·莱文森：《软利器：信息革命的自然历史与未来》，何道宽译，上海：复旦大学出版社，2011。

常江、胡颖：《保罗·莱文森：媒介进化引导着文明的进步——媒介生态学的隐喻和想象》，《新闻界》，2019（2）。

胡翌霖：《技术的"自然选择"：莱文森媒介进化论批评》，《国际新闻界》，2013（2）。

胡翼青主编：《西方传播学术史手册》（第二版），北京：北京大学出版社，2023。

拓 展 阅 读

〔美〕保罗·莱文森：《数字麦克卢汉：信息化新纪元指南》，何道宽译，北京：社会科学文献出版社，2001。

〔美〕保罗·莱文森：《思想无羁》，何道宽译，南京：南京大学出版社，2003。

〔美〕保罗·莱文森：《手机：挡不住的呼唤》，何道宽译，北京：中国人民大学出版社，2004。

〔美〕保罗·莱文森：《莱文森精粹》，何道宽编译，北京：中国人民大学出版社，2007。

〔美〕保罗·莱文森：《新新媒介》，何道宽译，上海：复旦大学出版社，2011。

西格弗里德·齐林斯基

《媒体考古学：论技术视听的深层时间》

作为媒介考古学[*]的先行者，西格弗里德·齐林斯基多年来专注于各种异质性媒介的收集，并引领德国学界在这一领域取得了卓越的成就。《媒体考古学：论技术视听的深层时间》（2002）即这种努力的代表性成果之一。在这本书中，齐林斯基对知识无底洞般的渴望和对媒介的开放性理解令人印象深刻。如何理解这位同行眼中"几乎反对一切"的媒介思想家，以及他对异质性的执着和对整合性的怀疑？我们需要深入《媒体考古学》及其背后那个异质驳杂的媒介世界。

一、成书背景

西格弗里德·齐林斯基 1951 年出生于德国中部的黑森州，先后在马尔堡大学、柏林自由大学和柏林工业大学学习戏剧艺术、现代德意志文学、语言学、符号学、社会学、哲学和政治科学。20 世纪 70 年代初，尚为学生的齐林斯基就发表了一篇媒介批评文章。1978 年，美国导演马文·乔姆斯基（Marvin Chomsky）拍摄的纪录片《大屠杀》于美国上映。1979 年，作为对这部影片的回应，齐林斯基拍摄了纪录片

---

   * 旧译为"媒体考古学"，但本文作者认为"媒介考古学"为更合适的译法，故后文中主要使用"媒介考古学"这一译法。

《对西德〈大屠杀〉的回应》，其对主流媒介文化的反抗与对西方中心意识形态的批判从这时就已初显。同年，齐林斯基以导演维特·哈兰（Veit Harlan）为研究对象获得硕士学位，论文于1981年发表。此后，他做过一段时间的自由撰稿人，后与导师弗里德里希·克尼利（Friedrich Knilli）一道，在柏林工业大学开设了第一个以项目为导向的媒体咨询研究课程。1985年，他以《录像机的历史》一文获得博士学位。

1989年，齐林斯基获得了在大学教授媒介研究课程的资格。同年，他被任命为奥地利萨尔茨堡大学视听研究的全职教授，在那里他发起了一个教学、研究和实践视觉艺术的项目。1993年，他成为科隆媒体艺术学院的传播和视听研究教授；1994年，他成为该学院的创始院长。2001年，齐林斯基重回教学和研究领域，专注于历史和理论，试图发展出一种多维或非线性的媒介研究方法，专注于探索艺术与媒介二者之间的关系。2007年至2015年，齐林斯基担任柏林艺术大学教授，研究媒介理论与考古学。2016年至2018年3月，齐林斯基担任卡尔斯鲁厄艺术设计大学校长，并就任瑞士欧洲研究生院媒介考古学与技术文化专题米歇尔·福柯讲席教授，负责教授技术美学和媒介考古学。此外，齐林斯基还担任欧洲许多媒介艺术组织的管理职务；他也是一位艺术策展人，组织过多种主题的艺术实践活动，特别是与著名媒体艺术先驱彼得·维贝尔（Peter Weibel）一起策划过许多大型展览。

齐林斯基著述颇丰，迄今为止已经出版了十几部著作，发表了一百五十多篇论文，主要集中在媒介历史和理论领域。1989年，齐林斯基出版《视听：作为历史的幕间表演的电影和电视》，将"视听"视作对声像艺术的异质性辩护、对"媒介心理病态"的对抗（齐林斯基，2006：9）。2005—2011年，"变体学：关于艺术、科学与技术的深层时间关系"系列丛书五卷陆续出版，这一时期齐林斯基将自身实践冠以"媒介的无考古学"（anarchaeology of media）或"变体学"（variantology）之名，倡导进一步发掘全世界各种文明的媒介谱系。2011年，《……在媒介之后：来自20世纪末的新闻》一书出版，对正在衰落的20世纪的媒介进行分析。2019年，《媒介思想的变体》一书出版，该书汇集了齐林斯基变体学研究的诸多实例。

作为齐林斯基最重要的著作之一，《媒体考古学》一书出版于 2002 年，集中展示了作者关于媒介理论和实践的思考。在该书中，作者试图从多元领域中搜索被历史上的主导话语所压制的媒介、技术、想象等，并将之展示出来，为现在乃至未来的媒介思考做贡献。2006 年，该书的英译本和中译本先后出版，在国际学界产生了较大影响。

《媒体考古学》的正文共分为九章，可以简单分为三个部分：在前两章，作者讨论了媒介考古学的理论对象和研究方法，概述了对"媒介"和媒介所处的"深层时间"的初步看法，探讨了"媒介的无考古学"在方法论意义上的借鉴作用；之后六章则从具体的历史人物入手，时间跨度从古希腊到 20 世纪，作者试图从这些人物的思想与行动出发，发掘其内蕴的媒介思想，并考虑其为当下和未来所借鉴的可能性；最后一章则简略地交代了作者对媒介考古学和"媒体世界"的看法，是全书的收束和总结。通过"百科全书式"的密集写作，齐林斯基收集了边缘处的知识并将其汇成这样一部内容广博、难以归类的驳杂之书，从而呈现出自己独特而又难以复制的媒介观。

二、深层时间中的媒介无考古学方法

在《媒体考古学》一书的导论中，齐林斯基清晰地说明了自己的研究意图："并不是在新事物里寻找业已存在过的旧东西，而是在旧事物里去发现令人惊喜的新东西"（齐林斯基，2006：4），而这种"发现"被定位于媒介的深层时间（deep time）中。齐林斯基从约翰·麦克菲（John McPhee）的《盆地与山脉》一书中引入了"深层时间"这一概念，意在强调媒介分布的特性：既关乎事物在量上的丰富性，也关乎其在质的意义上的分布状况和密度。齐林斯基也强调，媒介的历史不能简单类比于地质史和生物史领域的发现，"媒体的历史，并不是从原始的东西发展到复杂的复合的东西这种全能趋势的表现"（齐林斯基，2006：8）；相反地，媒介的发展在质的层面上是"浓密化"的，其发展是混合的、流动的，甚至是混杂的。在已经被"抛弃了的过去"之中，还有很多动态的要素存在，"这些要素，富有活力地沉浸在异质性之中"（齐林斯基，2006：13）。而回顾媒介的发展史具体节点，会发现事物和关系往往都没有确定下来，还有种种可能的发展方向"可供选择"。因此，齐林斯基认为，研究者可以将这些事物和关系尚未确定的时刻相对化，通过发掘"旧事物"中令人惊喜的"新东西"，力求探究深埋于历史废墟中的媒介装置的从前的状况以及在当下的意义，从而帮助设想构建未来媒介世界在技术上和文化上的解决方案。易言之，以"深层时间"的复杂性状态存在的种种异质性要素，是齐林斯基所设定的研究对象。而进一步探究、发掘这些资源，则需要依靠媒介考古学的方法。

齐林斯基最初在媒介语境下接触到"考古学"这一术语是在德国学者库尔特·威廉·马雷克（Kurt Wilhelm Marek）的《电影考古学》一书中。20 世纪 60 年代，身在美国的马雷克化名 C. W. 西拉姆（C. W. Ceram）出版此书，随后这本书又被翻译为德文，深深吸引了学生时代的齐林斯基。此后，米歇尔·福柯的"知识考古学"（archaeology of knowledge）方法也为齐林斯基提供了助力，齐林斯基认为应当在福柯的基础上更进一步，使之成为某种"元方法"（meta-method）。

而在《媒体考古学》一书中，齐林斯基进一步提出"媒介的无考古学"方法。根据齐林斯基对希腊语词源的辨析，与词根"arche-"（统治）的意义相反，添加前缀"an-"（无）后的词根"anarche-"意为"无统治""无治"或"无序"。由此，相比于"考古学"，"无考古学"（《媒体考古学》中译为"类考古学"）专注于发掘停留在可能性层面的种种，反而可能使现实性成为"影子"；并不预设某种特定的结果，反而可能得到更多的收获。"无考古学"的提法亦在鲁迪·维斯克（Rudi Visker）和福柯处得到了呼应：前者强调"无考古学"不应只钻研某种基于原始经验的统一对象，极言考古对象的异质性和浓密性（齐林斯基，2006：28）；后者则在 1979—1980 年的法兰西公学院课程"对活人的治理"（Du Gouvernement des Vivants）中强调，自己所提出的是一种"无考古学"（anarchéologie，中译本译为"无政府学说"）（齐林斯基，2018；Foucault，2012：77）。齐林斯基进一步指出，当无考古学的方法被用于回顾技术媒介所特有的时间特性之时，关键在于"抓住在连续发展过程中的一些质的转折点"或"很有吸引力的缩影"，从而能够充分检验和体现深层时间中媒介可能的发展方向和变更，特别是那些"互相矛盾的意义"；亦需要格外"注意那些会使我们关于时间艺术的发展的观念变得更加丰富的思想、概念和事件"（齐林斯基，2006：34）。

　　具体来说，齐林斯基这种崇尚异质性的无考古学方法具有以下特点：（1）将"媒介"理解为某种开放的空间。"媒体，乃是为业已进行的想把被分割开来的东西加以结合的那种尝试提供行动的空间。"（齐林斯基，2006：8）（2）通过呈现多元的单元、入口或切割面，即各种"媒体世界"来进行探索。具体的媒介对象过于繁复，对它们的探索应该基于一些可操作的、可定义的"切割面"。（3）保持开放互联的无限可能性。"各种媒体世界，就是互相有关联的东西所呈现出来的各种现象"，研究者不应该"通过确立一些定式去限制无限繁多的连结的可能性"（齐林斯基，2006：35—36）。（4）承认现实在概念和感知两个层面的紧张关系，承认其异质性并努力发掘灵感，而不去将之一统化。（5）专注于收集媒介"珍品"，即那些"从视听以及视听跟技术手段的结合之丰富历史中所发掘到的东西"（齐林斯基，2006：37）。

　　综上所述，齐林斯基的研究对象和方法逐渐明晰起来。齐林斯基的研究对象是"深层时间"，具体来说是以"深层时间"的复杂性状态存在的种种异质性媒介要素；齐林斯基的研究方法则是"媒介的无考古学"，即不预设某种特定的结果，而从感官和技术结合的复杂历史中发掘灵感。简言之，齐林斯基的媒介考古学研究就是通过媒介的深层时间分析，去解放那些被认为趋向于一个确定性终点的复杂性的历史存在。正是在这样的思路的引领下，齐林斯基在《媒体考古学》一书中呈现了异质驳杂的考古成果。

三、异质驳杂的"媒介"世界

　　结束前两章对研究对象和方法的铺陈之后，齐林斯基接着展开了一幅异质驳杂的考古成果图：他先后列举了近十位横跨古今的"媒介思想家"，通过细描他们的经历来展示他们纷繁的思想。

古希腊哲学家恩培多克勒可以被视作最早探讨界面问题的思想家。恩培多克勒是巴门尼德的同时代人，生活于公元前5世纪的西西里岛。泰勒斯曾认为宇宙的基本成分是水，阿那克西美尼认为是空气，赫拉克利特认为是火，齐诺弗尼斯认为是土，而恩培多克勒认为，宇宙是由上述基本物质的不同组合和排列构成，即混合。而使混合作用得以发生的力量就是引力（attraction）和斥力（repulsion）（或说爱与恨）的能动性：爱占据主导，各种混合就得以均匀分布；反之，恨占据主导，则会导致既有的混合重新分离、组合。易言之，恩培多克勒描绘了流出物的结构，而德谟克利特则进一步描绘了流出物的内在构成：一方面，他指出流出物的运动需要作为媒介的空间，从而让物质的运动能够在其中发生；另一方面，他又强调了物与物之间的具体中介，或说界面。由此，齐林斯基指出，恩培多克勒和德谟克利特的工作体现了早期人类对界面问题的探讨，对如今物与物间的交界面（Schnittstelle），或说媒介使用者与媒介设备间的接口（interface）的讨论都可以从中获得启发（齐林斯基，2006：59）。

受益于恩培多克勒的16世纪意大利自然哲学家吉安巴蒂斯塔·德拉·波尔塔（Giambattista della Porta）则呼唤一种激进而稍显矛盾的异态学：一方面听任各种现象不受限制地歧异泛滥；另一方面却仍然坚定地相信各个事物与其名称保持着同一性、彼此间不受限制地纠缠在一起，"万物都是通过同情而彼此连结到一起的，因为这种同情象征着彼此之间的深层的相似性"（齐林斯基，2006：71）。17世纪的学者、耶稣会士阿塔纳修斯·基歇尔（Athanasius Kircher）则是普遍主义者的代表，他以某种鲜明的炼金术的特质，试图将光明与黑暗、精神与物质、善与恶等二元对立的事物，以某种交互贯穿的动态系统为媒介进行归总，将其统一到一些可以普遍化的法则里。简言之，基歇尔试图在某个第三方中保留原本对立的两极。

18世纪的德国学者约翰·威廉·里特（Johann Wihelm Ritter）和19世纪的捷克学者扬·浦肯野（Jan Purkyně）则执着于探究电在人体内的反应，他们将自己的身体当作实验室，试图理解身体与物质世界发生内外交互关系的过程。特别是普尔基涅，他执着于生理学作为"对大自然所有各个领域中的现象、力量以及法则所进行的基础研究"（齐林斯基，2006：186），注重观察身体接受不同程度的通电时内在感受的视觉表现，并将其称为"主观视觉"。19 世纪的意大利犯罪学家切萨雷·隆布洛索（Cesare Lombroso）一方面专注于运用实证的工具测量和照相术等方法研究罪犯病理；同时又囿于自身的达尔文主义、进化论和决定论倾向，将罪犯本性中的异常部分妖魔化，从而过度运用了实证方法以致其被彻底毁坏。20 世纪俄国科学管理的先驱、前卫诗人阿列克谢·加斯捷夫（Aleksej Gastev）则构想了一种"时间经济学"（the economy of time）和一个人类全面机械化的新时代，他甚至设想未来"是机器在控制着活的人。机器已不再是控制的对象，而是控制的主体"，"未来的劳动者，都是'一部庞大机器中间的一些齿轮'"（齐林斯基，2006：221）。

浏览了这幅异质驳杂的思想图，读者不禁发出这样的疑问：处处都是从历史的边缘、罅隙中收集、挖掘出来的奇思妙想，但是"媒介"在哪里呢？

四、评价与反思

考察齐林斯基的研究方法，不变的核心是对异质性的发掘。在出版《媒体考古学》一书后不久，齐林斯基提出了名为"变体学"（variantology）的研究计划，该词来源于拉丁语动词 variare 即"改变"。相对于"无考古学"内含的否定性，齐林斯基认为"变体学"在意涵上更为积极（齐林斯基，2020）。经过多年的研究和探索，如今齐林斯基将变体学理解为"一个关于某些特定现象的所有可能的系谱学的想象整体"（齐林斯基，2018）。不难看出，从"考古学"到"无考古学"再到"变体学"，齐林斯基的研究理念从未偏离对过往历史中异质性的发掘，以及这些元素对当下和未来的意义。正如埃尔基·胡塔莫（Erkki Huhtamo）和尤西·帕里卡（Jussi Parikka）评价的那样："齐林斯基的媒介考古学是一种抗争性实践"，不仅反抗"正在渐趋一致的主流媒介文化"，还反抗"现代媒介研究中所存在的同化和固化状况"（胡塔莫，帕里卡，2018：10）。

而谈及对媒介的理解，齐林斯基则显得暧昧许多。在访谈中，齐林斯基反驳了技术媒介的历史始于19世纪的说法，认为关于媒介的种种可以追溯到久远的历史中，进而给出了自己对媒介的开放性理解：媒介就是"艺术、技术与科学的'之间'（in-between）、重叠与互文"（齐林斯基，唐宏峰，2020）。可以说，齐林斯基的媒介概念几乎拓展到了无远弗届的地步，囊括了一切与艺术、技术、科学交叉影响的异质性元素。事实上，齐林斯基并不追求更为深入、整合性的媒介概念，而是满足于对异质性事物和思想的收集本身。正如齐林斯基在《媒体考古学》一书的结尾处说的那样："在借助于深层时间而得以思考到和构建成的各个媒体世界，在它们的运动之中，一种单方面的魅力就无可掩饰地呈现出来了。这种运动，对于事物以及事物之间的关联，体现出一种魔术式的关系。"（齐林斯基，2006：246—247）

这不禁叫人心生怀疑：齐林斯基对媒介开放性、异质性和多样性的不懈追求固然令人称道，但如若没有整合性的媒介框架统摄，对过往的探索究竟能够为当下的媒介思考做出多少贡献？齐林斯基对系统化和理论化的明显抗拒，又会否使得媒介考古学招致原子化和破碎化的风险？如何从他百科全书式的知识欲求中获益更多？这是我们需要进一步思考的问题。

（林　鑫）

参 考 文 献

Michel Foucault, *Du Gouvernement des Vivants：Cours au Collège de France*（*1979—1980*），Seuil，2012.

〔美〕埃尔基·胡塔莫、〔芬〕尤西·帕里卡编：《媒介考古学：方法、路径与意涵》，唐海江主译，上海：复旦大学出版社，2018。

〔德〕西格弗里德·齐林斯基：《媒体考古学：探索视听技术的深层时间》，荣震华译，北京：商务印书馆，2006。

〔德〕齐格弗里德·齐林斯基：《艺术与媒介的类考古学和变体学与

电影》，李诗语译，《北京电影学院学报》，2018（2）。

〔德〕西格弗里德·齐林斯基、唐宏峰：《媒介考古学：概念与方法——西格弗里德·齐林斯基访谈》，杨旖旎译，《电影艺术》，2020（1）。

〔德〕西格弗里德·齐林斯基：《惊异发生器：多样的媒介思想》，杨旖旎译，《南京社会科学》，2020（3）。

拓 展 阅 读

Siegfried Zielinski，... *After the Media*：*News from the Slow-Fading Twentieth Century*，Gloria Custance（trans.），Univocal Publishing，2013.

Siegfried Zielinski，*Variations on Media Thinking*，University of Minnesota Press，2019.

列夫·马诺维奇

《新媒体的语言》

互联网时代的到来为 21 世纪拉开了序幕。新媒体异军突起，计算机科学发展迅猛，处于世纪之交的视觉艺术研究者却预感到一片巨大的阴霾正在逼近。计算机技术对电影等视觉艺术生产方式的改变，迫使学术界在转向新媒体领域的同时，不得不面对原有范式失效的危机。2001年，时任加州大学圣迭戈分校视觉艺术系教授的列夫·马诺维奇出版了新媒体研究的开山之作——《新媒体的语言》。在这本书中，他提出了以"在外观上是电影式、在材料上是数字的、在逻辑上是与计算机有关的（即软件驱动）"为总纲领的数字视觉文化框架，无疑为学术界带来了一则鼓舞人心的信息：新媒体研究是以电影理论而非以计算机科学为起点。马诺维奇将计算机语言收编进新媒体的语言。这一明确目标的提出，让身处技术洪流中惴惴不安的视觉艺术研究者看到了一丝曙光。《新媒体的语言》以其完整的逻辑结构、清晰的概念界定、翔实的案例分析，迅速成为数字媒体研究的教科书，被认为是"自麦克卢汉以降、概念最为明晰与探讨最为广泛的媒介史研究"，马诺维奇也以其程序员与先锋艺术家的双重身份成为软件理论的旗手。

一、成书背景

1960 年，列夫·马诺维奇出生在莫斯科。1975 年，15 岁的他就读于一所理科重点高中。在那里，他没有见过一台计算机，却埋头学习了两年计算机语言，在草稿纸上把各种计算机程序编写得滚瓜烂熟。两年的课程结束后，老师把这些高中生带到了政府部门的数据处理中心。当年少的马诺维奇第一次在计算机键盘上激动地敲下自己写的程序时，却因为把数字 0 全部输成了字母 O 而以失败告终，这令他十分懊恼。高中毕业后，他以优秀的成绩考入了莫斯科建筑学院——高中时期在古典素描私教课上投入的两年的精力和金钱得到了回报。据他后来的回忆，那几年苦练素描的经历，尤其是运用透视和描影的技巧处理石膏像的线条，为他与计算机语言的再度相遇埋下了伏笔。事实上，在三维软件、计算机游戏、网站等一系列组成了我们今天熟知的数字媒体的工具出现之前，20 世纪 90 年代之前的计算机科学家面临的难题与艺术家相似：如何在平面上生成三维物体的影像？

1985 年，25 岁的马诺维奇带着一口粗粝的俄式英语来到自由女神像脚下，在当时全球屈指可数的几家数字动画制造公司之一数字效果公司（Digital Effects），找到了一份薪水不错的工作。有了公司专配的工作计算机的他，自然不用再受不识键盘之苦。更让他惊喜的是，仅花了几个月时间掌握了公司专有的计算机图形软件的用法后，他只需要轻击鼠标，计算机就会自动生成经过多年素描训练的他也画不出的人物像。欣喜之余他也不免有点郁闷：自己干吗要在透视画法上浪费好几年时间呢？

怀揣着成为一名新媒体艺术家的理想，马诺维奇先是在纽约大学获得了视觉科学与认知心理学的硕士学位（1988），随后在罗切斯特大学获得了视觉与文化研究的博士学位（1996）。1995 年，计算机技术的发展日臻成熟，各种应用软件的交互界面在个人计算机上普及，计算机与媒体全面接轨，数字媒体进军文化艺术市场。这一年，在计算机艺术节上小有名气的马诺维奇回到家乡——尽管他出生的国家已经宣告解体，参加了一场名为"寻找第三现实"的计算机艺术节。年轻的艺术家带着任天堂数据手套以马诺维奇所熟悉的传统方式作画，随着他手腕的摆动，信号由手套传输到电子音乐播放器上，现代舞者在一名满脸不解的老年观众面前即兴起舞——这一在纽约先锋派眼中司空见惯的景象给马诺维奇留下了深刻的印象：传统与现代、虚拟与现实、过往与未来在这里切片式地交错并置，以拼贴和混搭的方式组成了一个不可叙述的视觉空间，观看者抛开思维活动，通过纯粹的感官体验沉浸其中。然而，马诺维奇并不沉醉于这一后现代的景观碎片，他带着一颗现代主义者的清醒头脑，将计算机技术安置在媒体考古学的框架里，试图以连续性的逻辑将这些新旧碎片串联在一起。在《新媒体的语言》中，马诺维奇广泛地参考了电影研究、文学理论、美学理论和艺术史研究，结合自己在计算机科学领域受到的训练，把对人机交互界面、数字合成、数据库等新媒体对象的考察，置于整个视觉文化的历史视野中，勾勒出一条数字视觉文化的发展轨迹。事实证明，在新媒体起步的第一个十年，马诺维奇难能可贵地在交互界面、虚拟现实、触觉化和空间化等关键问题上做出了相当准确的判断。更重要的是，在新媒体研究的草创期，他以首位新媒体历史学家的身份展现了计算机技术为现代媒体文化带来的根本性转向，从而为新媒体研究和数字文化研究奠定了技术进步主义的基调。

二、交互界面

交互界面这一概念不但是贯穿全书的主线，也是马诺维奇将计算机技术导入视觉文化研究的切入口。计算机屏幕诞生于二战期间的美国空军指挥中心。为了将雷达实时收集到的信息快捷地呈现出来，美国人开发出人机交互界面，它不但可以显示信息，还能够向计算机发出指令。计算机屏幕的诞生，一开始就不局限于数据可视化的功能，而是被赋予了与现实直接交互的潜能。20 世纪 90 年代之后，计算机软件开发工作进度加快，应用程序趋向于自动化，人机交互界面开始广泛地面向没有任何计算机经验的用户。同时，计算机数据库的更迭，对视听数据系统性、大规模的存储、组织和分发，大大减少了"界面工程师"面对的烦扰。他们只需要负责调试代码，然后将其交由应用程序来为海量的数据创建可视界面，在数据库中"制作"和"拼贴"出各式各样的内容，打造出比现实更真实的视觉效果。事实上，新媒体将传统视觉作品的"内容—界面"二分法扩展成了"内容—界面—数据库"三分法。马诺维奇借用了符号学中"组合"与"聚合"的概念来解释这两种关系的差异：对文学、艺术和电影工作者来说，他们的工作原理是通过创作活动将元素从抽象的"聚合"维度带到具有物质性的"组合"维度，也就是说，如何把想象中的内容变成与观看者产生精神交互的作品界面，是他们终日面对的难题。新媒体则挑战了这一内容先于界面的原理，原本存在于想象中的"聚合"维度被真实存在的数据库所占领，而基于自动化操作系统的"组合"维度却趋向于去物质化。内容既不存在于"界面工程师"的意识中，也不在数据库里，而是实时地生成于人与计算机通过界面进行的物理交互中。

马诺维奇提出，人机交互界面提供了一种在传统视觉文化的外表下遵循数据库逻辑的全新交互方式。他把印刷文字、电影和人机交互界面统称为"交互界面"，即一种"发展出自身组织信息、向用户展示信息、将空间和时间联系起来、在获取信息的过程中构建人类经验的独特方式"（马诺维奇，2020：73）。对于印刷文字和电影来说，内容与界面其实是同一个东西，界面绝不仅仅是一个中立的信息载体，它以自身特有的方式将不同的信息元素组合起来，这种组合本身就是内容的呈现。人机交互界面的原理则基于内容的再度"空间化"，"那些曾经被固定在内容上的元素"（马诺维奇，2020：72）被从内容中"解放"出来，放入一个全新的通用的交流工具箱——计算机系统，也就是传统视觉文化的数字化存取机器，再由界面将这些"文化数据"调取出来，转换成看上去与原先并无二致的内容。在这个意义上，马诺维奇将人机交互界面定义为区别于前两者的"文化交互界面"。通过人机交互界面，人们不再与内容—界面本身，而是通过界面与经过二进制系统编码的内容进行互动。

尽管计算机系统对数据的处理和呈现有一套自身的语言体系，但人机交互界面与人类的感知模式确有天然的"连线"，因而，马诺维奇试图将新媒体语言体系放在人机交互界面的场景下探讨，从而触及了关于人与数字技术关系的思考。

三、计算机界面的电影逻辑

马诺维奇认为，新媒体语言的一个主要法则是，将电影语言纳入计算机界面的交互形式。从 20 世纪 20 年代开始，电影就要求观众在一系列独立的影像片段之间建立心理联系——视觉文化在这里与印刷传统发生了割裂，内容以动态影像的组合而非文本的形式呈现出来，而这种呈现的连续性离不开电影生产者对电影语言的娴熟运用。他们通过组合、剪辑、交切镜头等操作手段，将单独的镜头流水线式地组接起来，在电影界面上创制了一个充满虚幻感的无缝空间。电影的视觉语言引入了人机交互界面的运作原理，但是这一次，"使用"视觉语言的权力从生产者那里移交到使用者手中：看电影的人不需要学习如何使用电影语言搭建视觉空间，计算机的使用者往往不费力气地掌握了筛选、添加、复制和粘贴等操作技巧，"自主地"组合出一个连续的虚拟空间。事实上，计算机系统对一切"文化数据"的收编早已决定了计算机使用者所做的绝不是从无到有的创作活动，而是在软件的层层设计中进行的"筛选"和"排序"工作，"选择的逻辑"悄无声息地替换了用户的主观意识。使用者看似从被动的观看位置被释放出来，获得了一种操控和改变界面的"现实感"，但其实这种"现实感"背后隐藏着巨大的幻觉，而这一幻觉正是人机交互界面的主要目标：正如电影界面旨在让电影的"画框"消失不见一样，人机交互界面也需要让内容的真正生产者——计算机系统变得不可见。计算机软件和数据库本身就为了这一目的而被开发出来，二者共同实现了虚拟现实对使用者的"解放"。

马诺维奇进一步指出，电影文化与计算机技术的发展不但有内在的联系，而且电影的先锋性正是在计算机中实现的。他以苏联导演维尔托夫于 1929 年拍摄的《持摄像机的人》为例，从"电影眼"理论中窥见了人机交互界面和数据库的影子。《持摄像机的人》是对电影语言的一次充满想象力的探索，维尔托夫基于"用电影之眼创造生活"的理论构想，通过分割画面、二次曝光、时空蒙太奇等拍摄手法，试图呈现一个突破人类视觉极限的可移动空间。马诺维奇认为，这部影片的重要性不在于"漫游式"地模拟城市空间，而在于电影镜头对城市空间的搜索、破坏和重构达到了极致——尝试以非数字化的方式构建一个非线性的、数据库式的拟真界面。令人唏嘘的是，电影技术未能帮助维尔托夫实现的野心，几十年后，在加州年轻程序员的计算机屏幕上得以实现。人机界面实现了呈现与实时通信技术的同步，通往一个同时穿梭于真实物理空间和三维虚拟空间之中的"可导航空间"，这意味着，观众不仅可以一边观看一边主动参与其中，甚至还能通过操控界面改变远程的现实世界。本雅明和维利里奥都曾讨论过电影界面对视觉距离的破坏让人们失去了亲身感知现实世界的兴趣。人机交互界面无疑强化了这一趋势——第一眼看上去，它是通往电影式幻觉空间的一扇窗口，但它的本质属性仍是一块电子控制面板，并没有实现面对面的直接互动。因而，人机交互界面与电影界面的最大区别在于，前者从视觉文化所隐含的侵犯性中释放出了后者所不可达到的触觉性的破坏力量。

四、空间蒙太奇与数字合成

到了 20 世纪末，让视觉艺术研究者倍感困扰的是，如何定义数字革命对视觉文化的现实影响。马诺维奇认为，新旧媒体之间非但不存在对立冲突，反而处于连续性的光谱中，新媒体语言的通用性不但建立在电影语言的基础之上，而且接续了旧媒体的发展进程。

在电影理论中，将不同的影像片段剪辑到一起，创建一个连续性的幻觉时空，即蒙太奇，是电影仿造现实的重要手段。我们熟知的电影语言为时间蒙太奇，即将影像片段连接成时间上连续的影像流，形成自然流畅的线性叙事。与时间蒙太奇相反的是，整个电影史上较为罕见的单一镜头内部的蒙太奇（后被马诺维奇称为"空间蒙太奇"，即在同一影像中将分割的画面相连接），只有在少数使用抠像、并置、叠印的先锋电影中才被采用。马诺维奇指出，就电影技术而言，空间蒙太奇比时间蒙太奇更难实现时空连续性的效果，却因为数字合成技术的出现，变成了时下普遍流行的操作。数字合成技术的做法是，在各自独立的媒体元素间加入超链接，使不同的影像片段具有共同的模块化结构，从而在新媒体对象之间建立空间上而非时间上的序列关系。在人机交互界面中，原先占据整个屏幕的视觉时空变成了同时被打开的多个窗口之一，用户还可以不断地添加更多的窗口，合成技术将这些并列的影像接合成了一个在视觉上无缝的虚拟空间。

在新媒体时代，空间蒙太奇之所以能实现对时间蒙太奇的征服，核心在于，人机交互界面通往的是一个以数据和算法为肌理的信息空间，而电影界面则通往一个以人类感知模式为基础的叙述空间——人机交互界面虽然可以支持叙述，但它的运作逻辑与叙述无关。建立在数据库对一切文化形式的"转码"这一基础上，人机交互界面的基本原则是：通过允许用户调取数据并将其转化为视觉空间，将用户纳入计算机运作系统。因而，时间蒙太奇的退场并非缘于电影美学对数字技术的屈从，而是由于人机交互界面的普及，在不知不觉中培养了人们更适应空间蒙太奇的感知模式："如果说我们现在已经习惯于将注意力从一个程序快速转移到另一个程序，从一套窗口和命令转移到另一套，我们也会认为，诸多视听信息流的同时呈现比单一的传统电影更令人满意。"（马诺维奇，2020：331）计算机屏幕向文化交互界面的进化，恰恰就体现为空间蒙太奇对日常生活经验的渗透：高度密集化的信息陈列、工作与娱乐的界面共享、拼贴式的混杂感知体验和后现代的景观碎片逐渐成为人们习以为常的生活方式。在这一系列显著而深远的文化现象背后，正是计算机屏幕借助数据库和三维虚拟空间"跨码式"地融入总体文化，构成了一种全新的数字文化交互形式。

五、评价与反思

在新媒体研究和数字文化研究领域，《新媒体的语言》是一部桥接了计算机技术与电影理论的经典之作，也是新媒体研究者的基础工具书。许多学者对这部著作给予了高度评价。亚历山大·加洛韦指出："《新媒体的语言》不但为互联网时代的文化研究、美学研究提供了一个重要的入口，并且帮助界定了软件研究这一全新领域。"（Galloway，2011：377）马克·汉森在《新媒体，新哲学》一书中评价道："迄今为

止，马诺维奇对数字技术的描述无疑是最为丰富和细致的。"（Hansen，2004：34）

马诺维奇开创性地将计算机技术置于视觉文化领域，借用电影理论和艺术史的研究方法，针对计算机内部的运行和组织方式，搭建出一个适用于媒体研究的语言体系。他从界面这一计算机与视觉文化作品共有的物质实体出发，提出了"文化交互界面"的核心概念，进而系统性地阐释了计算机技术如何成为并重新定义了现有的视觉文化形式。由于该书写成于第一代互联网时期，因此它围绕计算机技术"转码"文化这一命题，完成了另一项至关重要的"转码"工作：通过对一系列基础性概念的界定和阐释，将计算机语言重新编写为电影、文化、视觉艺术和媒介研究领域的通用语言，对刚刚起步的新媒体研究起到了不可低估的推动作用。

不过，尽管马诺维奇对"人机互动"界面的探讨具有开创性，但他的思想中仍然有一些值得检讨的"杂质"，比如那种掩盖不了的技术乐观主义。其实，数字化的进程越来越让人感觉到数字在互动中的优势和强势，并孕育着我们无法掌控的风险，但看完马诺维奇的媒介史研究，我们总觉得人类在数字技术的帮衬下一直在进步，且前途一片光明。这些基于庸俗进化论且过于简单化的推断在一定程度上折损了马诺维奇的思想的价值。马诺维奇的出发点不是人本主义，他不太考虑人在数字技术中的命运，他的关注点始终在技术本身，因此，他始终无法步入以海德格尔、基特勒、麦克卢汉、斯蒂格勒为代表的媒介技术哲学的殿堂。

（王沐之）

参 考 文 献

Alexander Galloway，"What is New Media? Ten Years After 'the Language of New Media'，" *Criticism*，2011（3），pp. 377-384.

Mark B. N. Hansen，*New Philosophy for New Media*，MIT Press，2004.

〔俄〕列夫·马诺维奇:《新媒体的语言》,车琳译,贵阳:贵州人民出版社,2020。

拓 展 阅 读

Lev Manovich,"Museum without Walls,Art History without Names:Visualization Methods for Humanities and Media Studies," http://manovich.net/index.php/projects/museum-without-walls-art-history-without-names-visualization-methods-for-humanities-and-media-studies.

马修·福勒

《媒介生态学：艺术与技术文化中的物质能量》

近年来，随着媒介整体性地构成了现代社会的存在基础，随着"无处不在的计算要求我们从对媒介讯息的分析转向对媒介本质的分析"（彼得斯，2020：9），以"媒介"为题的讨论日益呈现出汇流之势，它们逐渐摆脱了"乱花渐欲迷人眼"的状态，共同朝着媒介本体论的目标进发。在此背景下，阅读马修·福勒正当其时。通过促成"生态"与"媒介"的相遇，福勒规划了一条极具欧陆哲学色彩的研究路径，完成了一场叫作"媒介生态学"的思想化合实验。

一、成书背景

相较于该书作者福勒在国内的主要推介人许煜，读者或许对他本人并不熟悉。福勒现为英国伦敦大学金匠学院媒体、传播与文化研究系教授，其研究方向包括文化研究、媒介理论与软件研究等，麻省理工学院出版社的软件研究系列图书便是他与列夫·马诺维奇等学者合作推出的。在学术研究之外，这位"多栖发展"的学者还拥有小说家与媒介艺术家这两重身份，福勒曾与多个艺术团体就媒介设计、软件艺术等主题展开过项目合作。

正如《媒介生态学：艺术与技术文化中的物质能量》一书的副标题所示，书中囊括的理论、案例涉及艺术与技术等领域。可以说，这部内容丰富、庞杂的作品很大程度上得益于福勒的跨学科研究兴趣与多学科知识频谱。不过，该书最为核心的关键词仍是"物质"，它构成了艺术或技术发明的力量。事实上，"物质性"这一主题始终贯穿福勒本人的研究。在 2003 年出版的个人论文合辑《光点背后：关于软件文化的论文》当中，福勒就主张软件不只是可编程的工具，还应被看作包括技术机器等的多层次组合。出版于 2005 年的《媒介生态学》则是在物质性方向上的又一进展。在该书导论中，福勒开门见山地申明了物的重要性。他将物上升至世界存有的高度，认为是物创造了世界，并阻止了其他世界成为可能，这种状况到了数字时代变得更加明显——物成了媒介系统中各种元素、组合被触知的前提。为此，福勒认为十分有必要追寻看似"非物质"的信息化、电子化背后坚实的物质性，因为"对物质性的留意最有收获之处，恰在于通常所认为的无关之地"（福勒，2019：3）。这样来看，该书完全可以被归为数字时代媒介研究物质性转向思潮中的一本著作。

在这之后，福勒继续自己对数字时代的解码，不但深耕软件研究领域并编写了相关研究词典，而且积极开拓新领域。2012 年，福勒与安德鲁·戈菲（Andrew Goffey）出版了《邪恶媒介》一书，剖析了信息管理、算法控制等尖锐而迫切的议题，日益显现出他对媒介技术的警惕与批判。

二、复数的"媒介生态"

"媒介生态学"这个术语对于国内传播学界来说并不陌生。随着社会主义市场经济体制的逐步建立，我国传媒市场发生了一系列变革，涌现出市场竞争、传媒改制等许多新现象、新问题。在此背景下，邵培仁、崔保国等学者倡导在媒介经营管理中使用"媒介生态学"这一概念，用以研究媒介系统如何依赖又反制着其他社会系统。邵培仁等人主张的媒介生态学其实指的是"媒介所处的生态"，也就是关注媒介机构作为子系统如何更和谐、更可持续地存在于宏观社会生态之中。这个领域的发展无形中给何道宽教授设置了一道难题，他自 20 世纪 90 年代起便陆续译介麦克卢汉等学者的著作，却因担心与国内已经出现的媒介生态学产生混淆，最终决定以"究其实而不据其形"的方式将"media ecology"译为"媒介环境学"（何道宽，2006）。如今，这一译法渐已取得国内学界的共识。

福勒版本的媒介生态学有着自己的独特主张，他显然无意于探讨媒介机构的经营管理问题；在面对媒介环境学的时候，尽管他也曾多番提及麦克卢汉，但他所采取的方式主要是批判式对话，两者之间的断裂显然远远大过延续。在福勒看来，媒介环境学"描绘的是一种环境保护主义：利用媒体研究来维持一种相对稳定的人类文化观……怀有一种人类永续存在的想象，并试图确保这个世界对人类的安全性"（福勒，2019：7）。实际上，媒介环境学已然将"生态"（ecology）替换为"环境"（environment）概念，追问的是媒介的结构、内容与偏向如何影响着人们的思维、感觉与行为，媒介在此被视作外在于人、包裹着人的环境，有着教育学背景的尼尔·波兹曼所著的"媒介批判三部曲"就是这种倾向的最佳佐证。这样一来，媒介环境学就在无形中强化了人与技术之间的二元对立，并选择坚定地站在人类中心主义的立场上，不仅错置了"生态"的概念，也磨损了"媒介"概念的丰富潜能。

相对而言，福勒所倡导的路径更加符合生态学意义上生态概念的本义。自德国生物学家恩斯特·海克尔创造"生态"这个概念以来，其基本态度便是将它处理为生物体、群落以及环境中非生物成分之间的关系问题。对福勒而言，提出媒介生态学几乎是一种思考的必然，因为"当我们想要理解复杂和动态联结的时候，生态学的问题就出现了"（福勒，2019：序言5）。当然，选择这一路径离不开菲利克斯·加塔利（Félix Guattari）生态哲学（ecosophy）思想的启发（福勒，2019：10）。加塔利的思想又与其长期合作者吉尔·德勒兹（Gilles Deleuze）紧密相关，两者的重要作品《千高原》也频频出现在福勒的书中。不过，福勒尤为肯定加塔利的《三种生态》一书对自己提出媒介生态学的直接影响。因此，若要解读此书，务必回到加塔利。在加塔利看来，生态不应仅指宏观的自然环境，还应包括中观社会关系层面的社会生态，以及涉及主体性生产的微观精神生态，三种生态密不可分，存在于复杂且动态的共同决定关系中。研究者通过对它们反复关联、杂交互育，可以实现对"主体性进行复调的和异质性的理解"（加塔利，2020：6）。为了处理复数的生态，加塔利提出运用生态系统方法，在物质、能量的流动层，有机体层、社会层、机器层等本体论层之间建立一种"横贯性的联系"（加塔利，2020：137），以把握不同层次之间的混沌互渗。这些创设理论的努力展现出加塔利试图建构关系本体论的雄心，"生态"最终指向的是一种生态式的思维方式。

加塔利的生态哲学全方位地奠定了媒介生态学的理论气质。首先，媒介生态学承袭了生态哲学关系性的思考方式，反对物质/话语、自然/技术等一系列二元对立，且无意在人与非人、生物与非生物、物质与非物质之间做出区分。这么做是为了对应当前数字时代的混乱本体，契合这种人与技术、软件与硬件、物质与能量相互干扰、高度纠缠的状态。

其次，确认尺度（scale）成为讨论媒介生态的前提。生态学确立了个体、种群、群落、生态系统、生物圈的等级划分，加塔利也区别了从宏观到微观的生态尺度；与之类似，媒介生态也分为不同的尺度，并且每个尺度都能创造自己的关系维度。对于研究者来说，只有以确定媒介生态的多层叠尺度为前提，才能分层地拆解复合媒介系统。不过，光是分层还不够，还需要认识到分层的生态之间存在着的复杂关系——它们不仅不可分离，而且生态里的某一种尺度会始终要求延伸至另一种尺度。这就意味着需要将媒介系统置入物质、政治乃至美学等多重生态中加以考察，并在不同生态尺度之间进行横向思考，即践行德勒兹与加塔利所描述的"和的逻辑"（logic of the AND）——以连词"和"来代替动词"是"，寻找聚合与居中的运作（德勒兹，加塔利，2010：33）。在所有的尺度中，因为"主体化是政治发生的实际场所"（Goddard，2011），所以有着丰富社会运动经验的左翼学者加塔利非常重视政治生态与精神生态，而福勒忠实地延续了这一点，认为"技术与媒介发明的种种进程的任何一种组态中都存在着实质性的政治利害关系"（福勒，2019：152）。从"尺度"切入，可以进一步发掘媒介生态学与媒介环境学的差别：前者的生态概念因尺度的区分呈现为复数形式，后者则暗示"媒介都是整体形态"（福勒，2019：178）；前者具有深刻的政治性，后者却略显保守地维护着人与媒介环境之间的稳定平衡。

最后，生态式思维注定是反对还原论的，媒介生态学亦是如此。在福勒那里，"一个装置，从来就不必然相等于组成了它的所有的凑集，抑或数量总和"（福勒，2019：129），整体必然大于部分相加之和，并且会生成无法再被分解的生态。作为整体的媒介系统可以表现出超出个体的惊人行动能力，就像单只椋鸟只是在完成基本飞行动作，一大群椋鸟却能通过协同运动制造出风暴般的壮丽景象。只不过，这个整体并非稳定的一体（stable whole），而是由异质元素构成的动态、开放的组合（assemblages）。更关键的是，这种行动能力恰恰来自媒介系统本身。在这个问题上，德勒兹与加塔利提出的概念"机器门"（machinic phylum）给了福勒诸多启发。"门"这一概念来自生物分类学，用以对生物体的亲缘、进化关系进行等级划分，德勒兹与加塔利借鉴这个概念是为了探索技术的种系发生学，正是谱系决定着技术物的性状与强度。对于福勒来说，机器门这个概念"为异质性元素之间的相互关联提供了有用的解释"（福勒，2019：129），启发他思考"复合媒介系统中的诸种元素是如何'合作'，制造出比其数量之和要大的某种结果的"（福勒，2019：13）。以此观之，任何行动能力都不能简单归功于某个独立的组件或元素，是个体背后深层的技术谱系造就了"一连串力、能力及倾向相互结合，致使其他事物发生并进入一种自我组织状态的那些时刻"（福勒，2019：42），即自组织是生态与系统作用的结果。

如此一来，福勒便明确了媒介生态学界定媒介的视角，这种视角是关系性的，是从媒介所身处的系统出发来定义媒介。在媒介生态学看来，一种要素之所以成其为媒介，是因为它始终居于中间位置，具备在同一系统的不同生态尺度之间、在不同系统之间脱位、逃离，进而穿梭、传递信息与能量，促成事物越过临界点以发生突变的驱力。简言之，媒介是"由多重部件、驱力及组合性条件所构成的装置"（福勒，2019：178），媒介概念的要义在于"组合""驱力"，以及"提供一条进入另一种媒介或其外部的途径"（福勒，2019：364）。这种视角无疑就是麦克卢汉的著名论断"媒介是活生生的力量漩涡"的翻版，它从"在不同规模之间栖息以及移动"的"媒介性"（mediality）出发来锚定媒介，点明了媒介并非某种先在之物，而是一种"包含某种尚未实现，正待与其他装置、驱力或模态进行组合的动能的形态"（福勒，2019：201）。相应的，媒介生态学就是一种关注媒介之动能的理论。

进而，从媒介的动能出发，媒介系统可以被理解为一个由媒介驱动的持续动态过程。福勒认为，"媒介生态，正是由各部分之间的断裂式组合所形成的"（福勒，2019：36），正是在这种组合与断裂、连接与分离的辩证运动当中，媒介要素的组合永远无法达成一种均衡的稳态，反而总是趋于加速和过量，乃至不断触发突变。这种微妙状态将导致媒介系统处在连续的变化之中，其中每一种元素皆可构成一条可以将这种不断变换的拼缝之物连接起来的轴线（福勒，2019：37），整体来看恰似德勒兹、加塔利的"根茎"概念，呈现为一种网状式分布、横向发散的形态，拥有无限的生长力与创造力。

总的来说，媒介生态学意在追踪技术、有机体、社会、精神等异质元素，以及铺陈繁复、互动频密的关系性组合，捕捉其中的能量流动和尺度变化，用福勒的话来说，便是考察"进程与对象、存在与事物、模态与物质之间大规模的动态互联"（福勒，2019：4）。福勒的这些理论尝试的目的是建立起一种着眼于媒介系统生成过程的关系本体论。在此，关系先于存在，过程重于结果，差异优于同一。

三、作为方法的媒介生态学

福勒认为，媒介生态学要做的是"对媒介生态中的一系列介质组成进行逐一考察，以期建立一种能够理解其性状及其相互关系的方法"（福勒，2019：14）。在该书导论以外的其余章节中，作者的工作集中于运用这一方法分析各类案例，以践行其为媒介生态学构想的各种原则与调性，展示这一学说的理论阐释力。《媒介生态学》正文的每一章都涉及单个或多个媒介系统，比如第二章"吞食自身的照相机"便是循着维兰·傅拉瑟（Vilém Flusser）将照相机视作"一种能够让媒介进行多重程式或说驱力组合的'装置'"的说法（福勒，2019：15），探究艺术家在利用不同光圈、快门以及镜面组合来制造特殊成像技术的过程中，如何彰显照相机装置的机器主体性。而第三章"此何以成彼"则关注媒介要素错置、漂移到异常场景后，随之而来有何意想不到的结果，媒介系统具备哪些先前不具备的动力与可供性，譬如枪械制造初期的某个部件怎样成为被观看的雕塑，街灯作为控制开关又如何调节着城市景观、邻里关系以及社区犯罪率，最终营造出一种特殊的社会空间。

这些案例涉及艺术史、社会治理、政治经济学等多个领域，由于所选案例不同，各章节所使用的理论资源、讨论的具体问题差异较大，因此并不适合在此对所有内容逐一进行复述。大致说来，这些案例都致力于追踪媒介系统是如何由相互关联的过程性网络构成的。接下来，我们就以第一章"海盗电台的媒介生态"为例，具体展示福勒是如何层层递进，条分缕析的。选择此章，不仅因为它最为详尽地示范了操作媒介生态学的具体方法，而且因为福勒通过它设置了后续章节的议程，比如标准化的问题延续到了第三章中关于集装箱如何成为媒介的讨论，可以说，该章是"为在诸种媒介生态中进行运作的范围及可能性建立起始点"（福勒，2019：14）。

在第一章中，福勒聚焦于一种处在灰色地带的媒介实践——海盗电台。尽管福勒没有明确交代，但他对电台的兴趣很大可能仍是来自深度参与自由电台运动的加塔利（Goddard，2011）。自 20 世纪 60 年代以来，英国海盗电台运动风潮迭起，出于对抗市场垄断等原因，部分发烧友往往未经官方许可私自开办广播电台，其中较为普遍的形式是由海上船只向听众发射无线电信号。要尽可能详备地绘制出海盗电台的媒介生态，首先需要"造访"乃至"解剖"它。为此，福勒借鉴了德勒兹分析美国诗人惠特曼的作品的方法。德勒兹认为，惠特曼的写作建基于对海量异质性元素的组合。受此启发，福勒也将海盗电台看成由异质组件接合而成的巨型机械装置，试图进入其中罗列出一张组件的清单列表，对它们的多重组合方式逐一考察，观察这些组合如何具有转换腾挪、串联突变之效。在福勒看来，这种"清单列表法"的优势在于，可以"借助清单来解释媒介的相互关联性，即便只是对媒介系统各组成要素进行简单列举，也能促成推理研究的发生"（福勒，2019：34），来挖掘媒介系统如何经由元素间的互动、与外部环境的耦合，在德勒兹与加塔利"机器门"的意义上具备了组合性驱力，进入自我组织与生成状态。

应用这一方法，福勒对海盗电台进行了逐层拆解。在技术层面，海盗电台主要包括"基于电力或电磁的生态"（唱机、发射机线圈等）和"以数字信息与电子模式存在的生态"（如使用全球移动通信系统的手机）两类生态。两类生态又是杂交的，手机也会发射电磁波，电其实就构成了系统中最为基本的技术要素，作为媒介的电流拥有将技术要素间不同形式的合作转换为电波，即将"一簇组件转变为它物"的能力（福勒，2019：44）。进而言之，电必须与声波发生互动，只有电流将音乐与 DJ（打碟者）、MC（喊麦歌手）的人声转化为电磁波之后，声音才能经耳机、麦克风、计算机等技术物的编码以及后期制作，被传递、解码并收听，最终生产出意义。在此，一则，DJ 和 MC 也成为媒介生态的有机组成部分，他们的感官、喉咙与手均被技术设备征用，调节着一系列复杂的技术设备，使它们构成内部相互协作的技术系统。二则，处于收听端的听众也被卷入媒介生态，经由技术系统传导的嘻哈人声具有索引性，能在被收听的同时制造出时空与情境，唤起有关种族主义与殖民主义的文化与历史，以充满力量的方式引发无数发烧友的心灵共振。通过这一过程，电流、声波以及 DJ 等要素获得了串联交互、中介转化的媒介性，人与非人纷纷被动员起来，技术生态得以与使用界面的精神生态相勾连，加塔利所谓之个体的主体性也在这里生成。

然而，情况并非总是如此一帆风顺，英国当局对海盗电台采取了一系列管制措施，比如出台《电信法》允许没收正在使用中的发射器。播音室设备被没收不仅会带来巨大的经济损失，而且接下来广播信号发射地点与其源头播音室也不得不分离，"海盗"们在分隔的两点之间架设微波链路，使得当局在定位与查封播音室时比先前难度更大。海盗不断地对技术设备进行重新装配，以免被捕获却又仍可接收信号。司法干预之外，海盗电台也受到全球资本主义的左右。单个技术物会要求与之配套的技术体系也相应发展以维持自身生存。受制于技术体系及标准化的存在，海盗电台或者说广播的发展史一直处于索尼等娱乐业寡头对器材的垄断之下。因此，技术生态进一步延伸、扩展至政治、经济生态，也就是说，海盗电台并不只是海域中一艘隐秘的船只，而是嵌入技术、政治、经济等多重场域的复杂装置。

四、评价与反思

福勒通过《媒介生态学》一书，探讨了处于生成状态的媒介系统，其内部各要素如何相互索引、多重组合并叠层，迸发出整体大于部分之和的驱力与动能。通过聚焦于具有媒介性的要素，福勒放弃了亚里士多德以来坚固的"形质论"（hylomorphism）传统，拒绝以"内容"与"形式"的二分法来对媒介系统进行划分，转而以具备个体发生能力的媒介为出发点，探讨媒介如何建构关系以及整个系统的过程。在转换了讨论的起点之后，人与技术、非物质与物质等二元对立也就相应瓦解，技术体系也依赖作为媒介的人，信息生态与物质生态事实上紧密地缠结在一起。因此，媒介生态学对于如何构筑媒介本体论、澄清媒介性具有一定启发性。

正因如此，媒介生态学可在一定程度上面向学界当前的关切与困境。一方面，它的生态式思维擅长处理当下这个复杂的数字时代媒介系统所表现出的强大的生成性问题，有助于透视互联网基础设施的相关议题。无论是传感器密布的智能城市，还是二维码的广泛应用，都说明我们身处的现实世界已被以二进制为基础的数字技术改造为高度媒介化的社会。在此情景之下，数字技术已然成为当代个体赖以生存的前提，取得了像水、电那样须臾不可离的基础设施性地位。媒介生态学在处理这些经验现象时较为得心应手，它通过勾勒出一张涉及技术、政治、经济等复合维度的网络，追踪其中的信息与能量流动，较好地回应了技术、制度等生态条件如何保障数据的重复性生产、传输，进而回应互联网基础设施如何不断生成并稳定运维。事实上，媒介生态学对媒介生成性的分析部分地涉及了系统的自创生、涌现（emergence）等话题域，与当下方兴未艾的系统科学与复杂性科学形成了有趣的对话，为媒介视角如何介入这些前沿理论提供了一种参考方案。

另一方面，这种关系性思维框架之于物质性研究版图而言也是一块不可或缺的拼图。媒介生态学强调的是媒介要素如何使不同尺度的生态进入沟通、渗透的动态过程，因此它所讨论的"物"确切来说是处于多重互动关系中的物质运动，关系性是物质性至关重要的维度。它并未像一些激进的物质性思想那样矫枉过正，将内容、文本等传统议题全然抛弃，反倒融入了许多研究符号、表征的文化理论。对福勒而言，只要一种要素具有串联能力，能被称为媒介，就处在他的观察范围之内。如海盗电台的案例所呈现的那样，嘻哈音乐与亚文化迷群是这种媒介系统得以蓬勃生长的重要动因之一。特殊的音乐风格决定了海盗电台这种半地下的方式传播，也决定了它会吸引何种小众群体，令他们沉浸于充满嘲讽、反抗的特定文化时空。内容在这里就是一种具有串联能力的媒介，连缀并调节着前后端、人与技术设备之间的关系，促成文化生态与技术、政治生态的交织重叠。由此可知，媒介生态学描述的是一种不同生态尺度相互纠缠的状态，或可帮助我们有所保留地面对"物质热"的裹挟，冷静地思考媒介与物、技术与文化之间的关系。

目前，已有部分学者注意到了福勒版本的《媒介生态学》。尤西·帕里卡（Jussi Parikka）、迈克尔·戈达德（Michael Goddard）等学者围绕媒介生态学形成了紧密的学术网络，致力于探索这一理论应用于技术遗迹、电子垃圾等媒介考古学议题的可能性（Parikka，2011）。克里斯·安德森（Chris Anderson）沿袭福勒的路径，提出了"新闻生态系统"（News Ecosystems），并将其视为一个具有根茎结构的整体，从而将多元化的传播节点、算法技术、用户的信息消费网络统统纳入考量，促使研究者走出编辑室，在新闻生产空间内外部之间灵活移动，以适应数字时代的变化（Anderson，2016：412）。不过，总体而言，媒介生态学旗帜下汇集的力量仍然有限，它在国内外学界的可见度与影响力也都比较欠缺。这或许是因为福勒天马行空、混沌驳杂的写作风格。许多学者的身影在福勒的笔下匆匆闪过，除了上文已经谈到的德勒兹、加塔利等人，还包括提出"可供性"的詹姆斯·吉布森（James Gibson）、行动者网络理论的代表性学者布鲁诺·拉图尔（Bruno Latour）等。甚至在福勒未曾言明之处，也能发现一些思想的影响痕迹，比如当福勒写到"唱机转盘发明了 DJ"（福勒，2019：55）时，显然是在向推崇媒介技术自主性的基特勒致敬，认为人是媒介的延伸。因此，读者在阅读此书时常常会困于晦涩的理论密林，加之书中充满了陌生而又烦琐的案例，理解与推广媒介生态学的难度都增加了。

福勒本人同样意识到了这一点，他担心"媒介生态"这个概念也会沦为"21世纪初行话废品的一部分"（福勒，2019：6），短暂掀起讨论后又迅速失落。但这不能全然归咎于他的写作风格，更为关键的是，福勒在思路设计上也显得举棋不定，没有在理论和案例的堆叠中实现"形散而神聚"，从根本上解决内在逻辑之间的互相掣肘问题。在该书的前言中斯莱顿将《媒介生态学》的内容概括为两个方面——分析电台、电话的确定形态；解读"一种基于对被抽象和铺层、可无限客体化媒体物件的重组式生产进行全面吸纳的文化"（福勒，2019：前言13—14），即媒介的交转生成作用。然而，媒介生态学总是很难兼顾"作为确定形态的媒介系统"与"作为视角与驱力的媒介"这两个问题。为了论证媒介生态学的确适合用于分析某个系统，福勒极力铺陈系统内外部生态尺度的复杂程度，将大量笔墨用于绘制媒介系统的确定形态，将对媒介生成性的考察置于媒介系统当中，从作为结果的生态、系统出发倒推媒介动因。这样做的结果便是，以"生态"为名将"媒介"限定在系统之内，部分地遮蔽了媒介作为组织者、行动者的面向，在实际操作中使媒介沦为系统的附庸。于是，媒介生态学极易从一种基于生态哲学的抽象思维方式下沉为一个繁复但静止的媒介系统，从而无法从根本上领悟媒介的生成性是一种多么强大的存在——媒介能够卷入一切与之具有相合性的对象，并与这些对象"相互捕获，互相抓牢并相互洞悉"（福勒，2019：364），将它们转化为自我复制与快速扩展的媒介，由此实现无限的自反性生产，如热带雨林一般野蛮生长、快速增殖，如寄生物一般无休止地吞食，乃至源源不断地创制并改变整个世界。

理论层面难以兼顾之处也导致了研究方法的缺陷，在只有系统没有媒介的情况下，必然只能将目光聚焦于系统内部发生的问题。然而，"生态"意味着媒介系统的不断变动，清单列表法需要处理的对象其实难以穷尽，所谓的媒体系统充满了开放性和不确定性。福勒想要"一脚便能踩上迷宫里所有的小径"（福勒，2019：24），此思路下的系统常常就是一种给定的封闭整体，是静态与完成时的，势必会忽视媒介的生成性以及媒介生态的无限性。德勒兹与加塔利将系统形容为一个"无限的一"（an unlimited One-All），意在强调没有任何一个系统最终是自给自足的，在此情况下，任何对系统的分析都必须以人为划定的临时边界为前提（Bogue，2008：48）。然而，矛盾的是，对不同尺度生态的划分其实并不是一种本体论，它仅仅是一种认识论层面的分析工具，而媒介生态在本体论上的无限性，意味着这种分析工具永远是不完善的。因此，尽管媒介生态学具有莫大的理论潜力，但如何进一步激活"媒介"将是其真正走向媒介本体论之前必须面对的问题。不过，我们有理由相信，媒介生态学是一个充满想象力的开端，它将导向一场虽暗伏危险却风光无限的媒介之旅。

（谌知翼）

参 考 文 献

C. W. Anderson, "News Ecosystems," in Tamara Witschge, Chris W. Anderson, David Domingo, and Alfred Hermida (eds.), *The Sage Handbook of Digital Journalism*, Sage, 2016, pp. 410-423.

Jussi Parikka, "FCJ-116 Media Ecologies and Imaginary Media: Transversal Expansions, Contractions, and Foldings," *Fibreculture Journal*, 2011 (17), pp. 34-50.

Michael Goddard, "FCJ-114 Towards an Archaeology of Media Ecologies: 'Media Ecology', Political Subjectivation and Free Radios," *Fibreculture Journal*, 2011 (5), pp. 321-332.

Ronald Bogue, "A Thousand Ecologies," in Bernd Herzogenrath (ed.), *Deleuze/Guattari & Ecology*, Palgrave Macmillan, 2008, pp. 42-56.

〔法〕德勒兹、加塔利：《资本主义与精神分裂（卷2）：千高原》，姜宇辉译，上海：上海书店出版社，2010。

〔法〕菲利克斯·加塔利：《混沌互渗》，董树宝译，南京：南京大学出版社，2020。

何道宽：《异军突起的第三学派：媒介环境学评论之一》，《深圳大学学报（人文社会科学版）》，2006（6）。

〔英〕马修·福勒：《媒介生态学：艺术与技术文化中的物质能量》，麦颠译，上海：上海社会科学院出版社，2019。

〔美〕约翰·杜海姆·彼得斯：《奇云：媒介即存有》，邓建国译，上海：复旦大学出版社，2020。

拓 展 阅 读

Matthew Fuller，*Software Studies：A Lexicon*，MIT Press，2008.

Matthew Fuller and Andrew Goffey，*Evil Media*，MIT Press，2012.

保罗·亚当斯

《媒介与传播地理学》

保罗·亚当斯的《媒介与传播地理学》是一本以媒介为切入口，对地理学科进行反思的著作。该书 2009 年问世，2020 年译介到中国。亚当斯对媒介地理学进行了系统的梳理和架构，绘制了一张完整的地图，阐释了媒介与地理的相互构建，整合了原本隔离或对立的不同流派。"媒介"是和"地理"一样复杂的概念，理解这本书的关键在于要将地理学中的"空间"和"地点"以及传播学中的"媒介"视为过程而非实体。通过这本书，作者想让我们看到传播学和地理学本是一对孪生兄弟，在各自的成长过程中"相爱相杀"，地理学从未放弃对传播和媒介问题的思考和讨论，传播学也不应当放弃对空间和地方的考量。

一、成书背景

作为西方传播地理学的奠基性人物，保罗·亚当斯教授是美国得克萨斯大学奥斯汀分校地理与环境学系城市研究主管，创立了美国地理协会（AAG）传播地理学专题组。1984 年，亚当斯在科罗拉多州博尔德市的科罗拉多大学获得环境设计学士学位，并分别于 1990 年、1993 年获得威斯康星大学麦迪逊分校地理学硕士、博士学位。亚当斯的研究专长是传播技术地理学、民族主义、批判性地缘政治以及空间和地点的表征等。在来到得克萨斯大学奥斯汀分校之前，亚当斯曾在弗吉尼亚理工大学、纽约州立大学奥尔巴尼分校和得克萨斯 A&M 大学担任学术职务，也曾在瑞典、挪威、加拿大、德国、新西兰等多个国家的大学担任访问学者或客座教授。

亚当斯成为媒介与地理交叉学科的代表人物绝非偶然。在威斯康星大学麦迪逊分校求学期间，人文地理学代表人物段义孚（Yi-Fu Tuan）是亚当斯导师组的成员，正是在段义孚那里，亚当斯受到人文主义和中国哲学中融合观的熏陶。段义孚的世界主义态度铸就了亚当斯的研究方向，使他成为当时少数研究媒介的地理学家之一。在借鉴传播学理论时，他曾经受教于威斯康星大学传播艺术学院教授、文化研究的代表人物约翰·费斯克（John Fiske）。与此同时，亚当斯从青年时期起便醉心于马歇尔·麦克卢汉的理论，这使他又多了一份物质性和技术层面的传播理论关怀。正如他在书中表述的那样，他对拉斯韦尔、维纳、海德格尔、葛兰西、阿尔都塞、罗兰·巴特等不同学派的传媒思想家的观点都有所涉猎，对欧美学者的媒介思想都很熟悉。于是，亚当斯将费斯克代表的文化研究美国学派和麦克卢汉代表的媒介环境学派融合于地理学之中，使媒介（media）和讯息（message）不再泾渭分明。可以说，亚当斯不只是一个关注媒介现象的地理学家，也是一个以媒介为视角和方法的地理学家。

当然，作为自己的本行，亚当斯对地理学知识版图的清晰认知是这本书最大的特点。在亚当斯看来，地理学的发展是一个在虚与实的天平两端摇摆的过程。在现代地理学的"古典时期"，传播与交通并不是两个泾渭分明的概念，地理学家研究的"流通"（verkehr）同时包括了交通运输和信息传播。20 世纪 30 年代后，传播的意义才逐渐脱离了交通，专指符号与信息的交流，大众媒体的兴起使得传播学具有了自己的学科建制，进入非物质的层面；地理学则渐渐放弃信息传播而专攻物理交通，走向物质主义的极端，并在二战之后的量化革命中俨然成为另一门自然科学。20 世纪 70 年代起，以段义孚等为代表的人本主义和现象主义地理学重申了"人"在地理学中的核心地位，而空间理论思潮的兴起引发了地理学与文化研究的融合，空间和地方成为并立于人文地理学中的一对概念。段义孚用中国哲学中的阴阳来类比二者，试图为地理学中的虚与实寻求平衡，而其他社会科学也发现了原本为地理学专用的"空间"，发展了"空间分析""景观研究"等工具和议题。20世纪90年代，在继承了人本主义地理学的基础上，地理学的研究旨趣从有形的地理痕迹转向无形的精神文化产品，英国地理学家伯吉斯认为语言学和符号学是用于分析景观的合适工具，试图在地理学中建立媒体研究的环境氛围。从符号学和英国文化研究中汲取批判的力量，地理学发生了"文化转向"，生成了新文化地理学。正是这次文化转向，使地理学家开始正视媒介的意义，但此时地理学对于媒介的理解就是符号与表征。为了纠正新文化地理学围绕表征做文章过于"务虚"的趋势，"非表征"理论表述被提上议事日程。奈吉尔·薛伟德（Nigel Thrift）集合了梅洛-庞蒂的具身认知学、拉图尔的行动者网络理论和德勒兹的集合理论，建立了一个物质性模式，将人自身纳入物质性的考察范围，以回归实在性。这种"实"不是科学和量化的"实"，而是打通物质主义和文化主义的通道。地理学中另一支试图超越虚与实之分的力量来自虚拟地理学，这一流派发现虚拟空间背后是对现实世界中土地资源的极度依赖，同时虚拟世界也以物质的方式改造着现实空间，"编码"与"空间"、"原子之城"与"比特之城"深度互嵌。于是，亚当斯将上述四种进路——交通研究、文化研究、非表征地理学、虚拟地理学的离散状态进行聚合，形成了这本《媒介与传播地理学》，并在书中明确提出地理学的"传播转向"。

二、媒介与地理关系的"四象限图"

亚当斯认为，正如20世纪90年代地理学经历的"文化转向"，地理学正在经历新的转向——传播转向。媒介地理学的形成需要媒介和地理两个并驾齐驱的概念，亚当斯的处理方式是，在空间—地方这一对地理分析的矢量中加入一个变量，即"媒介"，这样就形成了一个四象限图（见图1）。

根据媒介作为一种空间组织（图上半部分）抑或符号表征（图下半部分），象限被划分为空间中的媒介、媒介中的空间、地方中的媒介、

保罗·亚当斯
《媒介与传播地理学》

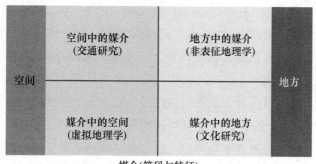

图 1　媒介与传播地理学的四象限图

媒介中的地方，分别对应以交通研究、虚拟地理学、非表征地理学、文化研究为代表的四条研究进路。在四象限中，媒介和地理既是载体也是内容：在上半部分，空间和地方是决定传播范围、环境、框架和形式的载体；在下半部分，空间和地方是传播所产生的内容，传播在书写、讲述、刻画着空间和地方。

《媒介与传播地理学》全书的结构和理论建构围绕着这张四象限图展开。对此，该书的译者袁艳教授是这么评价的："整本《媒介与传播地理学》可以说是这个地图的详解和使用说明。"（袁艳，2019）

"空间中的媒介"聚焦"传播流"在当下的形成和状态，介绍了由罗纳德·埃布勒（Ronald Abler）、唐纳德·贾内尔（Donald Janelle）、彼得·古尔德（Peter Gould）和约翰·亚当斯（John Adams）的研究发展出来的路径。地理学的"空间转向"的核心贡献是"相对空间"，在相对空间中，地方与地方的关系是由媒介技术这一特殊的物质决定的。贾内尔的"空间的可塑性"（又称"空间调节技术"理论）源自交通研究，后来被引入传播研究。传播研究中所说的相对空间是电子传播的空间和由时间决定的相对空间，可表述为技术——时空压缩——地方发生演变——反过来刺激时间、成本、空间进一步压缩——空间转型的过程。亚当斯认为，电话或互联网等媒介并不会解决连接的全部问题，而是会导致同时存在连接良好的世界和连接不良的世界，但不同于权字鸿沟理论的论断，他认为这两个世界之间是逐渐过渡的，而非存在截断

223

的鸿沟，战胜地方贫困问题的关键在于解决传播基础设计的不平等问题。

"媒介中的空间"讨论了三个方面的议题：一是传播的拓扑学。曼纽尔·卡斯特和阿尔君·阿帕杜莱（Arijun Appadurai）等学者为这一路径提供了社会学和人类学的关键议题。在卡斯特"流动空间"理论的启发下，经济关系越来越依赖信息传播，而不是资源开采和制造业，流动空间取代了地方空间。世界可以按照拓扑关系——关于连接和节点的结构关系，而不是地点来理解；支撑传播系统的是由节点和链接构成的空间。二是空间的包容与排斥。包容与排斥这对反作用力在三个维度展开：语言、制度和技术。它们都会同时构成排斥和包容，创造出盘根错节、相互交织的传播边界，带来持续不断的融合与分离、聚集与孤立、同化与异化。语言、制度与技术要素需要相互配合才能迈向哈贝马斯的"理想的言论环境"。三是虚拟聚集。地理学家用使用与满足理论、肯希利斯的"数字激情"、阿帕杜莱的"景观"以及互联网地理学来理解虚拟聚集，将虚拟聚集视作一种集信息、技术、意识形态、资本和身体为一体的社会现象。虚拟聚集在不同的具身物质关系下发挥作用，而真实性并不亚于物理空间。

"媒介中的地方"的重点是对地方意象的研究。在介绍相关研究路径之前，亚当斯再次回到交叉点，讨论传播的原子和分子结构，即符号、象征和信号是如何构成传播的，继而阐释文本、话语、类型是如何形成的。"媒介中的地方"的研究则体现了新文化地理学对于文本的重视。约翰·赖特（John Wright）和戴维·洛文塔尔（David Lowenthal）为这一研究打下了基础。20世纪70年代起，关于地方意象的研究发展出三条路径：人文主义，研究地方意象与大众传媒表征的关系；行为主义，基于经验分析和理解人的空间行为方式；批判研究，聚焦社会冲突、意识形态、权力与表征的结合。而社会建构主义视角的引入，开始动摇一直以来坚如磐石的现实主义表征观：地理学家开始研究景观和制图如何形塑人们的行为和活动，认为媒介化经验和直接经验的结合改变了地方意象，导致个体的经验普遍化和普遍的经验个体化。影像被转化为行动，其中不仅有媒介和内容的互动，也有传播者与受众、图像生产者与观者的互动。经过人文主义、行为主义和批判理论的洗礼后，地理学家正转向基于具身关系和多重感官的视角来理解地方意象。

在亚当斯看来，"地方中的媒介"是一个尚待开发的领域。相较于前三个研究进路，地理学和传播学对于地方和媒介技术之间的复杂关系还未给出太多的答案。亚当斯认为，理解这一话题的关键在于不仅将媒介看作"地方意象"研究中的文本、话语或是隐喻，也不只是空间的流动，还是行动与实践。传播维系着地方的存在，地方也决定着传播的意义。这一领悟主要来自现象学、非表征理论、行动者网络理论基于地方的具身经验对人类经验做出的重新思考。现象学地理学要做的是去除各种日常生活假设和"自然态度"造成的影响；非表征地理学聚焦表演、在场和情感，借助仪式人类学、表演社会学、当代文化理论更好地理解地方中的人类经验；行动者网络理论则避开熟悉的对象和分类，转而关注网络、转译和异类组合体。在这一研究进路中，传播媒介不仅是"麻木的"设备、物质和技术，也是一种特殊形式的表演、展演和情感，人的意识都是基于身体和媒介的行动及其具身性而产生的。

基于上述分析，亚当斯表达了对地理学的怀疑和对危机的忧虑，认为继"文化转向"之后，"传播转向"给地理学带来了更多挑战。地理学渐渐转向对表征、话语、文本、凝视、主体性、表演等种种传播现象的研究，似乎脱离了其依赖的"真实世界"。地理学的自治性一度来自"地球表面"，而社会建构主义的观点已经威胁到了地理学的自治性。危机还来自对学科权威性的质疑和不同研究方向之间分裂的不断加剧。同时，亚当斯认为化解这种危机的路径是承认传播可以同时作为载体和内容的二重性，即文本的确是无所不包的，传播是所有载体的载体，所有的文本又的确存在于世界之中。

虽然亚当斯本人承认四象限不足以囊括媒介与传播地理学的复杂性，书中有些章节也未能始终贯彻其预想的这个框架，但是四象限的图示仍可为关注这一领域的传播学和地理学的研究者提供一个方便的索引和参照。这四个象限不断积累起来的研究成果表明，统一媒介地理学这个分支学科的时机或已成熟。

三、亚当斯眼中的媒介

亚当斯广征博引，将各种理论、流派纳入四象限，又小心翼翼地为其绘制边界，这背后是亚当斯特有的媒介观与传播观。应当说，在2009年《媒介与传播地理学》问世时，亚当斯的媒介观是相当超前的。他认为：媒介是不断生长的，是在多种因素构成的多维网络中发展起来的；媒介的革新不是简单的技术叠加，而是异质性的行动者、权威的方式、权力的来源地以及地方和空间在形构的过程中所发生的转译。媒介不是一种外在于人和社会的力量，而是渗透于人的主体性和社会形构的过程之中。这一洞察基于地理学和行动者网络理论的路径，强调技术、地方和社会关系的独特性。亚当斯认为，技术的社会可以兼容社会决定论和技术决定论。一方面，作为行动者的媒介改造着行动者生活于其中的环境；另一方面，行动者也被卷入新的技术网络、接受某种特定的媒介化形态。媒介既在空间中得以发展，又创造这些空间。

在这本书中，他三次基于媒介和地理的交叉点进行讨论，展现了他以地理学为基点铺展开的关于媒介和传播的独特理解。

第一次是从历史的视角展开论述。亚当斯发现，媒介技术的历史经常陷入两种极端，要么是技术决定论，要么是社会决定论。在亚当斯眼里，媒介的历史不再是线性的新旧更替的过程，而是差异化地存在于不同的具体时间和场景中。既存的社会结构会将特定的传播方式固定化，对人和非人行动者构成制约，同时又允许传播在社会关系的限定下不断演进，而媒介的变化总是意味着行动网络的重组。可以看出，亚当斯持技术与社会互构的观念，基于地理学的思维，采用行动者网络理论的路径，强调媒介绝不仅仅是技术，而是一个由人、社会组织、技术、地方以及对空间和时间的建构所共同组成的综合体。

第二次从文本的视角展开论述。亚当斯讨论了构成传播的原子和分子，即在传播中，基础的单元如何组织在一起构成较大的单元，较大的单元又如何组织在一起构成更大的单元。亚当斯也承认，用这种思路来理解传播存在局限性——只见文本、不见社会交往的动力机制。但这是一个重要的分析视角，从内部研究作为传播原子的符号、象征和信号，以及作为传播分子的文本、话语和类型仍有必要。文本将地理学研究带入了一个原子化的传播模式，来自文学理论、符号学、文化批评学者的影响促使地理学家重新思考景观如何通过表征的方式构成人类经验和社会现实，由此引出对文本性和互文性的讨论。亚当斯同时提醒，对文本的关注也让人们认识到符号运作过程中的二元对立，符号世界中渗透着权力，地方是一个多层叠加的媒介。

第三次从实践的视角展开论述。亚当斯不仅将传播视为物、表征、规范或流动空间，而且将传播视为一种生活方式——我们唯一知晓的存在方式。亚当斯引入戈夫曼的"拟剧"理论和巴特勒的"表演性权力"研究，认为传播是"脚本化的表演"——传播为地方中的具身在场提供脚本，而媒介即脚本，具有将一个行动者网络中的多种要素连接在一起的力量。从实践的视角来理解媒介与传播，则意味着尽管信息和传播技术已经让人的交往越来越超越空间的局限，地方仍然是所有传播实践中的重要影响因子，而每个地方也都是由特定的传播构成的。地方对意义的生产起着限定的作用，人们通过地方才能读懂传播内容的社会意义，地方以这种方式赋予传播力量。正是在实践中，传播维系着地方的存在，地方也决定着传播的意义。

作为一个地理学家，亚当斯在这本书中提供的三种关于媒介的观念给传播研究提供了有益的启发，也让我们看到了他尝试突破地理学虚实二分的努力。

四、评价与反思

作为一位地理学家，亚当斯是值得尊重的新领域开拓者。在这本书问世后的十多年中，他先后出版了《媒介地理学读本》（2014）、《传播/媒介/地理》（2016），并从2017年开始在《人文地理学进展》杂志上不断发表地理学最新发展报告。他通过美国地理学会建立起学术共同体，激发了一大批新的跨学科研究，也引发了许多思想争鸣与碰撞。可以说，亚当斯几乎以一人之力为人文地理学建立了一个全新的分支学科。

与此同时，《媒介与传播地理学》也逐渐成为这一新兴分支学科的纲领性文件，其里程碑意义是毫无疑问的。

不过就该书的文本而言，并非没有瑕疵。或许是为了将庞杂的地理学和传播学研究尽量清晰地放入上述四象限框架，该书的论述广而不深，文献综述的色彩相当明显。从传播学的角度来看，虽然亚当斯综合的媒介观念有许多创新之处，但他并没有形成统一的关于媒介的理解。将媒介理解为空间组织的媒介和符号的媒介两种不同的类型，带来的后果不仅是对媒介理解的泛化，而且形成了对媒介的理解的自相矛盾。这说明，亚当斯对媒介的理解还不够抽象。而空间和地方的二元区分，也展示了地理学内部的观点分歧。这种划分的初心是方便进入媒介地理学的研究者找到自己的位置，但最终的结果却是加剧了媒介地理学版图的碎片化。

媒介理论的发展突飞猛进，如今其研究内容已经超出了十多年前亚当斯划定的框架。新媒介的迅速发展所呈现出的社会媒介化的现实图景，正是对人与地方关系转型的回应。新媒介所开辟的虚拟空间，似乎又为地理学的隐喻找到了新的应用空间。二维码、位置媒介等新技术的运用使媒介地理学领域出现了大量有待回应的新课题。令人欣慰的是，地理学家对媒介研究的兴趣也得到了传播学者的积极回应，戴维·莫利、尼克·库尔德利和莫尔斯均借鉴人文地理学的理论和视角，将"媒介"与"空间"的深度融合和关系重构作为理解当今社会媒介化的重要切入口。因此，这一领域焕发着勃勃生机。正如亚当斯本人所说，媒介与传播地理学的跨学科意义可能比人们预计得更丰富。

（胡晓菲）

参 考 文 献

Nigel Thrift, *Non-representational Theory: Space, Politics, Affect*, Routledge, 2007.

Paul C. Adams, Jim Craine, and Jason Dittmer (eds.), *The Ashgate Research Companion to Media Geography*, Ashgate Press, 2014.

Paul C. Adams and André Jansson, "Communication Geography：A Bridge between Disciplines," *Communication Theory*，2012（3），pp. 299-318.

〔美〕保罗·亚当斯：《媒介与传播地理学》，袁艳译，北京：中国传媒大学出版社，2020。

谢沁露：《从空间转向到空间媒介化：媒介地理学在西方的兴起与发展》，《现代传播（中国传媒大学学报）》，2018（2）。

袁艳：《当地理学家谈论媒介与传播时，他们谈论什么？——兼评保罗·亚当斯的〈媒介与传播地理学〉》，《国际新闻界》，2019（7）。

拓 展 阅 读

David Morley，*Family Television：Cultural Power and Domestic Leisure*，Routledge，2005.

Nick Couldry，*Media，Society，World：Social Theory and Digital Media Practice*，Polity Press，2012.

Paul C. Adams，"Spaces of the Word," in Paul C. Adams，Jim Craine，and Jason Dittmer（eds.），*The Ashgate Research Companion to Media Geography*，Ashgate Press，2014，pp. 259-275.

Paul C. Adams，et al.（eds.），*Communications/Media/Geographies*，Routledge，2016.

克劳斯·布鲁恩·延森

《媒介融合：网络传播、大众传播和人际传播的三重维度》

"什么是媒介?"在互联网技术革命不断重构人类传播形态的当下，我们亟待重新审视这一问题。因此，重新定义"传播"观念并建构与新媒介环境相匹配的理论体系是摆在我们面前的时代命题。丹麦传播学家克劳斯·布鲁恩·延森的《媒介融合：网络传播、大众传播和人际传播的三重维度》一书正是试图通过以网络化的个人计算机和手机为代表的新媒介切入人类思想史的宏大背景，诠释不同语境下的人类传播活动。延森跳出了传统学科划分的藩篱，综合运用哲学、符号学、社会学、阐释学和控制论等理论和方法资源，重新审视交流与传播的观念，并且探讨了传播具有的渐次性特征及其社会影响。

一、成书背景

克劳斯·布鲁恩·延森于 1956 年 10 月出生于丹麦奥尔胡斯，现任哥本哈根大学传播系教授。哥本哈根大学传播系成立于 2019 年，由媒体、认知与传播系和信息研究系合并而成。延森于 1982 年在奥尔胡斯大学获得文学硕士学位，之后 3 年他在该校担任研究员，并于 1986 年获得奥尔胡斯大学哲学博士学位。博士毕业后，延森在美国洛杉矶的安纳伯格传播学院做过一年多时间的研究员，于 1990 年成为哥本哈根大学副教授，2002 年成为教授并执教至今。在哥本哈根大学任教期间，延森兼任挪威奥斯陆大学二级教授（1996—2002）、巴黎第二大学法国新闻学院访问教授（2004）、纽约新社会研究学院访问研究员（2013）。延森主要教授传播与信息技术、数字媒介、媒介社会学、媒介历史、经验研究方法等课程，研究领域集中于互联网与数字媒介、传播理论和研究方法论。

《媒介融合》（2010）一书是延森近十年对互联网和手机等数字媒介的研究成果，包括他自 2002 年以来负责的哥本哈根大学传播系"数字传播与美学"研究项目成果、2000 年起加入互联网研究协会后的学习成果，以及担任《国际传播百科全书》传播理论话语哲学卷地区编辑期间的工作成果。这些经历使他受益颇丰，并决定基于《国际传播百科全书》编辑期间无法纳入书中的素材，结合以往的研究成果撰写一部著作。在此之前，延森已经出版了《交互界面：文化——作为政治资源和美学形态的互联网络》（2005）、《媒介与传播研究手册：定性和定量方法》（2002）、《世界的新闻：世界文化看电视新闻》（1998）、《社会符号学视野下的大众传播》（1995）等著作。

延森是一位兼具思辨性和批判性的欧陆学者，他以一种宏大的传播思想史视角，对人类社会进行多维度的批判性考察。在学生时代，延森接受了从索绪尔、皮尔士到拉康、阿尔都塞和巴特理论的训练，并在其传播研究中渐渐走出一条传播学和符号学相结合的研究路径——这在《社会符号学视野下的大众传播》一书中初显端倪。而在《媒介融合》一书中，延森更是大胆采用当代符号学奠基人皮尔士的三元符号传播模式，开创了三重媒介融合理论。该书一经出版，就在世界传播学界产生了重要影响。

二、传播批判：传播观念的历史与未来

如何理解作为核心概念的"传播"？延森以批判的眼光回溯思想史中不同的传播观念，进而思考其在新型的数字媒介研究中的观念变迁。因此，延森的研究思路非常明确，"以网络化个人计算机和手机为代表的'新兴的'数字媒介作为切入点，重新审视交流与传播的观念，并建

构一套理论框架",在此基础上,"通过对媒介研究领域内外的一系列研究成果进行归纳、总结与系统化,本书希望建立一套今后的研究议程"(延森,2012:3)。延森以西方哲学中的"主客关系"为基本线索,梳理了柏拉图、亚里士多德、康德、皮尔士、维特根斯坦等人开启的思想转向,从中把握传播观念的变迁、探讨传播的地位与目的,并对传播和媒介等关键概念进行重新界定。据此,延森对媒介与传播研究进行反思,认为正是信息、传播和行动这三个关键概念在整合不同研究传统的同时,使传播研究分裂为社会科学和人文科学两大阵营,并且两大阵营壁垒高筑。一旦揭示了这个问题,延森直接亮明了自己所秉持的实用主义研究态度和方法,并将上述三个关键概念转述为"产生影响的差异(信息),在其结果中得以实现的观念(传播),从信念到行动的转变"(延森,2012:17)。正是在批判上述传播观念的基础上,延森试图建构一个用于理解当代新媒介环境变迁的理论框架,即"三个维度的媒介"。具体来说,这三个维度的媒介包括:

第一维度的媒介——人的身体以及它们在工具中的延伸。作为一个多功能的物理平台,人的身体可以实现包括演讲、唱歌、舞蹈、戏剧表演、绘画和艺术创造等在内的活动(延森,2012:69)。人的身体及其在工具(比如书写用品或演奏乐器)中的延伸,首先在符号学意义上使人类眼前的世界变得清晰而有序,将现实与可能的世界具象化,并赋予人类彼此交流与传播的能力,实现思考和工具性的目的。原始口语、书写文本都可以被划入这一维度。

第二维度的媒介——技术。这一维度的媒介以复制和扩散为技术特征,虽然它们一方面使艺术作品的"灵韵"丧失,并造就了文化工业,但它们依然体现了一种重要的文明进步,并带领人类走进了大众传播时代。"这一类媒介具有两个普遍特征。第一,它们实现了对于特定文本的一对一的复制、存储和呈现;第二,它们从根本上拓展了信息和扩散的潜能,使得人类能够跨越时空获取信息;同时,它不受参与者在场与否以及数量多寡的影响。"(延森,2012:72)印刷书籍、报纸、电影、广播和电视都可以被囊括进第二维度的媒介范畴。

第三维度的媒介——元技术。延森借鉴了艾伦·凯和阿黛尔·戈德堡将计算机描绘成元媒介的表达，把与之相应的信息技术、数字技术称为"元技术"。第三维度的媒介的典型代表就是网络化的个人计算机以及同样接入互联网的手机等其他便携数字媒介终端。数字媒介将文本、图像和声音整合进许多新兴的和既有的表达类型，整合了一对一、一对多以及多对多的传播形态。

在上述三维媒介的理论框架的基础上，延森对媒介融合进行了双重诠释：

（1）延森提出了一个构成当代媒介环境重要内容的三级传播模式。早在延森之前，诸如拉扎斯菲尔德就早已指出大众传播中"意见领袖"的存在与作用机制，并提出了经典的二级传播模式，后来又出现多级传播模式，大众传播因此被理解为一个包含多层面影响的多步骤过程。但是，经过几十年的理论发展，当我们提及人际传播、大众传播、电子传播时依然会将不同的传播模式与某种传播流简单对应，比如人际传播就是一对一，大众传播就是一对多。延森敏锐地发现了这种刻板印象对人际传播与大众传播的割裂，并采用一种将媒介的三重维度相融合的视界看待不同媒介类型的传播活动。他认为：每一类传播活动都可以在不同维度的媒介上发生；不同维度的媒介，虽然都有与其媒介特点相对应的传播"原型"，但也可以同时出现其他媒介维度的传播形式。这使我们认识到，经典的二级传播模式并非仅仅由不同的传播步骤构成，它还包括不同的传播类型，并且随着技术的发展，不同维度的媒介之间的传播变得日益重要，先前各种不同的技术正在经历无缝整合，逐渐融合成为共享平台——"一对一""一对多""多对多"的传播模式，而"人际传播""大众传播""网络传播"的三级传播机制共同构成了我们当下所处的新媒介环境。

（2）延森将媒介融合视为一个开放式的迁徙过程，并从物质、形式（意涵）及制度这三个角度对其加以分析。第一，媒介是物质。如前所述，从不同物理工具的发展来看，媒介可被划分为人的身体及工具的延伸、技术、元技术这三重维度的媒介形态。元技术时代的数字技术不仅复制了先前所有的表征与交流媒介的特征，并且将它们重新整合于一个统一的软硬件物理平台上（延森，2012：73）。这表明一种新的传播工具的诞生，并不一定意味着旧传播工具的消亡：新的媒介平台产生的时候，旧媒介平台上存在的传播模式会再度出现并迁徙到新的平台上。第二，媒介是形式。不同的物质工具通过可操控的形式——话语、体裁与表现形式——实现人类传播。延森认为，媒介发展史上新的物质工具对既有传播形式的重构与转译从未停止。比如，印刷文本便是对书写文本在功能上进行复制与模拟，录制音频是将言语从身体媒介中分离甚至对其的强化。如今，数字技术进一步实现了不同传播形式的重组与融合，比如我们在网页上点击一个新闻标题便可以激活一个整合了文字、声音、图像等多种传播形式的视频。第三，媒介是一种特殊的启发思维的制度。媒介在传播过程中将各个社会个体囊括其间，使得思考和交流跨越时空，从而衔接起人类行为和社会结构。媒介制度涉及交流权利——不论是积极的权利还是消极的权利，都源自集体想象与社会建构，是现代社会制度蓝图中的一部分。第三维度媒介的出现使得公共领域发生变化，社会领域与私人领域的界限日益模糊，政治公共领域与文化公共领域日益相互渗透。同时，在网络化的公共领域中，社会行动者彼此间的相互联系得以强化。比方说，手机移动媒介跨越了时间与空间，极大地拓展了信息的可获得性，并参与到自我的社会化和社会的制度化之中（延森，2012：114）。

"除了对当前媒介的存在形态进行纪录、诠释和解释，媒介与传播研究领域还不断地对当前媒介如何可能就有所不同的问题展开协商与讨论——亦即双重诠释。"（延森，2012：19）延森据此为传播理论研究设置议程，呼吁学界把媒介与传播研究的焦点从作为技术的媒介转向作为实践的传播，后者的一个中心命题是特定的媒介与传播实践将对社会组织（从微观到宏观）产生何种影响。延森擎起实用主义大旗，努力开辟媒介与传播研究的第三条路径。

三、媒介"三元论"：以"可供性""嬗变性"与"技术动量"为中心

在延森构建的媒介与传播研究的蓝图中，他对诸如传播、媒介、信

息等基础概念进行重新语境化，并且在阐述这些概念的内涵与外延时用多个"三元论"建构起自己的理论大厦。下文将对其中主要的基础命题进行进一步的具体阐释。

（1）传播的目的。延森在该书的"导论"中开宗明义："本书重新关注传播的目的——传播如何转化成为植根于本地的以及全球范围的协调行动。"（延森，2012：5）在延森看来，"传播的目的在于结束传播：理论上而言，个体、群体、机构、整体社会和文化经由传播得以启蒙和赋权，进而采取行动"（延森，2012：9）。这类似詹姆斯·凯瑞基于实用主义立场提出的传播仪式观。凯瑞将传播理解为一种意义分享，认为传播是社区形成的重要条件。一旦采取这种传播仪式观，延森的媒介融合研究就超越了具体的媒介技术及媒介产业，回归到媒介和传播学本身进行完整的思想史回溯——三个维度的媒介虽然诞生于不同的文化社会语境，但因社会创新与合作这一终极传播目的而融合为一，这种融合表现为一种文化、社会、媒介相互塑造的持续过程。

（2）三个维度的媒介和与其对应的物质、形式和制度。延森通过对三个维度上不同媒介的考察重新审视了实现与约束传播的物质条件、传播形式以及制度（交流形式），据此成功地把人类纳入传播平台的范畴加以考量，进而把研究焦点从媒介技术转向传播实践——从对媒介史的梳理入手，落脚于人类传播实践变迁，并再次以"三元论"形式呈现他所发现的媒介与传播规律。所谓的"三元论"，即媒介的"可供性""嬗变性"与"技术动量"。

"可供性"这一术语起源于吉布森，他认为视觉场景中的客体会提供给观察者许多潜在的可能动作，比如看到一块大石头我们知道可以坐，看到木棍我们知道可以抓握。这意味着，个体对外部环境的视知觉并不总是被动的，而是会直接地察觉到操作客体所需要的动作，也就是说，客体的知觉属性会提供给我们许多潜在的与之交互的动作信息。吉布森把客体的这种属性称为客体可供性，强调的是人类与自然环境之间动态的相互作用。延森将这一概念应用到媒介研究中，认为媒介这种人造物同样具有可供性，并据此强调社会和文化施加于媒介的持续不断的改造和影响——在人类同环境的交互过程中，人类所发现的自然界事物和人造物有着根本区别，即人造物在一定程度上具有建构空间环境并容纳人类的能力（延森，2012：79）。比如，电影就是一种独特的包容工具，它能够呈现骨头、汽车、航天飞机等不计其数的自然客体和文化客体（延森，2012：80）。在另一层面上，对于客体的可供性，人类又可以选择接受或者拒绝，这就意味着不是所有的事物都能成为传播的物质界面（延森，2012：82）。在这里，我们可以清晰地看到在媒介的形成过程中人类的主导作用。

"嬗变性"则从另外一个角度描述了媒介传播与人类社会彼此塑造的复杂过程。延森认为，嬗变性表明发生本质变化的最终状态不仅无法推测，甚至无法从这一过程的各组成部分的初始状态中得以推断（延森，2012：83）。传播活动并非受制于那些存在于人体及其技术性的延伸中的微观或宏观的自然界实体，而是受到不计其数的物质实在的结构的影响。在生物与历史的发展进程中，人类与社会彼此塑造并受到物理条件和生物条件的约束。在考察媒介嬗变性的基础上，延森引入托马斯·休斯的"技术系统"研究视角，通过"技术动力"向我们进一步解释媒介、传播与人类社会的相互塑造——"媒介与交往实践是我们感知现实世界和虚拟世界的方式，亦是我们'拥有世界'的基础……事实上，所有历史上的人类社会都依赖于交流与传播的资源。从这个角度而言，它们都可以被认为是信息社会或媒介社会。言谈、书写和印刷曾经拥有技术动量。今天，它们仍然拥有着技术动量。新兴涌现中的第三维度媒介也许只是媒介变迁的一种形式。"（延森，2012：85）也正是基于这样的媒介认知，在新维度媒介出现时，我们看到的并不是旧维度媒介的消亡，而是它们被整合进新的传播平台，并释放出更为强大的技术动量。

（3）延森提出人类传播形式特点的"三元说"。当我们理解了媒介的"可供性""嬗变性"与"技术动量"，延森对于媒介特点的概括就变成与之一脉相承的清晰逻辑。在延森看来，人类传播形式具有"可控制性""可转译性"以及"再媒介化"的特性。通过媒介的可供性我们可以知道，不是所有的事物都能成为传播的物质界面。基于这样的认知，我们便可以理解延森对媒介特性的认知——可控制性。而媒介的"可供性"与"嬗变性"带来的一系列技术变迁，则使人类身体所具有的传播潜能不断显现，使我们把同样的内容以不同的形式呈现出来，使人类的传播形式具有了"可转译性"的特点。"技术动量"则能很好地帮助我们理解人类传播何以具备"再媒介化"的特点——"新媒介从旧媒介中获得部分形式和内容，有时也继承了后者中一种具体的理论特征和意识形态特征。"（延森，2012：92）因此，不同的媒介不仅具有不同的形式和内容，还具有不同的理论特征和意识形态特征，这也进一步验证了技术对于社会的影响与塑造力。

四、评价与反思

在这本书里，延森将人类纳入传播平台进行考察，重塑了媒介与传播的概念、媒介与传播的关系，并且通过对媒介与传播研究中既有方法论的梳理和讨论，建构了新形势下媒介与传播研究的认识论框架。全书三编分别考察传播观念的变化、媒介不同维度的内涵，以及媒介与传播研究的发展方向和方法论，结构简明，逻辑缜密，脉络清晰。

从书名上看，延森这一理论成果紧扣时下最热门的话题——媒介融合，即讨论不同形态的传播手段或媒体组织之间的联盟或者共享，但是延森"最初希望的书名恰恰就是副标题'网络传播、大众传播和人际传播的三重维度'，由于劳德里奇出版社的编辑认为这个标题太过拗口，便换成了'媒介融合'这个符合大众潮流的名字"（延森，2012：197）。实际上，延森始终强调媒介绝不只是传播发生所依靠的媒体组织，而是认为媒介是信息载体、传播渠道和行为方式，是传播的物质条件，是传播的发生形式，还是一种启发思维的特殊制度。传播学家索尼娅·利文斯通在评价该书时说："在这本集系统性、思想性与启发性于一身的著作中，延森既提供给媒介与传播研究一套激动人心的基本理论，又赋予了我们一套宏大而实用的工具。"（延森，2012：2）作为一套激动人心的基本理论的提供者，延森努力开辟一条打破学科壁垒、强调问题导向的跨学科研究路径：在延森的传播理论研究中，我们看到了他在哲学、符号学、社会学、阐释学、政治学（比如对于传播目的的探讨、第三维度媒介的出现对公共领域的影响等）等社会科学领域深厚的理论功底；而在对数字技术的研究中，他对控制论、系统论、信息论的熟稔程度，他对元技术等计算机理论的驾轻就熟，让我们惊叹于一个人文社会科学研究者对理工科知识的深入探知——如今这在传播学家中实属罕见。

作为哥本哈根大学计算机与传播中心主任，延森对于以作为元技术的计算机为代表的新媒介的研究带有浓郁的人文主义倾向——延森理解的媒介融合正是以人为主导的、以交流为目的的传播实践的变迁，三个维度的媒介虽然诞生于不同的文化社会语境，但其初始动力都是人类通过交流寻求合作、通过传播协调行动的意愿与目的，因此，传播活动的原型不是技术而是人类。这样的人文主义倾向使他对新媒介以及媒介融合的研究得以超越媒体组织、传媒产业、媒介技术这样的实务研究层面，进而建构起媒介与传播研究的理论大厦。

在延森的跨学科努力中，我们可以格外明显地看到其意欲携手符号学扩展媒介与传播疆域的研究倾向——无论是对于传播与媒介的界定，还是对于媒介融合的"三元说"表达形式，我们都可以看到符号学（尤其是皮尔士的符号理论）对延森的影响。延森本人也在书中毫不吝惜地表达自己对皮尔士的赞誉，认为"自皮尔士始，哲学的发展至少经历了两次额外的转向"（延森，2012：37）。他在建构新的媒介与传播理论的同时，亦特别注意对方法论的研究，这也很容易让我们联想到符号学。虽然符号学与传播学之间存在着显著的家族相似性，但二者又有一个重大区别：符号学既是一种解释社会文化现象的理论，又是一种方法论。但需要注意的是，延森采用符号学视角来界定媒介，也有将媒介的含义变得十分含混的嫌疑。当媒介既是"载体"，又是"渠道"，还是"行为"，既是"物质"，又是"形式"，还是"制度"，既是"话语"，又是"体裁"，还是"形式"时，再加上思想史上各种传播论的重新媒介化诠释，那么，还有什么不是"媒介"（唐小林，2015）？虽然作者也提到了"尽管传播无所不在，媒介也无所不在，但这并不意味着所有的差异形式都等同于传播，也并非任何有用的客体都是媒介"（延森，2012：17），但比较遗憾的是，纵观全书，作者并没有用更丰富和更有说服力的论述为我们厘清这一难题。

此外，在书中，延森运用诸种三元关系来建构自己的三元媒介理论，除了"媒介的三个维度""传播的三级流动"这样的主体论点外，其对于关键概念的筛选（如我们前面谈到的信息、传播、行动），对于命题内涵的阐释（如媒介的"可供性""嬗变性""技术动量"，媒介是"载体""渠道""行为"，是"物质""意涵""制度"，是"话语""体裁""形式"，以及传播形式的"可控制性""可转译性""再媒介化"等），都以大量的"三元论"的形式出现。考虑到符号论对他的影响，我们自然联想到皮尔士的三元符号论，但正如许多学者质疑皮尔士的三元模式存在一种"过度简化"的风险一样，在新技术创造了前所未有的传播可能性这一现实语境下，延森的三元模式是否也会面临与皮尔士相似的困境？而对于书中大量把问题一分为三的归纳与阐述方法，确实是出于阐释的必要，还是对"三元"形式的刻意追求，也许应当引起我们更多的反思与警惕。

（宗益祥）

参 考 文 献

陈卫星：《传播与媒介域：另一种历史阐释》，《全球传媒学刊》，2015（1）。

邓建国：《媒介融合：受众注意力分化的解决之道：兼与"反媒介融合论"商榷》，《新闻记者》，2010（9）。

〔丹〕克劳斯·布鲁恩·延森：《媒介融合：网络传播、大众传播和人际传播的三重维度》，刘君译，上海：复旦大学出版社，2012。

〔丹〕克劳斯·布鲁恩·延森：《三重维度的媒介：传播的三级流动》，刘君、赵慧译，《东南学术》，2015（1）。

唐小林：《符号媒介论》，《符号与传媒》，2015（2）。

张贵红：《当代技术史学家托马斯·休斯的技术系统观分析》，《上海电力学院学报》，2015（c2）。

赵星植、薛晨：《皮尔斯符号学在传播学中的发展轨迹：一个学术史考察》，《淮阴师范学院学报（哲学社会科学版）》，2017（2）。

拓 展 阅 读

Klaus Bruhn Jensen，*The Social Semiotics of Mass Communication*，Sage Publications Ltd. ，1995.

Klaus Bruhn Jensen，*A Theory of Communication and Justice*，Routledge，2021.

〔美〕皮尔斯：《皮尔斯：论符号：李斯卡：皮尔斯符号学导论》，赵星植译，成都：四川大学出版社，2014。

施蒂格·夏瓦

《文化与社会的媒介化》

　　媒介如何影响社会和文化？这一媒介社会学的经典问题吸引着无数学者前赴后继，不断思考。最近二十年来，在欧洲方兴未艾的媒介化研究风潮也加入了这场不会结束的学术探险。作为北欧媒介化研究的核心人物，施蒂格·夏瓦在其代表作《文化与社会的媒介化》中开宗明义，其目的便是在一个全新的社会环境中寻找"媒介如何影响更为广泛的文化和社会"的答案，这个全新的社会环境指的就是他所称的"文化与社会的媒介化"。随着新媒体的不断发展，"文化与社会的媒介化"现象变得越来越明显，而夏瓦也日益成为学界关注的焦点人物。

一、成书背景

　　施蒂格·夏瓦 1960 年出生于丹麦，1979 年进入丹麦最高学府哥本哈根大学修读比较文学，经过近十年的相关学习和研究，90 年代开始专注于电影、媒介、新闻和传播研究。1994 年，夏瓦获得哥本哈根大学媒介研究博士学位后留校任教，目前担任哥本哈根大学媒介、认知与传播系教授和挪威卑尔根大学兼职教授。夏瓦的研究兴趣既聚焦又开阔，以媒介为核心，涵盖新闻媒介、新闻学、媒介史、媒介与宗教、媒介与全球化等诸多领域。他将自己的研究置于传播、技术、政治和社会的交叉点，特别关注数字传播的社会、文化和政治含义。在 21 世纪第一个十年，夏瓦集中发表了数篇与"媒介化"相关的论文，不仅极大地丰富了这一开放领域，而且使自己成为媒介化理论的主要奠基者之一。2013 年，《文化与社会的媒介化》的英文版 *The Mediatization of Culture and Society* 问世。这是夏瓦首部集中讨论媒介化理论的英文著作，进一步提高了他在英语世界的影响力。及至 2018 年复旦大学出版社将《文化与社会的媒介化》引介到中国，已经有一大批中国学者投身于媒介化的理论探讨和经验研究。

从结构上来说，《文化与社会的媒介化》更像是夏瓦个人学术论文的一本合集。全书共七章。第二章"媒介化——一个新的理论视角"是整本书最重要的理论建构章节，部分内容来自 2008 年的论文《社会的媒介化：媒介作为社会和文化变迁的行动者的理论》；第四章"宗教媒介化：从教堂信仰到媒介魅力"源于 2004 年的论文《宗教的媒介化：媒介作为宗教变迁的行动者的理论》；第五章"游戏媒介化：从积木到比特"基于 2004 年发表的论文《从积木到比特：全球玩具工业的媒介化》；第六章"惯习媒介化：新个人主义的社会特征"来源于 2010 年的论文《软性个人主义：媒介与变迁中的社会性格》。这四章内容覆盖理论和经验，基本构成了这本书的核心。从论文到书籍，《文化与社会的媒介化》的问世可以被看作一种体系化的努力。一方面，夏瓦得以将自己之前散落各处的观点重新系统化；另一方面，他也借此去回应论文所面对的各种批评和建议。他在书中做出了多处修改和澄清，旨在搭建新的媒介化理论大厦。

在此呈现最为典型的一例。在 2008 年发表的《社会媒介化：媒介作为社会和文化变迁的行动者的理论》一文中，夏瓦这样描述媒介化：媒介化是在高度现代化中的双重过程。一方面，媒介成为拥有自身逻辑的独立（independent）制度，其他社会制度都不得不适应这种逻辑；另一方面，媒介同时被整合成为其他制度的一部分，例如政治、工作、家庭和宗教。正是因为"媒介作为一种独立的社会制度"的说法，夏瓦的主张被批评为以媒介为中心，有"技术决定论"的嫌疑。因此，在《文化与社会的媒介化》一书中，夏瓦对此进行了彻底的修改，将所有的"独立"替换为"半独立"(semi-independent)，媒介化的双重性相应地更改为：媒介在不同的制度语境下介入人际交流互动，同时也将媒介自身建构成为半独立的制度。这一修正看似微小，实则颠覆了夏瓦的媒介观。他还在书中明确指出，当前社会的媒介不能与文化或其他社会制度分离，媒介的运作、创新很大程度上受到政治和经济力量的驱动，媒介本身是无法独立运作的。从独立制度到半独立制度，夏瓦迈出了不算艰难但很彻底的一步，也顺势避开了反对者的批评。

二、媒介化与媒介逻辑

夏瓦指出，传统的传播与媒介研究形成了"媒介效果"和"媒介使用"两大范式。效果范式的研究重点是"媒介对人做了什么"，即媒介内容对个人或群体所产生的影响，"在此范式中，媒介被看作是自变量，它影响着作为因变量的个人"；而"使用范式"的着眼点恰恰相反，关注的是"人使用媒介做什么"，受众对于媒介的选择、使用、接收、解读具有主动权，"积极主动的受众成为主要变量，而媒介是二次变量"（夏瓦，2018：3—4）。显然，在上述两种传统中，媒介都是独立于个人和社会的工具性存在。但是，随着媒介逐渐渗透至人们生活的方方面面，媒介的影响无迹可寻却又无处不在，再难与文化社会剥离开来。"媒介化"正是在这种媒介的重要性日益增强的背景下被提出来的。

因此，"媒介化"（mediatization）无疑是打开这本书的最为关键的钥匙。一方面，夏瓦有感于既有研究对这一概念的模糊定义和混乱使用，正面且直接地将媒介化描述为一个双重过程，即"媒介融入其他社会制度与文化领域的运作中，同时其自身也相应成为社会制度"（夏瓦，2018：21）。另一方面，夏瓦也通过阐明"媒介化"与"中介化"（mediation）的差异来进一步定位这一概念。"媒介化"在英文中是个新单词，在德国和斯堪的纳维亚地区较为普及，而在此之前已有的概念是"中介化"，主要被英美学者使用。这两个概念不仅在使用地区上存在差异，其含义和用法也截然不同。夏瓦在书中进行了对比：首先，中介化的研究集中于发送者——讯息——接受者这个传播回路内部，例如前文提及的两种媒介研究传统范式；媒介化研究并不限于这个传播序列，而是将关注焦点转移到媒介在文化和社会中的结构变迁。其次，"中介化研究探讨在特定事件和空间中的传播实例，例如总统竞选时期博客的政治传播；媒介化研究关注媒介在文化和社会中所扮演角色的长期结构性转变"（夏瓦，2018：4）。再次，中介化在人类历史的早期就已存在，而媒介化直到高度现代性阶段才开始凸显。最后，中介化和媒介化之间并不存在前后相继的关系，对媒介化的关注并不意味着中介化不再重要，二者均有其重要性和必要性。总而言之，"媒介化研究试图超越特定的交流与传播情形而归纳一般性的结论。其目的在于探讨媒介和不同社会机制或文化现象间的结构性改变以及如何影响人类的想象力、关系和互动"（夏瓦，2018：5）。近年来，越来越多的学者正从中介化转向媒介化研究。

在充分理解了"媒介化"概念之后，另一个关键概念便呼之欲出——"媒介逻辑"（media logic）。媒介逻辑是制度主义传统的核心概念。大卫·阿什德（David Altheide）和罗伯特·斯诺（Robert Snow）借用齐美尔的形式社会学（formal sociology），在1979年出版的《媒介逻辑》一书中明确地提出了这个概念。齐美尔认为，相较于社会关系的具体内容，社会化的交往形式（form）更值得探索，应该追问"社会是如何可能的"。齐美尔对"形式"的优先关注给阿什德和斯诺打了一剂强心针，让他们有底气去反对当时主流传播学对内容的偏好。他们主张，媒介日益增长的影响力使得其他社会制度需要依照媒介逻辑来与媒介进行互动。

夏瓦在2008年的文章中将媒介逻辑定义为：媒介的体制和技术的独特样式（modus operandi），包括媒介分配物质和符号资源的方式以及借助正式和非正式规则运作的方式（夏瓦，2018：21）。然而，一方面，尼克·库尔德利认为，媒介逻辑的观点将自己置于社会变迁的先验形式的地位，并且暗示了一个在所有媒介运作背后的单一逻辑。另一方面，也有学者批评媒介逻辑过于强调媒介自身的特质，而忽略了在齐美尔的"形式"中所包含的社会互动。因此，夏瓦在《文化与社会的媒介化》中特地补充了两段内容来澄清"媒介逻辑"。首先，媒介逻辑并不意味着在所有媒介背后都存在一种普遍的、线性的或单一的合理性。阿什德和斯诺致力于考察在不同社会领域中媒介的不同特质，夏瓦本人也在书中多次强调媒介化分析的语境化，认为媒介化的结果取决于一定的社会、文化、制度语境。不过，尽管做出了以上修正，夏瓦也认为，虽然对媒介逻辑的批评和相关争论提供了洞见，但是对社会互动的过分关注实际上遮蔽了媒介特征，媒介自身的属性和特质不应该被消解为情景化社会互动的实践。因此，他将媒介逻辑定位成一个提醒者，认为它会提醒我们去思考媒介特质与社会实践之间的结合。也就是说，对媒介逻辑的理解需要植入社会制度的框架，只有这样才能真正把握宏观社会和微观互动之间的关系。

对媒介逻辑的非单一性进行澄清后，对于不同媒介的媒介逻辑进行区分就十分必要了。夏瓦将新闻媒介从媒介中单独提出来并指出了二者的媒介逻辑之间的关系。他认为，新闻业的逻辑，包括新闻职业规范在某种程度上一直处于迎合媒介需求的压力之下。夏瓦举了一个非常贴合中国语境的例子："媒介融合已将新闻编辑室转变为多媒体生产的场所，新闻工作者越来越多地参与到跨媒介生产。这一媒介发展要求新闻工作者具备多种技能，但有时，其结果反而是新闻工作者的去技能化，因为当他们被要求具备一系列广博基础技术技能的同时，其核心的新闻技能就有可能被忽视。"（夏瓦，2018：56）虽然新闻业需要适应媒介逻辑（更准确地说是技术逻辑），但夏瓦认为，新媒介并不会取代传统的大众媒介，二者在诸多方面会相互补充。

三、媒介作为半独立制度

《文化与社会的媒介化》一书旨在回答的核心问题是：媒介如何影响更为广泛的文化和社会？那么，夏瓦究竟是如何展开研究的，亦即夏瓦的研究路径是什么？书中对此有明确的表述："我们应从制度视角来研究媒介及其与文化和社会的互动。制度视角将媒介化分析置于文化和社会的中观层面，既高于微观的社会互动分析，又低于将社会视为一个整体的宏观考察。与此同时，制度视角使我们能够针对特殊领域（制度）之间的互动。"（夏瓦，2018：17）

"媒介化"最早被用于指涉媒介对政治传播的影响，正是在这个过程中，西方学者开始采用制度视角关注"政治媒介化"现象，包括汉斯·凯普林格（Hans Kepplinger）、杰斯珀·斯托姆巴克（Jesper Strömbäck）等。这批学者关注的是作为制度存在的媒介。这种作为制度的媒介不是某种单一的媒介机构，而是包含所有媒介机构，这些机构有着相似的目标、遵循相同的行业和管理准则。学者们一方面探讨媒介制度对于政治的影响，因为只有当媒介成为一种制度之后，才能获得独立性，进而得以影响政治行动者、政治过程和政治机构；另一方面纳入时间视角，考察媒介制度和政治之间关系的历史变迁。有学者总结了制度视角的三个特点："其一，其研究对象往往是两个社会制度之间的关联，其中一个是媒介制度，另外一个是政治、宗教等其他社会制度。其二，历史过程性，关注焦点在于两个社会制度在相应历史时段内的相互关系，在该过程中其他社会制度逐渐受到媒介逻辑的影响。其三，主要以安东尼·吉登斯的结构化理论作为理论依据。"（王琛元，2018）

夏瓦采用的制度分析路径与传统的制度视角既有相同之处，又有相异之处。首先，夏瓦也强调媒介化是一个长期的历史变迁过程；其次，他的制度视角同样基于吉登斯的结构化理论。吉登斯认为，制度的两个主要特点——规则和资源配置——赋予了制度相对于其周边世界一定的自主性。规则既包括法律条文、规章制度等显性的正式规则，也包括惯例、职业习惯等隐性的非正式规则。类似地，资源也包括物质资源和权力两种。媒介化意味着其他制度越来越依赖媒介所控制的资源，它们为了获得资源就不得不服从媒介运作的规则。因此，媒介化是否发生取决于媒介能否成为掌握资源、制定规则的半独立制度。换句话说，先有媒介的制度化，才有文化与社会的媒介化。这也成为夏瓦用以区分"媒介化"和"中介化"的重要依据——媒介化直到高度现代性阶段才开始凸显，这个时间大概是 20 世纪 80 年代。

在 20 世纪 20 年代之前，媒介主要是被其他社会机构（政党、宗教等）所控制的工具；20 年代广播诞生，媒介开始扮演公共性的角色，也就逐渐具有了文化机构（cultural institutions）的属性，站在公共利益的立场上代表整个社会的一般大众。到了 80 年代，强劲的市场力量挑战了媒介的公共性角色，使其更加关注自身的受众（audiences）。不过，市场逻辑并非唯一的媒介逻辑，媒介依旧具有公共属性，承担着集体职责，于是发展出了媒介专业主义（media professionalism）。这时的专业主义指的是媒介越来越多地依照其自身的要求而行动的能力，而非仅仅服务于公益事业。20 世纪 80 年代之后，随着数字交互媒介的日常化，受众摇身一变成为用户（user），开始介入媒介内容和社会关系的生产，这就构成了另一种主导媒介的逻辑——受众/用户参与。"新媒介最为重要的是社会个体之间的社会关系生产，而社会个体也越来越多地激励参与内容生成。相应地，双重逻辑主宰着当代媒介：媒介专业主义和受众/用户参与。"（夏瓦，2018：29）

不同的是，传统的制度视角关注的是媒介制度与其他社会制度两种制度之间的关联，夏瓦的制度视角所指涉的范围更加广泛，"本质上而言，我们探寻在特定的制度下媒介如何介入个体之间的交流和互动（如家庭成员之间使用移动电话）；媒介如何介入制度之间的互动和传播（如网络媒介允许在家办公）；以及媒介如何影响整个社会中个体的传播活动（例如，宣传与观察喜庆、危机或悲剧性的重要事件）"（夏瓦，2018：29—30）。换句话说，夏瓦关注的对象，一端是媒介制度，另一端却并不局限于某种制度，而是囊括了微观层面的个体行动、中观层面的制度互动以及宏观层面的社会活动。事实上，这一差别体现的正是夏瓦对制度视角的修正，从《文化与社会的媒介化》与他此前文章的对比中可以窥得一二。

前文提到，《文化与社会的媒介化》的第五章源于 2004 年的《从积木到比特：全球玩具工业的媒介化》一文。对比来看，书和文章的行文思路发生了很大变化。2004 年文章的论证思路是从信息社会到消费的宗教化、再导向媒介产业和玩具产业的互动，始终是从制度到制度。而《文化与社会的媒介化》先从儿童和成人的身份转变切入，并在实证研究中分析了儿童的具体媒介行为、媒介对私密空间的"驯化"（domestication）等。相较于政治和宗教的媒介化，经过修改的"游戏媒介化"更强调微观视角，也有了更浓重的文化意味。这一转变在第六章中体现得更为明显。夏瓦在这一章中讨论了媒介化过程对个体和社会之间关系的影响。伴随着媒介化，个人的生活日益与更为广阔的社会建立起紧密联系，私人领域和公共领域发生融合。这一视角明显发生了从中观的社会制度到微观的个人实践的转向。其实，在进行"从独立到半独立"的修正时，夏瓦对于媒介化过程的描述就已经从"媒介作为一种制度，和其他社会制度之间进行互动"，变成了"媒介在不同的制度语境下介入人际交流互动"。

四、评价与反思

拥有不同学术背景和文化背景的学者纷至沓来，使得媒介化研究这一开放性领域愈加视角多样、观点丰富，并逐渐形成了几种研究取向。库尔德利和安德烈亚斯·赫普（Andreas Hepp）区分了制度主义传统和社会建构主义传统；后来，赫普又在此基础上加上了技术性物质化视角（Hepp，2013：58-59）。由此形成了制度主义、社会建构主义和技术物质主义"三足鼎立"的局面，而前两种取向相对而言更加成熟。制度主义视角将媒介视为具有规则、掌握资源的半独立制度，考察媒介制度融入其他社会制度，并以媒介逻辑形塑（mould）其他社会制度的互动过程，夏瓦正是这一传统的中流砥柱。制度主义传统是媒介化研究中一支较早形成规模的力量，对于这一取向的批评和反思也在很大程度上构成了社会建构主义传统的逻辑起点。后者认为媒介化意味着一种新的交流情境（context）的出现：一方面将媒介置于人类传播实践中加以考察，探寻媒介所建构的情境对个体社会实践的重塑；另一方面把媒介化视为与全球化、个人化、商业化一样的"元过程"（meta-process），描述媒介变革与社会变迁之间的全景式的关系。

夏瓦绝对称得上媒介化制度主义取向的奠基者。一方面，他继承了制度视角的传统，"媒介作为半独立制度"的说法清晰地定位了他所言的媒介的范围。当媒介与社会机构、文化现象一样成为制度，都拥有一定的资源并且能够主动地制定规则时，媒介便被赋予了与社会和文化等同的地位，因此制度视角无疑让媒介学家更有底气去讨论媒介与社会和文化之间的互动和变迁。另一方面，他开阔了传统制度视角的视野，将研究对象从狭窄的社会制度扩展到微观、中观和宏观的多层次社会活动，尤其是纳入了微观人际互动，在一定程度上拉近了制度主义与建构主义传统的距离，极大地延伸了媒介化研究的触角。

然而，制度视角的局限也随之暴露出来。当媒介被视为一种技术的组织方式，而不是技术本身时，制度化媒介以外的媒介都不再是夏瓦关心的对象，而堪称制度化典范的新闻组织将自然而然地成为其研究的核心。结果是，媒介化概念明明脱胎于新千年以来的新媒介实践，却一直被夏瓦用于分析报刊和电视时代的新闻业。夏瓦也明显感受到了制度视角在面对纷繁复杂的媒介现象时的力不从心，这体现为《文化与社会的媒介化》的经验分析中混乱的媒介观。"游戏媒介化"一章所聚焦的电影 IP 俨然是作为符号的媒介，然而"符号"是鲍德里亚的媒介，却不是夏瓦的媒介。还有"宗教媒介化"一章中作为渠道、语言和环境的媒介，后面又加入读者的文本解读、儿童的媒介使用，不一而足。此外，夏瓦强调媒介化发生的前提是媒介的制度化，因此直到高度现代化的阶段才得以凸显，但是一些学者认为这是对媒介化概念的窄化。例如，克罗茨将媒介化视为"自文化产生之初便紧随人类活动的、持续的文化进程的一部分"（Krotz，2009）；埃里克·罗森伯赫同样认为，媒介化现象可以追溯至人类文明之初，"'媒介化'就不是一个新现象，而是传播的基础"（Rothenbuhle，2009）。

另一层面的批评则关涉夏瓦的理论野心。夏瓦在这本书中致力于将媒介化建构成为一种中层理论（middle-range theory），认为它既可以超越琐碎的微观解读，也能够避免大而无当的普遍性分析。因此，媒介化研究将承担更加深远也更加艰巨的理论任务：对下发展具体的可供经验分析的操作性理论，对上与更高层次的哲学意义上的抽象理论思想对话。这固然是一种美好的愿望，但是《文化与社会的媒介化》中理论和经验的脱节，预示着夏瓦的设想不会成功。在四章的经验研究中，除了"政治媒介化"以外，宗教、游戏和惯习媒介化的分析思路与先前建构的理论框架几乎完全不同，而"政治媒介化"能与这一框架契合其实只不过是由于媒介化概念产生之初便与政治传播息息相关。理论在经验中的"水土不服"还体现为，在四章实证研究中，每一章都需要不同的理论和理论家来"撑场子"。"政治媒介化"邀请了议程设置和梅洛维茨；"宗教媒介化"引入了梅洛维茨和仪式观；戴维·帕金翰是"游戏媒介化"的关键人物；戴维·里斯曼的社会性格则成为"惯习媒介化"展开的起点。这固然可以被视为夏瓦"具体问题具体分析"的策略，但是这至少说明他先前搭建的理论框架在面对不同经验现象时阐释力有限，而经验研究中新的发现也没有得到进一步的抽象和整合，并不能很好地拓展和延伸原有理论。

尽管如此，夏瓦为推动媒介化理论的发展所做出的贡献是毋庸置疑的。克努特·隆比（Knut Lundby）在《文化与社会的媒介化》的扉页上的评价可谓恰如其分："近年来，施蒂格·夏瓦已经成为文化与社会媒介化这一新兴研究领域的重要学者。本书中，他整合了自己所提出的理论，使得涉猎广泛的作品得以通过一部英文论著的形式呈现出来。他完善了媒介以及社会和文化领域变迁的制度路径，而社会和文化领域的变化也正越来越多地以媒介形式出现。"（夏瓦，2018）虽然这部 2013 年才付梓的著作要想成为"经典"注定还得经历一段漫长的考验，但是，它对于媒介研究传统范式的反叛、对于制度视角的继承和发展已然彰显了经典文本所包孕的革命性，挑战了居于垄断地位的"旧"经典；同时，书中关于媒介逻辑的探讨、关于媒介化的系统定义、关于媒介化理论的未来设想（尽管并未成功）使得文本自身具备了重要的参考意义，成为媒介化理论绕不过去的关键节点。因此，无论是成为标杆还是作为靶子，《文化与社会的媒介化》都为媒介化研究乃至整个传播与媒介研究提供了一种新的可能。

（马新瑶）

参 考 文 献

Andreas Hepp, *Cultures of Mediatization*, Keith Tribe (trans.), Polity Press, 2013.

E. W. Rothenbuhle, "Continuities: Communicative Form and Institutionalization," in Knut Lundby (ed.), *Mediatization: Concept*,

Changes，*Consequences*，Peter Lang Publishing，Inc.，2009，pp. 277-292.

F. Krotz，"Mediatization：A Concept with Which to Grasp Media and Societal Change," in Knut Lundby (ed.)，*Mediatization：Concept*，*Changes*，*Consequences*，Peter Lang Publishing，Inc.，2009，pp. 21-40.

Nick Couldry，"Mediatization or Mediation? Alternative Understandings of the Emergent Space of Digital Storytelling," *New Media & Society*，2008 (3)，pp. 373-391.

Stig Hjarvard，"From Bricks to Bytes：The Mediatization of a Global Toy Industry," in Ib Bondebjerg and Peter Golding (eds.)，*European Culture and the Media*，Intellect，Ltd.，2004，pp. 44-63.

Stig Hjarvard，"The Mediatization of Society：A Theory of the Media as Agents of Social and Cultural Change," *Nordicom Review*，2008 (2)，pp. 105-134.

〔丹〕施蒂格·夏瓦：《文化与社会的媒介化》，刘君等译，上海：复旦大学出版社，2018。

王琛元：《欧洲传播研究的"媒介化"转向：概念、路径与启示》，《新闻与传播研究》，2018 (5)。

拓 展 阅 读

Stig Hjarvard，"The Mediatization of Religion：A Theory of the Media as Agents of Religious Change," *Northern Lights：Film and Media Studies Yearbook*，2008 (1)，pp. 9-26.

Stig Hjarvard，"Soft Individualism：Media and the Changing Social Character," in Knut. Lundby (ed.)，*Mediatization：Concept*，*Changes*，*Consequences*，Peter Lang Publishing，Inc.，2009，pp. 159-177.

〔丹〕施蒂格·夏瓦：《媒介化：社会变迁中媒介的角色》，刘君、范伊馨译，《山西大学学报 (哲学社会科学版)》，2015 (5)。

约翰·杜海姆·彼得斯

《奇云：媒介即存有》

　　随着数字媒介的兴起，基于传播内容及其效果的传播学主流理论范式受到了前所未有的冲击。重新审视关于"媒介是谁"的本体论研究成为传播学关注的焦点问题。一直引领美国传播学新思想的发动机式的学者约翰·杜海姆·彼得斯，自然敏锐地洞察到了这一变化，因此早在2015年，他就想通过《奇云：媒介即存有》一书回应这一问题。在该书的开篇，他便开宗明义地表达了自己的旨趣："无处不在的计算要求我们从对媒介讯息的分析转向对媒介本质的分析。"（彼得斯，2020：9）

一、成书背景

　　1958年出生的彼得斯系美国当代著名媒介史家、传播理论家和传播哲学家，曾先后于杨百翰大学、犹他大学学习英语和语言交流相关专业，1986年博士毕业于斯坦福大学传播学系，1986—2016年间执教于艾奥瓦大学，现为耶鲁大学英语、电影和媒介研究教授。彼得斯被誉为"美国传播学界的稀有动物"，这一评价大概与他每每出手就能举重若轻地颠覆既有学科框架有关，无论是其出版于1999年的《对空言说：传播的观念史》，还是出版于2015年并被译介到国内的《奇云》，均在学术界成功掀起激烈的思想风暴。彼得斯在《对空言说》中展现出了"将大众传播哲学化"的初步努力，他将传播处理为一种观念而非学科，显然不同于以往实证主义取向、应用研究导向的美国传播学学科建制。在某种程度上,《奇云》可以被看作这一努力的延续乃至"突进",彼得斯将自己的理论野心清晰地表述为建立一种"媒介哲学"。

彼得斯以"云"来命名这部 400 多页的厚重专著,称其灵感源自波德莱尔的散文诗《陌生人》——神秘的陌生人声称自己不爱任何事物,却爱那经过的奇妙云朵。彼得斯认为这是一个诗意的时刻,任何人都无法抗拒对云的喜欢。因此,也就不难理解彼得斯在该书的绪论与结尾处所流露出的悲观情绪。他哀叹,甚至连云都已经被污染了。他认为人类面临着严重的气候变暖问题,技术性基础设施的发展伴随着能源消耗与生态破坏,末日审判的危机潜伏在暗处。事实上,彼得斯近年来一直保持着对天气问题的高度关注,甚至在耶鲁开设了一门名为"文学媒介与天气"的研讨课。这又一次证明了彼得斯学术"口味"之驳杂,也让人联想到主张打破人类中心主义,以反思技术理性及其后果的后人类思潮。可以说,生态危机是彼得斯以"云"为题并关注自然环境的现实触发因素之一。

当然,以云为题在环境主义之外还有着更为深刻的理论考量。彼得斯在 2015 年接受《洛杉矶书评》的访谈时提到关注云的两大原因 (Peters,2015):

一方面,云并非纯粹自然之物,无论是战争中的毒气云、蘑菇云,还是今天作为存储基础的数据云,都与技术的高度发展息息相关。可见,云作为一种隐喻,揭示出自然与技术之间水乳交融、深刻互构的共生状态。这种打破主客二元对立的努力正是贯穿全书的重要线索,体现出彼得斯对物质性概念中包含非物质性的"辩证"理解。由此,《对空言说》第六章关于如何与机器、动物等非人主体进行交流的讨论在《奇云》中得以进一步拓展。

另一方面,"云"看似空白而无意义,空灵而缺乏实体,只有通过消失（降雨）才会显现,这体现出背景性环境常常处于被忽视的境地,因此云就暗合了媒介因其透明性而不为既有研究所考察的命运。彼得斯想让置于后台、静默无言的媒介重回前台、重回焦点,想提醒我们"媒介即存有"远比媒介传递了什么更重要。

2015 年前后正是 5G、云计算、社交媒体、区块链等数字媒介技术发展最为迅猛的时期，数字媒介的发展催生了《奇云》的学术想象力。数字媒介的发展在不断地提醒传播学界：媒介今天扮演的最主要角色是规制和维护社会存在，而非传递和生产信息，数字媒介"视新如旧"地复活了钟表、历书、地图等旧媒介，并嵌入人们的日常生活，成为日常生活的基础设施。

二、天马行空的媒介观

应当说，彼得斯在这部书里体现的媒介观是非常大胆的。恐怕连提出"万物皆媒"的麦克卢汉也不敢像彼得斯那样宣称，媒介应该覆盖生命王国之外的无生命王国和虚无王国。媒介不仅关涉人，还涉及神、动物、天空、地球和海洋等其他五重宇宙。媒介往往被视作自然或第二自然，彼得斯感兴趣的问题则反向而行之：如果将自然视作媒介，如果将关注点挪至没有人造技术物的世界，那么会发生什么？

为了限定自己所说的媒介的边界，彼得斯解释说，他并不是说任何事物都天然是媒介，而是说"它们只对某种特定物种，以某种特定方式，通过某种特定技艺才成为媒介"（彼得斯，2020：57）。彼得斯认为大部分人将媒介限定在符号学的意义层面，尽管这很有道理，但这毕竟不是媒介的全部，他认为媒介研究应当从器具和中介物的角度去理解媒介。

彼得斯指出，媒介作为一种中介物，一直被低估，人们习惯性地认为媒介承载的意义比媒介本身更重要。但在彼得斯看来，内容虽然很重要，而且内容的数量也非常惊人，对个人的影响以及因此带来的间接影响也不可小看，但真正具有决定性影响力的还是媒介本身，因为它组织与管控时间、空间和权力。因此他指出："我们总是倾向于认为，意义是人类有意识地建构出来的东西，因而比媒介更值得重视，但我认为媒介往往蕴含着最为深刻和最为伟大的意义。"（彼得斯，2020：7—8）这充分地体现出彼得斯更倾向于物质性的媒介观。

借助伊莱休·卡茨（Elihu Katz）的一篇文章带来的灵感，彼得斯讲述了自己的媒介观基于何种视角。在《拉扎斯菲尔德之后的传播研究》一文中，卡茨将拉扎斯菲尔德之后的传播研究者的媒介观分成了三种类型："信息提供者""意识形态提供者"和"社会秩序的提供者"（Katz，1987）。这篇重要的文献在当时并没有真正引起传播学界的高度重视，直到媒介理论登上历史舞台，大家才发现这种分类很有参考价值。在卡茨看来：将媒介视为"信息提供者"的，多为社会科学实证主义传统的学者，也就是格尔兹所说的那些想将社会的一切阐释都置于一张因果关系网络上的"社会科学家"，他们以测量态度、行为和认知为唯一使命；将媒介看作"意识形态提供者"的，多为批判学派的学者，他们把媒介看作权力的战场；将媒介视为"社会秩序的提供者"的学者则强调媒介技术如何塑造社会和心灵的结构与秩序。彼得斯指出，《奇云》一书毫不犹豫地采用第三种视角，这种视角关注的是媒介的技术性传统，关注的是作为存在物的媒介。"如果说大部分主流媒介研究都将媒介技术或媒介体制作为研究对象，我在本书中遵循的传统则是将媒介视为各种存有方式予以考察。"（彼得斯，2020：20）

那么，媒介到底是一种或一类什么样的物呢？彼得斯认为，这种"物"一定是对文明秩序产生重要影响的器具或技术体系。所以，他开宗明义地指出："'媒介'是对文明秩序有着重要影响的各种器具。"（彼得斯，2020：5）并且，他进一步解释说："任何复杂的社会，只要它需要凭借某种物质来管理时间、空间和权力，我们就可以说这个社会拥有了媒介。"（彼得斯，2020：23）所以，在彼得斯的眼中，媒介是一种具有建构和组织能力的物，它所组织和建构的是与人类存在有关的各种秩序，从时间、空间、关系再到权力。在这一点上，他与拉图尔的"非人行动者"的观点倒是有许多共通和共鸣之处。他评价拉图尔说："在我写作这本书时，拉图尔也许就是这样一位'物'之思想家。拉图尔无处不在，聪明得不得了。"（彼得斯，2020：45）

在《奇云》一书中，彼得斯可不仅仅与拉图尔心有灵犀，他从1964年写作《理解媒介》的麦克卢汉开始，将美国人芒福德、凯瑞和爱默生，加拿大人英尼斯，法国人古尔汉以及德国人海德格尔和基特勒全都拉入他的理论阵营，洋洋洒洒地写起了媒介物质性的理论史。彼得斯认为，英尼斯是最早坚持认为应将媒介物质性放在媒介理论核心的人，而且他认为英尼斯强调媒介的存在本身比媒介传播的内容更重要。而这一点又与麦克卢汉和凯瑞不谋而合。彼得斯坚称，海德格尔认为技术的重要性不在于它对人类社会做了什么而在于它如何为自然赋予秩序。拉图尔受到海德格尔的启发，将技术称为"万物的议会"；基特勒则受到海德格尔的启发，认为媒介决定了我们的境况，媒介之外，别无他物。而这些观点与英尼斯等人的观点存在某些神奇的共鸣。芒福德则提醒彼得斯，一切可以展现其他事物的事物，都是媒介史的书写对象，所以，不仅媒介即环境，而且环境即媒介。这种观点又进一步拓宽了海德格尔等人带给彼得斯的想象力。

那么，作为一种存在物的媒介，如何可以组织时间、空间和权力以形成秩序呢？彼得斯似乎很想回答这个问题。于是，在海德格尔的启发下，彼得斯提出了他的媒介本体论，认为媒介就是能够将其他物转化为媒介的中介物。比如说，船可以将大海转化为媒介，因为没有船，大海之于人，只是一个无法被认识的"物自体"；而反过来，大海也因此把船建构为媒介。也就是说，在船与海彼此以中介物建构对方之时，它们之间形成了一种特定的关系和秩序。"一种媒介能揭示另外一种媒介，让后者的媒介属性显示出来。没有彼媒介的揭示，此媒介就不会是媒介。"（彼得斯，2020：125—126）这就是彼德斯所说的媒介作为本体论的起点。这种视角看上去很巧妙，以中介物——媒介为抓手，解构主客体二元关系，形成一种媒介作为组织者和行动者的立场。媒介成为人类生活的环境组织并建构着社会。

受到海德格尔这种哲学思想的鼓舞，彼得斯站在"环境即媒介"和"媒介即存有"的隐喻上向着他的五重宇宙进发。他写了大海，写了鲸鱼和海豚（长达惊人的 60 页），写了天空和云，写了时间，写了季节，写了人的身体，还写了基督教和上帝。他希望通过将这一切纳入媒介的范畴来建构一个庞杂的媒介哲学体系，包含一切"有"，也包含一切"无"。应该说，这种建立无所不包的媒介哲学的野心，不管成功与否都是令人钦佩的。

约翰·杜海姆·彼得斯
《奇云：媒介即存有》

三、作为基础设施的数字媒介

从其媒介观就可以看出，彼得斯认为从物质性的角度来看，媒介在我们的生活中扮演着基础性的角色，甚至构成我们的环境。他倾向于用"基础设施"这一隐喻来分析媒介的角色。在现代性社会中，基础设施可以被定义为一种巨大的技术体系，用以支撑时间、空间、机构和人的联结，比如水、电、燃气、交通运输和通信系统。根据到底是厚重固定的物体系还是轻型可移动的物体系，基础设施又可以分成硬基础设施和软基础设施。很多媒介都是我们这个社会中的软基础设施，它们的界面并不大，而且通常还是可移动的，但它们塑造着我们的环境和时空，塑造着我们的行为与社会秩序，其中最有代表性的就是当下引人关注的数字媒介。由于这种媒介只是背景而非前景，处于非中心位置但又不可或缺，经常具有后勤性的特征，又被彼得斯称为"后勤型媒介"。

为了突出数字媒介与大众传播媒介的不同，彼得斯专门讨论了大众传播媒介在 20 世纪的角色扮演。总的来说，彼得斯并不认为大众传播媒介可以被看作基础设施媒介。他指出，尽管报纸、广播和电视在过去的一个世纪扮演了极其重要的角色，作为典型的符号学意义上的媒介，它们所承载的内容产生了巨大的影响力，但它们并没有在物质性层面对社会产生真正重要的影响。"它们虽然一般被认为是有影响力的，但很少被认为有基础性作用，它们是前景而不是背景。"（彼得斯，2020：5）所以，彼得斯认为，在媒介史上，大众传播媒介时代是一段非常特殊的时期，在这一时期，媒介的主要任务就是发布各种内容，比如标准化的新闻与娱乐节目，就像是一个水龙头，只要一打开开关，就有源源不断的各种信息。"实际在人类媒介发展史上，媒介被如此使用其实并不太常见。在 20 世纪的大部分时间里，媒介被用于音视频内容的广播，这在人类历史上是一个例外，而不是常态。"（彼得斯，2020：22）尽管雷蒙·威廉斯（Raymond Williams）以前也有过类似的观点，但不得不说这关于媒介角色的观点在当下仍然是具有革命性的。而且可以看得出来，彼得斯对大众传媒并没有什么好感，因为他并不认为大众传媒对人类文明的秩序产生过什么重要的影响。

那么，媒介史上的媒介又是什么样的呢？在彼得斯看来，历史上有过许多媒介系统，如书写系统、地址系统、数字系统、命名系统、计时系统、历书系统、货币系统等。这些系统规定了人类生活的时空规则，支撑着人类的存续。这些系统记录、传输和加工文化，帮助人们征服空间和时间，组织和管理社会的权力平衡和相应秩序。而这一切与大众传播媒介的信息传播功能的侧重点是不同的："数字媒介指向了各种更为基础的功能——规制与维护，这些功能体现出数据怎样支撑我们的存在。"（彼得斯，2020：9）

新媒体登上历史舞台，扮演着与大众传媒颇不相同的角色，甚至我们也可以按麦克卢汉的说法，把新媒介看作大众媒介的媒介，把大众媒介看作新媒介的内容。然而，在彼得斯看来，新媒介并不是将人类带到了一个媒介的新纪元，它只是使人们回到了以前的那个熟悉的媒介环境中。一方面，大众传播建立起来的秩序被瓦解了，新媒体让人们回到了历史上媒介秩序混乱的时代；而另一方面，新媒介复活了各种旧的媒介系统，尤其是数字系统，并且让导航、天气预报、天象观测、地图等旧媒介获得了新生命，不仅如此，它还将这些系统有机地整合为一个整体。这样一来，数字媒体便成为所有媒介的基础设施。"记录型媒介压缩时间，传输型媒介压缩时空，它们都具有杠杆作用，而后勤型媒介则在它们的基础上更进一步，具有组织和校对方向的功能，能将人与物置于网格之上，它既能协调关系，又能发号施令。它整合人事，勾连万物。"（彼得斯，2020：43）彼得斯还进一步指出："与 20 世纪的大众媒介不同，数字媒体传播的主要不是内容、节目或观点，而是组织、权力和计算。大众媒介为整个社会提供标准格式的新闻和信息，而数字媒介扮演的更多是所谓'后勤性设备'的作用——帮助用户记录踪迹和辨别方向。"（彼得斯，2020：8）进而，数字媒介也就成为整个社会的基本元素和基础设施。"我们可以将互联网视为一种存在方式，它在塑造环境的基本能力上，在某些方面已经类似于水、空气、土地、火或以太。"（彼得斯，2020：57）

彼得斯通过"基础设施媒介"的概念来理解大众传媒和数字媒介的差异，应当说颇具历史眼光和独到见地。的确，作为一套更具先进性和整体性的媒介机器体系，数字媒介更擅长组织和建构时空和权力，是具有强大行动力的非人行动者网络。因此，它已经超越了作为社会上层建筑的媒体机构，变成了社会的经济和技术结构。因此，那个在政治经济学语境里被各种社会权力所支配的新闻场域，已经由数字媒介转化成了他律和支配其他社会权力的渗透性力量。数字媒介本身已经成为一种社会的元权力。

《奇云》一书对数字媒介的书写很有特色。一方面，全书对于数字媒介着墨非常有限；另一方面，又时时刻刻通过对上文所述的各种媒介如海洋、云和人的肉身传播的描写来暗示数字媒介的基础设施性，这体现了彼得斯高超的写作技巧。比如，他用海豚的技艺来反衬数字媒体的有技术无技艺，又如他在讨论肉身在场对传播意味着什么的时候分析的没有传播立足点的"以计算机为中介的传播"，再如他直接把数字媒介看作各种环境的整合："我们很难搞清互联网到底是什么，它是迷宫、图书馆、世界之大脑、商业之引擎、人之耦合器、色情内容供应商，抑或监视系统。互联网是海洋、墓地、市场、妓院、动物园、垃圾场和档案馆。"（彼得斯，2020：342）因此，《奇云》虽然天马行空地书写着各种媒介，但总是让人感觉到，该书的核心还是在讨论数字媒介。

四、评价与反思

《奇云》一书的问世几乎立即给彼得斯带来了争议。在该书的绪论里，他是这么描述的："我曾从各方面就本书内容与我的朋友和同事进行讨论。在听了我的介绍后，他们有的表示出盎然兴趣，有的则会向我做出奇怪的表情。还有的对我说，媒介与人有关，或者更具体而言，媒介是表达人类意义和意图的载体；如果我们将海洋、地球、火、天空都视为媒介，这种过于宽泛的视角就冲淡了'媒介'这个概念，最终因其无所不包而毫无用处。……这些朋友和同事还问我，如果你这样看媒介，那么还有什么不能是媒介呢？还有几个人还开始关心起我的精神状况来——你真的认为天上的云在对我们说话？"（彼得斯，2020：4）当彼得斯写到这里时，笔者颇有一种尴尬的即视感：随着媒介概念范畴的不断扩大，学科的知识体系正在不断膨胀，传播学科的学者们正在陷入"鸡同鸭讲"的境地。

黄旦在此书的序言中对彼得斯的媒介观表示了肯定，但对他想要建构的媒介本体论却不敢苟同。黄旦指出，彼得斯用了许多学者的理论资源来丰富媒介的内涵，但自己却没有给媒介赋予内涵。"打个不十分正确的比喻，彼得斯好像在拾掇百家饭，摊出来的确是琳琅满目营养丰富，却难以辨认其菜系和菜谱。也就是说，看不到他是准备如何将这些东西化成独有的理论视角，而且为什么应该是这样来运用。"（彼得斯，2020：推荐序14）这个评价点到了彼得斯的死穴，因为不仅是他，而且包括他喜欢的海德格尔、基特勒和拉图尔，同样存在着类似的问题。表面上看，他们想为技术赋予主体性和本体性，这样才能说通为什么技术可以成为结构和秩序的组织者，比如说非人行动者这样的隐喻。但问题就在于，一说到技术和媒介，都离不开那个起点——人。船和大海互为媒介，是相对于人而言的；想要超越主客体二元对立，但只要人是潜在的衡量标准，主客体二元论的幽灵就不可避免。所以，技术本体论始终面临挑战，而媒介的"组织"也只能是个隐喻。这个问题，在《技术与时间：1.爱比米修斯的过失》中没有解决，在《物的追问》中没有解决，而在彼得斯的基础设施媒介理论中也同样没有解决。看来，拉思想史中的名家来"打群架"，也未必见得有用。

由于只能依赖隐喻，彼得斯从鲸鱼、海豚一直写到上帝，辞藻优美，却始终摆脱不了"媒介的本体是什么"这样的追问。于是，黄旦干脆这样评价他的文字："彼得斯有历史学家的深远眼光和精细，充满文学家的才气和丰富情感，略感欠缺的是哲学家的'思'。"（彼得斯，2020：推荐序16）刘海龙也多次指出，他认为与其说彼得斯是一位媒介哲人，不如说他是一位媒介诗人。不过，这倒并不影响《奇云》一书的启发意义。

約翰·杜海姆·彼得斯
《奇云：媒介即存有》

在与《对空言说》的对比中，邓建国分析了《奇云》一书的意义：如果说前者是从认识论上对传播观念进行的重新思考，那么后者就是在本体论上考察媒介与人类的同构（彼得斯，2020：译者导读9）。除了他颇值得回味的媒介哲学观以及关于基础设施媒介或后勤性媒介的概念外，他还谈到了一些真正重要的东西，其中有许多仁者见仁的闪光点。比如，就我们怎么面对技术决定论，他指出："我们恐惧'技术决定论'，这种恐惧只能让我们加剧在心灵和物质、人类他物、动物与机器、艺术与自然之间的障碍——而恰恰在这些被区隔的两分物之间，我们看到了最有趣的媒介文化史书写……物可以具有生命，人可以沦为机器，这是不可剥夺的真理，但这一真理却被某些人对'技术决定论'的指责轻松地遮蔽了。"（彼得斯，2020：100—101）又比如具身传播。他所讨论的身体也是一种媒介，远程在场与肉身在场的问题，以及"在场本身也是一种媒介"（彼得斯，2020：301）等观点，对当下中国学界讨论的具身性问题有较多的启发。所以，细读此书，可能会获得很多灵感。

彼得斯说："麦克卢汉的很多观点今天也站不住脚了，但这不是因为它们在今天已经过时了，而是因为从20世纪60年代这些观点第一次被提出时，就是站不住脚的。但是一直以来，我们阅读麦克卢汉是为了从他身上获得灵感，而不是严格推敲他的学术水平。"（彼得斯，2020：19）从一个思想史家的叙事角度，他可以很洒脱地说出这样的话。有意思的是，这句话对《奇云》的媒介观而言，也是适用的。

（谌知翼　王　男　胡翼青）

参 考 文 献

John Durham Peters，"The Anthropoid Condition：Brian Hanrahan interviews John Durham Peters，" *Los Angeles Review of Books*，2015，https：//lareviewofbooks. org/article/the-anthropoid-condition-an-interview-with-john-durham-peters/.

Elihu Katz，"Communications Research since Lazarsfeld," *Public Opinion Quarterly*，1987（4），pp. 25-45.

〔美〕约翰·杜海姆·彼得斯：《奇云：媒介即存有》，邓建国译，上海：复旦大学出版社，2020。

拓 展 阅 读

〔美〕约翰·杜海姆·彼得斯：《对空言说：传播的观念史》，邓建国译，上海：上海译文出版社，2017。

后　记

　　在这套丛书中，《西方媒介学名著导读》的创想生发得最晚，却完成得最早。这与 2017 年以后中国学界对媒介研究的高度关注紧密联系在一起。媒介是传播研究中最奇妙的存在。当人们认为它很重要，建构了现代性社会的交往方式时，它本身却消失不见，偷偷躲在表征和内容的背景中发挥作用。这种作用大到足以改变整个世界，因为人只能在媒介中存在，媒介决定着他们的境况。然而，这一点总是被看不见媒介的传播研究所无视。一百年来，实证主义传播学不停重复着这种错误。所以，如果不将媒介放在视野的中心，以它作为起点思考世界，媒介就是完全透明的。所以，在学界发现这一点后，他们以壮士断腕的勇气，抛弃了对表征、符号意义和内容的关注，转而回归媒介本身。于是，传播研究的想象力被再次激活，当代传播学一夜之间迎来了无数新词，打开了无数新的思想空间和理论视角。所以，我们认为，在这套书中，若没有关于西方媒介学名著的导读，是极不负责任的一种做法。

　　然而，承担这个责任却让编委会觉得力不从心。媒介学的范畴完全是理论星丛，存在着不同层级的理论抽象：这里有对"第一哲学"的讨论，也有宏观社会学的理论建构，还有关于某一媒介嵌入社会的微观的描述性研究。不仅如此，该领域的学科范畴也是无远弗届。更可怕的是，媒介学和媒介理论像媒介本身一样，不是一种静态的客观存在，而是处于不断生成的状态。"媒介不存在"，这是媒介哲学最傲骄的一种自我标榜。从这个意义上讲，媒介学和媒介理论同样不存在，它们只出现在以它们的独特方式讨论媒介的那一瞬间。我们不敢说，本书已经基本搞清楚媒介理论的内存结构和学者流派，而只能说，本书只是媒介学或媒介理论生成性过程中转眼即逝的一瞬。所以，读者完全可以将本书看作生成性过程中的不成熟的尝试，它的任务就是通过这种不成熟将读者摆渡向更成熟的状态。

本书选择了 25 部经典著作进行导读，由 16 人共同完成。本书的序和《技术与文明》一书的导读由我完成。另外，几乎每篇导读都或多或少被我修订过。需要说明的是，"媒介学研究的进路"这篇代序是由我2020 年以来先后发表的三篇文章合并和修改而成，分别是《媒介理论范式的兴起：基于不同学派的比较分析》（2020）、《基于基础设施隐喻视角的媒介研究》（2022）、《反思媒介视角下的传播理论》（2022）。感谢我的硕士研究生王焕超和博士研究生郭静在这几篇文章中贡献的智慧。撰写《反思媒介视角下的传播理论》一文，恰逢我因感染新冠病毒高烧不退的当天，整篇文章都是在严重的"脑雾"的困扰下完成的。"媒介学研究的进路"则是在我"阳康"的过程中完成的。这一系列创作实践使得本书的完成突然具有了某种历史意义。

南京师范大学讲师张婧妍博士作为本书的副主编，不仅撰写了《消失的地域》的导读，而且在本书的编写后期承担了大量的修订和编务工作。

本书作者依旧均为南大新传读书会曾经和现在的成员，继《西方传播学术史手册》之后，他们第二次通过编书的方式向大家展现他们的读书实践。从数量上讲，对本书贡献最大的作者是林鑫，他为《谷登堡星汉璀璨》《理解媒介》《字母表效应》《软利器》《媒体考古学》五本书撰写了导读。写作时他还是一个痴迷于阅读各种媒介理论的本科生。一转眼，他现在已是南京大学学衡研究院孙江教授门下攻读历史学的研究生了。其次是马新瑶和谌知翼，前者为《帝国与传播》《传播的偏向》《文化与社会的媒介化》三本书撰写了导读，后者为《媒介生态学》、《普通媒介学教程》（与硕士研究生韦君宇合作）、《奇云》（与硕士研究生王男及我合作）三本书撰写了导读。她们二位在写作时是南京大学新闻传播学院的硕士研究生新生，现在已经快完成博士阶段的学业了。有三位作者各撰写了两篇导读：山东科技大学胡晓菲副教授撰写了《口语文化与书面文化》《媒介与传播地理学》的导读，博士研究生方婕好撰写了《童年的消逝》和《娱乐至死》的导读，硕士研究生赵婷婷撰写了《技术与生活世界》《技术与时间》的导读。撰写了一篇导读的有上海交通大学李耘耕副教授（《网络社会的崛起》），南京大学宗益祥研究员（《媒介融合》），复旦大学博士研究生余晓敏（《机械复制时代的艺术作品》）、博士研究生李璟（《作为变革动因的印刷机》）、博士研究生王沐之（《新媒体的语言》）、硕士研究生王瑜婷（《留声机 电影 打字机》）。林鑫、马新瑶和硕士研究生周好雨还为本书的编辑工作付出了大量劳动。参与本书编写的作者众多，水平难免参差不齐，还请各位读者海涵和不吝赐教。

感谢所有参与者的辛勤付出。编写这本书不能帮助胡晓菲、李耘耕、宗益祥和张婧妍晋升职称，也不能帮助各位博士研究生和硕士研究生争取到奖学金。然而，令人感动的是，在这个功利主义之风日盛的时代，他们还是无怨无悔地去读，去写。我想，编写这本书不会给作者带来什么功利意义上的好处，全部的意义仅仅是让他们可以因这本书而获得某种浸润于学术的存在感。然而，对读书人来说，那便也够了。

感谢北京大学出版社周丽锦、梁路和吕秀丽组成的编辑团队。编书的过程艰难而脆弱，一路上有她们的支持、鼓励和督促，才会有今天的终成正果。

胡翼青

2023 年 1 月 21 日于镇江宝华